# 公路桥梁工程施工与养护管理

王　旭　王恩惠　郭晓春　主编

吉林科学技术出版社

**图书在版编目（CIP）数据**

公路桥梁工程施工与养护管理 / 王旭，王恩惠，郭
晓春主编 . -- 长春：吉林科学技术出版社，2022.8
ISBN 978-7-5578-9629-4

Ⅰ．①公… Ⅱ．①王… ②王… ③郭… Ⅲ．①公路桥
－桥梁施工②公路桥－养护 Ⅳ．① U448.145

中国版本图书馆 CIP 数据核字（2022）第 179557 号

# 公路桥梁工程施工与养护管理

| | |
|---|---|
| 主　　编 | 王　旭　王恩惠　郭晓春 |
| 出 版 人 | 宛　霞 |
| 责任编辑 | 王维义 |
| 封面设计 | 树人教育 |
| 制　　版 | 树人教育 |
| 幅面尺寸 | 185mm×260mm |
| 字　　数 | 320 千字 |
| 印　　张 | 14.5 |
| 印　　数 | 1-1500 册 |
| 版　　次 | 2022年8月第1版 |
| 印　　次 | 2023年3月第1次印刷 |

| | |
|---|---|
| 出　　版 | 吉林科学技术出版社 |
| 发　　行 | 吉林科学技术出版社 |
| 地　　址 | 长春市福祉大路5788号 |
| 邮　　编 | 130118 |
| 发行部电话/传真 | 0431-81629529 81629530 81629531 |
| | 81629532 81629533 81629534 |
| 储运部电话 | 0431-86059116 |
| 编辑部电话 | 0431-81629518 |
| 印　　刷 | 三河市嵩川印刷有限公司 |

| | |
|---|---|
| 书　　号 | ISBN 978-7-5578-9629-4 |
| 定　　价 | 100.00元 |

# 前　言

　　伴随着我国路桥工程行业的兴起，我国对路桥工程方面的投资日益增加，道路、桥梁建设得到突飞猛进的发展，对工程行业施工技术人员的需求与日俱增。路桥工程的施工技术是道路与桥梁工程建设的重要条件，是路桥建设技术人员必须掌握的能力。因此在路桥工程中，技术人员至关重要，因此在路桥工程施工技术遇到问题时能够完美解决。在施工现场采用正确的施工技术方案，才能适应市场经济发展的需要，增加市场竞争能力，为国家与施工企业减少经济损失。因此，用科学的施工技术方法分析路桥工程施工的规律性，提高解决实际问题的能力和决策能力是市场经济发展对新一代路桥工程技术人员的要求，也是时代发展的需要。

　　目前，市政基础设施工程（简称市政工程或市政公用工程）的内涵已经拓展到了城市道路桥梁给水、排水、污水处理、供电、燃气、集中供热、通信、城市环境卫生、消防、防洪、防灾等多个领域。作为城市生命线工程的市政工程对现代城市的健康发展起着举足轻重的作用。市政管理部门的职能和作用越来越重要，市政工程所涉及的领域越来越宽，所需要的专业技术人员也越来越多。作为与市政工程关系紧密的城市水利专业、市政工程专业及道路桥梁专业的技术人员，学习和了解市政工程的基本知识是十分必要的。

　　改革开放以来，我国确立了以经济建设为中心的基本国策，加大了基本建设投资规模。在此背景下，公路建设事业，尤其是高等级公路和桥梁建设得到快速发展。此外，随着城镇化进程的日益推进，市政道路与地铁工程也得到了蓬勃发展。运输行业的高速发展决定了大量路桥专业技术人才的需求缺口，提高我国路桥的施工技术成为发展的必然趋势。

# 前　言

# 目　录

# 第一章 路基施工

## 第一节 路基构造与要求

### 一、路基的类型

为了满足行车的要求，路线有些部分高出地面，需要填筑；有些部分低于原地面，需要开挖。因此，路基横断面形状各不相同。典型的路基横断面分为路堤、路堑、填挖结合路基及零填零挖路基四种类型。

1. 路堤

高于原地面的填方路基称路堤。路堤在结构上分为上路堤和下路堤，上路堤是指路面底面以下 0.80~1.50m 范围内的填方部分，下路堤是指上路堤以下的填方部分。按其填土高度划分：填土高度低于 1.5m 的路堤属矮路堤，填土高度在 1.5~18m（土质）或 20m（石质）范围内的路堤为一般路堤，填土高度超过 18m（土质）或 20m（石质）的路堤属于高路堤。按其所处的条件及加固类型的不同还可分为沿河路堤、陡坡护脚路堤及挖渠填筑路堤等。

路堤通风良好，排水方便，且为人工或机械填筑，对填料的性质、状态和密实程度可以按要求加以控制。因此，路堤式路基病害较少，是经常采用的一种形式。平坦地区往往是耕地，地势较低、水文条件差，设计时要特别注意控制最小填土高度，使路基处于干燥或中湿状态。

填方高度在 1.5~12.0m，一般情况下属于正常的路堤，可按常规设计，采用规定的横断面尺寸，一般不做特殊处置。原地面倾斜的全填路基，当倾斜度陡于 1:5 时，需将原地面挖成台阶（土质地面）台阶宽度大于或等于 1.0m，向内倾斜 1%~2%，或将原地面凿毛（石质地面）；原地面倾斜度陡于 1:2 时，则宜设置石砌护脚等横断面形式。矮路堤因易受地表水的影响，有时难以满足最小填土高度要求，故其两侧均应设置边沟。有时，基底需加特殊处置与加固，如清除基底、换土、设隔离层、排除地下水等。一般路堤可不设边沟。沿河路堤浸水部分，其边坡应按规定放缓或采取防护与加固措施。地面横坡较陡时，为防止填方沿山坡向下滑动并节省用地，可设置石砌护脚或挡土墙。填土高度超过 20m 的路堤，应进行个别设计。

## 2. 路堑

低于原地面的挖方路基称为路堑。

最典型的路堑为全挖断面，路基两侧均需设置边沟。在陡峭山坡上可挖成台口式路基，即在山坡上，以山体自然坡面为下边坡，其他部分全部开挖而形成的路基。三、四级公路建在整体坚硬的岩石坡面上时，为减少石方工程，有时可采用半山洞路基，但要确保安全可靠，不得滥用。

路堑边坡形式及坡率应根据工程地质与水文地质条件、边坡高度、排水措施、施工方法，并结合自然稳定的山坡和人工边坡的调查及力学分析综合确定，必要时可采用稳定性分析方法予以验算。

路堑开挖后，在一定范围内破坏了原地面的天然平衡状态，其边坡的稳定性主要取决于地质与水文条件，以及边坡坡度和边坡高度。一般情况下，地质条件较差（如岩层倾向边坡、岩性软弱极易风化、岩石破碎或为土夹石等），水文状况不利（如地层含有地下水，当地暴雨量集中或地面排水不畅）时，深路堑边坡稳定性较差，路基的后遗病害较多。所以，深路堑的设计，需要根据地质及水文条件，选用合适的边坡坡率，并且自下而上逐层放缓形成折线形边坡或台阶形边坡。

水文状况对路堑的影响较大，地质条件越差，水的破坏作用越明显。因此，路堑排水至关重要。路堑必须设置边沟，以排除边坡和路基表面的降水。为防止大量地表水流向路基，造成坡面冲刷或边沟溢流，应在路堑两侧坡面上方规定的距离以外（不小于 5m），设置一道或多道截水沟。

如挖方路基位于含水土层，因地下水文状况不利，会经常产生水分聚积现象，可能导致路面的破坏。所以，路堑以下的天然土层要压实至规定的密实程度，必要时还需翻挖并重新分层填筑或换土，也可采取加铺隔离层，设置必要的地下排水设施等措施予以处理。

路堑由天然地层开挖而成，其构造取决于当地的自然条件，如岩土类型、地质构造、水文等。此外路堑成巷道式，受排水、通风、日照影响，病害多于路堤，且行车视距差、行车条件和景观要求亦有所降低，施工难度大。所以，设计时应尽量少用很深的长路堑，必要时要选用合适的边坡坡率及边坡形式，以确保边坡的稳定可靠。同时加强排水，处置基底，保证基底不致产生水文情况的恶化。在确定路线走向和进行路线平、纵面设计时，要兼顾日照、积雪、通风等因素，尽可能选用大半径平竖曲线和缓和的纵、横坡度等技术指标。等级较高的公路，还必须进行平、纵面线形的组合设计，兼顾道路景观和环境协调，以改善路堑的行车条件。

## 3. 填挖结合路基

在一个断面内，部分为路堤、部分为路堑的路基称为填挖结合路基。陡坡上的填挖结合路基，可根据地形、地质条件，采用护肩、砌石或挡土墙，当山坡高陡或稳定性差，不宜多挖时，可采用桥梁或悬出路台等构造物。这种类型的工程量最小，是路基横断面设计时应当首先考虑的一种断面形式。如若处理得当，路基稳定可靠，这种形式是比较经济的。

但由于开挖部分路基为原状土，而填方部分为扰动土，往往这两部分密实程度不相同。

从路基稳定性需要考虑，陡坡路基一般应"宁挖勿填"或"多挖少填"；在陡峭山坡上，尤其是沿溪路线，为减少石方的开挖数量，避免大量废方阻塞溪流，有时又需要"少挖多填"。因此，填挖结合的路基，在选定路线和线形设计时，应予以统一安排。

4. 零填零挖路基

这种路基虽然节省土石方，但对排水非常不利，且原状土密实程度往往不能满足要求，容易发生水淹、雪埋、沉陷等病害，因此，应尽量少用或不用该类路基（干旱的平原区和丘陵区、山岭区的山脊线方可考虑）。为保证路基的稳定性，需要检查路床顶面以下 30cm 范围内原状土的密实程度，必要时翻松原状土重新分层碾压，或换填土层。同时路基两侧应设置边沟，以利排水。

## 二、路基的构造

路基由宽度、高度和边坡坡度构成。路基宽度取决于公路技术等级；路基高度取决于路线的纵坡设计及地形；路基边坡坡度取决于土质、地质构造、水文条件及边坡高度，并由边坡稳定性和横断面经济性等因素比较确定。下面分别叙述其确定方法。

1. 路基宽度

路基宽度是在一个横断面上两路肩外缘之间的宽度。各级公路路基宽度为车道宽度与路肩宽度之和，当设有中间带、加（减）速车道、爬坡车道、紧急停车带、错车道等时，应计入这些部分的宽度。

高速公路、一级公路的路基横断面分为整体式和分离式两类。整体式断面包括车道、中间带（中央分隔带及左侧路缘带）、路肩（硬路肩及土路肩）及紧急停车带、爬坡车道、加（减）速车道等；分离式断面包括车道、路肩（硬路肩及土路肩）及紧急停车带、爬坡车道、加（减）速车道等。

二、三、四级公路的路基横断面包括车道、路肩及错车道等。二级公路位于中、小城市城乡接合部、混合交通量大的连接线路段，实行快、慢车道分开行驶时，可根据当地实际情况设置车道或加宽右侧硬路肩。

2. 路基高度

路基高度与路基强度和稳定性有关，也与工程量的大小密切相关。所以，它既是路线纵断面设计的重点，也是路基设计的重点。

路基高度是路基设计标高和中桩地面标高的差值。路堤为填筑高度，路堑为开挖深度。路基设计标高：一般公路指路肩外缘的设计标高，高速公路和一级公路指中央分隔带外侧边缘的设计标高。此外，由于除平原区外，路基自然横纵面多为倾斜面，所以，在路基宽度范围内，两侧的高差有较大差别。而路基两侧边坡高度是指填方坡脚或挖方坡顶与路基边缘的相对高差，这一高差通常称为边坡高度。当地面横坡度较大时，该边坡高度将严重影响路基的稳定性，所以在路基设计时应引起重视。

路基高度的确定，是在路线纵断面设计时，综合考虑路线纵坡要求、路基稳定性和工程经济等因素后确定的。从路基的强度和稳定性要求出发，路基上部土层应处于干燥或中湿状态，并满足最小填土高度的要求。对于高路堤和深路堑，由于土石方数量大、占地多、施工困难、边坡稳定性差、行车不利等因素影响，应尽量避免使用。矮路堤和浸水路堤，还要考虑排水和设计洪水频率的要求。

### 3. 路基边坡坡度

确定路基边坡坡率，是路基设计的基本任务。为保证路基稳定，路基两侧应做成具有一定坡度的坡面。公路路基边坡坡率可用边坡高度 H 和边坡宽度 b 之比值表示。将高度定为 1，则边坡坡率一般写成 1:m（路堤），或 1:n（路堑）。

路基边坡坡率的大小，关系到边坡稳定和路基工程数量。边坡越陡，稳定性越差，若处理不当，易造成坍方等路基病害；边坡过缓，土石方数量增大，裸露面积增大，自然影响面加大，如果不能快速恢复生态，也会影响路基边坡稳定。所以，在确定边坡坡率时，要根据实际情况，综合考虑路基边坡稳定、工程造价等因素后合理确定。

路基边坡坡率的大小，主要取决于地质、土壤与水文等自然因素。影响路基边坡稳定的因素是多方面的，除上述因素外，边坡的高度也是一个重要方面。在陡坡或填挖较大的路段，边坡稳定不仅影响到土石方工程量的大小，也涉及工程施工的难易，是路基整体稳定的关键。一般路基的边坡坡度可根据多年工程实践经验和设计规范推荐的数值来确定。

（1）路堤边坡

沿河路堤边坡坡度，要求在设计水位以下部分视填料情况，可采用 1:1.75~1:2.0；常水位以下部分可采用 1:2.0~1:3.0。当公路沿线有大量天然石料或路堑开挖的废石方时，可用于填筑路堤。填石路堤坡面应用由不易风化的较大（大于 25cm）石块砌筑，边坡坡度可用 1:1。

当沿着比较陡峻的山坡填筑路堤时，填方边坡接近平行于山坡，以至于填方量过大或占地太宽，甚至无法填筑。此时，可以利用当地石料，分别砌筑护肩、护脚、边坡砌石及挡土墙等路基断面。

对边坡高度超过 20m 的路堤或地面斜坡坡率陡于 1:2.5 的路堤，以及不良地质、特殊地段的路堤，应进行个别勘察设计，对重要的路堤应进行稳定性监控。

（2）路堑边坡

路堑边坡根据路堑开挖的岩土性质可分为土质和石质两大类，其边坡形式也因高度和岩性的不同而有所区别。

在进行路堑边坡设计时，首先应从地貌和地质构造上判断其整体稳定性。遇到工程地质或水文地质条件不良的地层时，应尽量使路线绕避它；而对于稳定的地层，则应考虑开挖后，土部岩体是否会由于失去支撑，坡面风化加剧而引起失稳的因素。

影响路堑边坡稳定的因素非常复杂，路堑开挖深度、地质构造、岩性、岩石风化破碎程度、地下水和地表水的影响、土体结合的密实程度、土壤的性质、当地的自然气候、施工方法等因素都会影响路堑边坡的稳定性，所以，在进行路堑边坡设计时必须综合考虑。

在确定岩石路堑边坡时，除考虑上述影响路堑边坡稳定性的因素外，由于存在地区自然差异，所以，还要不断积累当地的实践经验，结合施工方法进行综合分析。结合当地的工程地质和水文条件，参考当地相应类型稳定的成型边坡度，加以对比选用。同时，还要根据环保设计要求修正边坡值。对于定性比较困难的地段，必要时还要进行个别设计与验算，并结合采用排水、防护与加固等技术措施。

土质挖方边坡高度超过20m，岩质挖方边坡高度超过30m及不良地质、特殊岩土地段的挖方边坡，应进行个别勘察设计。

## 三、路基的附属设施

### 1. 取土坑与弃土堆

路基土石方的挖填平衡是公路路线设计的基本原则之一，但往往难以做到完全平衡。土石方数量经过合理调配后，还会在全线出现不可避免的借方和弃方（又称废方）。路基土石方的借或弃，首先要合理选择地点，即确定取土坑或弃土堆的位置。选点时要兼顾土质、数量、用地及运输条件等因素，还必须结合沿线区域规划，因地制宜，综合考虑，维护自然平衡，防止水土流失，做到借之有利、弃之无害。借、弃所形成的取土坑或弃土堆，要求尽量结合当地地形，力争得以充分利用，并注意外形规整，弃堆稳固，对高等级公路或位于城郊附近的干线公路，尤其应注意。

平坦地区，如果用土量较少，可以沿路两侧设置取土坑，与路基排水和农田灌溉相结合。路旁取土坑，深度约1.0m或更深一些，宽度依用土数量和用地允许而定。为防止坑内积水危害路基，当堤顶与坑底高差不足2.0m时，在路基坡脚与坑之间需要设宽度不小于1.0m的护坡平台，坑底设纵横排水坡及相应设施。

河水淹没地段的桥头引道近旁一般不设取土坑，如设取土坑要距河流中水位边界10m以外，并与结构物位置相适应。此类取土坑要求水流畅通，不得长期积水危及路基或构造物的稳定。

路基开挖的废方，应尽量加以利用，如用以加宽路基或加固路堤、填补坑洞或路旁洼地，也可兼顾农田水利或基建等所需，不得任意倾倒，做到变废为用、弃而不乱，并采取必要的防护措施。

废方一般选择路旁低洼地，就近弃堆。当地面横坡缓于1:5时，弃土堆可以设在路堑两侧；地面较陡时，宜设在路基下方。沿河路基爆破后的废石方，往往难以远运，条件许可时可以占用部分河道，但要注意河道压缩后，不致壅水危及上游路基及附近农田等。路旁弃土堆的设置，要求堆弃整平，顶面具有适当的横坡，并设置排水沟，宽度d与地面土质有关，最小3.0m，最大可按路堑深度加5.0m，即 $d \geq H+5.0m$。弃土堆表面应进行绿化设计，以使其尽快恢复生态。

积沙或积雪地区的弃土堆，有利于防沙防雪，可设在迎风面一侧，并且保持足够的距离。

2. 护坡道与碎落台

设置护坡道是保证路基边坡稳定的一项措施。护坡道一般设置在路堤坡脚，如取土坑与坡脚之间、高路堤边坡中部的变坡处等。护坡道是沿原地面或边坡坡面纵向做成的，有弃土堆、三角平台、边沟、截水沟、弃土堆内侧坡脚与路堑坡顶的距离、路堑高度定宽度的平台。设置的目的是加宽边坡横向距离，减少边坡平均坡度，增加边坡整体稳定性。护坡道越宽，越有利于边坡稳定，但工程量也随之增加。护坡道宽度至少为 1.0m，兼顾路基稳定与经济合理，通常护坡道宽度 d 视边坡高度 h 而定，h ≥ 3.0m 时，d=1.0m；h=3~6m 时，d=2.0m；h=6~12m 时，d=2~4m。浸水路基的护坡道，可设在浸水线以上的边坡上。

在岩石破碎、土质较差或土夹石地段开挖路堑，由于雨水的作用，路堑边坡经常发生碎落坍方，容易堵塞边沟或阻碍交通。因此，可在边沟外侧或路堑边坡中间预设碎落台，以供风化碎落土石块积聚，养护时再定期清除。设置碎落台，同时提高了边坡稳定性，兼有护坡道和视距台（弯道）的作用。碎落台宽度一般为 1.0~1.5m。

3. 堆料坪与错车道

二级以下公路，路面养护所用集料，可以就近选择路旁合适地点堆置备用，也可以在路肩外侧设置堆料坪，其面积可结合地形与材料数量而定，一般每隔 50~100m 设置一个，其长为 5.0~8.0m、宽 2.0m 左右。

4. 护栏

护栏是公路附属的安全设施。不封闭的各级公路，当路堤高度大于或等于 6m，急弯、陡峻山坡、桥头引道等危险路段应设置护栏。设置护栏路段的路基，一侧应加宽 0.5m，以保持设置护栏后的路肩宽度。护栏分墙式和柱式两种：重力式挡土墙、砌石、填石路基应该采用墙式护栏，其他情况可以设置柱式护栏。

墙式护栏的内侧为路肩边缘，外侧距路基边缘应为 10cm。墙式护栏应采用浆砌片（块）石或混凝土块砌筑，宽 40cm，高出路肩 50~60cm，每段长 200cm，净间距 200cm。墙式护栏应用 M7.5 水泥砂浆砌筑、抹面，外涂白色。

柱式护栏中心距内侧路肩边缘应为 20cm，距外侧路基边缘应为 30cm。柱式护栏宜采用钢筋混凝土制作，直径为 15~20cm，高出路肩 70~80cm，埋深约 70cm。柱式护栏中心距在平曲线路段为 200cm，直线路段为 300cm。柱式护栏应用涂料标出红白相间的条纹或加反光材料。

## 四、对路基的基本要求

1. 具有足够的整体稳定性

路基的整体稳定性是指路基整体在车辆及自然因素作用下，不会产生不允许的变形和破坏。路基是直接在地面上填筑或挖去一部分地面建筑而成。路基修筑后，改变了原地面的天然平衡状态。因此，为防止路基结构在行车荷载及自然因素作用下发生不允许的变形和破坏，必须因地制宜地采取一定措施来保证路基整体结构的稳定性。

2. 具有足够的强度和刚度

路基的强度和刚度是指在行车荷载作用下，路基抵抗破坏与变形的能力。因为行车荷载及路基路面的自重对路基下层和地基产生一定压力，这些压力可使路基产生一定的变形，当其超过某一限度时，将导致路基自身的损坏并直接损坏路面的使用品质。为保证路基在外力作用下，不致产生超过容许范围内的变形，要求路基应具有足够的强度和刚度。

3. 具有足够的水温稳定性

路基的水温稳定性是指路基在水和温度的作用下保持其强度的能力，包括水稳定性和温度稳定性。路基在地表水和地下水的作用下，其强度将会显著降低。特别是季节性冰冻地区，由于水温状况的变化，路基将发生周期性冻融作用，形成冻胀和翻浆，使路基强度急剧下降。为保证路基的正常工作状态，路基应具有足够的水温稳定性。

# 第二节　路基施工前的准备

施工单位接受施工任务后，即可着手进行施工准备工作。

施工准备工作一般包括以下几个方面的内容。

1. 组织准备

组织准备包括建立健全施工队伍和管理机构、明确施工任务及预期目标、制定必要可行的规章制度。组织准备是做好一切准备工作的前提。

2. 技术准备

路基开工前，施工单位应在全面熟悉设计文件和设计交底的基础上，进行施工现场的勘查、设计文件的核对，并在必要时进行一定的修改，发现问题应及时根据有关程序提出修改意见并报请变更设计，编制施工组织计划，恢复路线，施工放样与清除施工场地，搞好临时工程的各项工作等。现场勘查与设计文件核对，是熟悉和掌握施工对象特点、要求和内容，是整个施工的重要步骤。

施工组织计划包括选择施工方案、确定施工方法、布置施工现场（施工总平面布置）、编制施工进度计划、拟订关键工程的技术措施等，它是整个工程施工的指导性文件，也是其他各项工作的依据。在当前强调加强施工管理，实现现代化施工管理的时期，如何抓住施工组织计划这一环节，更具有现实意义。

临时工程，包括施工现场的供电、给水、修建便道、便桥，架设临时通信设施，设置施工用房（生活和生产所必需）等，这些均为开展基本工作的必备条件。路基恢复定线、清除路基用地范围内一切障碍物等，是施工前的技术准备工作，也是基本工作的一个组成部分，宜协调进行。

### 3. 物质准备

物质准备工作包括各种材料与机具设备的购置、采集、加工、调运与储存，以及生活后勤供应等。为使供应工作能适应施工的需要，物质准备工作必须制订具体计划。其中，有的计划内容，如劳动力调配、机具配置及主要材料供应计划等，必须服从于保证上述施工组织计划顺利实施，也常被列为施工组织计划的一个组成部分。

### 4. 场地准备

施工场地的准备是路基工程施工前的一项重要准备工作，一般由建设单位（业主）完成，或根据合同文件规定由建设单位配合施工单位准备。主要包括以下工作：

（1）用地划界及拆迁建筑物施工前，根据实际情况确定用地范围进行公路用地测量，并绘制用地平面图及用地划界表，送交有关单位拆迁及办理占用土地手续。施工前对路基范围内的所有地物均应妥善处理。路基施工范围内的所有建筑物、设施等，均应会同有关部门事先拆迁或改造。因路基施工影响沿线附近建筑物的稳定时，应予适当加固。

（2）场地清理路基用地范围内的树木、灌木丛等均应在施工前砍伐或移植清理，砍伐的树木应移置于路基用地之外，进行妥善处理。高速公路、一级公路和填方高度小于1m的其他公路，应将路基范围内的树根全部挖除并将坑穴填平夯实；填方高度大于1m的其他公路允许保留树根，但根部露出地面不得超过20cm。取土坑范围内的树根也应全部挖除。在填方和借方地段的原地面应进行表面清理，清理深度应根据种植土厚度决定，清出的种植土应集中堆放。填方地段在清理完地表面后，应整平压实到规定要求，才可进行填方作业。

（3）场地排水

场地排水是指疏于、排除场地上所积地表水，保持场地干燥，为施工提供正常条件。通常是根据现场情况，设置纵横排水沟，形成排水系统，将水引入附近河渠、低洼处排除。为节省工程量，避免返工浪费，所开的排水沟应按所设计的路基排水系统布置。在受地面积水或地下水影响的土质不良的地段施工时，为了保证工程质量，减少土方挖掘、运送和夯实的困难，施工前也应切实做好场地排水工作并齐全有效。

### 5. 修筑试验路段

修筑试验路段的目的是取得施工经验，检验施工机械组合，根据压实机械情况及施工技术规范准许情况下的压实厚度、松铺系数，确定松铺厚度、土的最佳含水量、达到设计要求密实度的碾压遍数，作为以后施工的经验资料，以指导大面积路基施工。路基的铺土厚度、压实遍数、含水率大小，均要通过试验进行确定。因此，在路基工程正式施工前，应按有关规定划出一定的路段进行试验。

（1）高速公路、一级公路及在特殊地区或采用新技术、新工艺、新设备、新材料进行路基施工时，应采用不同的施工方案做试验路段，从中选出路基施工的最佳方案用以指导全线的施工。

（2）试验路段的位置应选择在地质条件、断面形式等方面均具有代表性的地段，试验路段的长度不宜小于100m。

（3）试验所用的材料和机具应当与路基全线施工所用的材料和机具相同。通过试验来确定不同机具压实不同填料的最佳含水率、适宜的松铺厚度和相应的碾压遍数、最佳的机械配套和施工组织。对于高速公路和一级公路应按松铺厚度30cm进行试验，以确保压实层的均匀性。

（4）试验路段施工过程中及完成试验后，应加强对有关压实指标的检测；在完成试验以后，应及时写出试验报告。当发现路基在设计方面存在缺陷时，应提出变更设计的意见报审。

6. 临时工程

（1）工地临时供电（保证施工用电和生活用电）生活用电主要是照明用电；施工用电包括施工设施用电、主体工程施工用电及其他临时设施用电。工地临时供电设施的主要任务是确定用电量及其分布，选择电源，设计供电系统。用电量分动力用电和照明用电，并考虑最高用电负荷。电源应尽量使用外供电，没有或不能使用外供电时才考虑自己发电。

（2）工地临时供水（保证施工用水、生活用水及消防用水）水源选择可分为江水、湖水、水库蓄水等地表水，泉水、井水等地下水及现有的供水管道。

（3）临时交通路基工程大部分处在野外，交通不便。为保证施工期间工地与外界的正常沟通，施工机具、材料、人员和给养能够顺利运送，在正式施工前，必须修筑临时交通道路（便道和便桥）。临时交通道路工程通常不包含在标书内。因此，工地在布设临时交通道路时应根据实际情况，尽可能利用现有的交通道路运输系统，以降低工程成本。

（4）施工设施用，房施工设施用房包括行政办公用房、宿舍、文化生活设施、仓库、机械维修用房和材料物资堆放用房。一般要求布置紧凑，便于管理，充分利用非耕地，尽量利用施工现场或附近既有建筑物。必须修建的临时房屋，应以经济、实用为原则。

（5）预制场地准备。如果有预制工程，应做好台座、锚夹具、钢筋加工、木加工等场地的准备工作。

# 第三节  土质路基施工

## 一、施工取土

各类公路用土具有不同的工程性质，在选择作为路基的填筑材料时，应根据不同的土类分别采取不同的工程技术措施。

### （一）路基土的工程性质

1. 不易风化的石块

主要包括漂石和卵石，有很高的强度和稳定性，使用场合和施工季节均不受限制，为最好的填筑路基材料，也可用于砌筑边坡。但石块之间要嵌锁密实，以免在自重和行车荷载作用下，石块松动产生沉陷变形。

2. 碎（砾）石土

碎（砾）石土强度能满足要求，内摩擦因数高，水稳定性好，透水性大，施工压实方便，能达到较好的密实程度，为很好的填筑材料。但若细粒含量增多，则透水性和水稳定性就会下降。

3. 砂土

砂土无塑性，透水性和水稳定性均良好，毛细管水上升高度很小，具有较大的内摩擦因数。但砂土黏结性小，易松散，对流水冲刷和风蚀的抵抗能力很弱，压实困难。

4. 砂性土

砂性土既含有一定数量的粗颗粒，又含有一定数量的细颗粒，级配适宜，强度、稳定性等都能满足要求，是理想的路基填筑材料。

5. 黏性土

黏性土细颗粒含量多，内摩擦因数小而黏聚力大，透水性小而吸水能力强，毛细现象显著，有较大的可塑性，干燥时坚硬而不易挖掘，施工时不易破碎，浸水后强度下降较多，干湿循环因胀缩引起的体积变化较大，过干或过湿时都不便施工。

6. 粉性土

粉性土因含有较多的粉粒，毛细现象严重，干时易被风蚀，浸水后很快湿透，在季节性冰冻地区常引起冻胀和翻浆，水饱和时有振动液化问题。粉性土特别是粉土，属于不良的公路路基用土。

7. 膨胀性重黏土

膨胀性重黏土几乎不透水，黏结力特别强，湿时膨胀性和塑性都很大。其工程性质受黏土矿物成分影响较大，黏土矿物主要包括蒙脱土、伊里土、高岭土。蒙脱土塑性大，吸湿后膨胀强烈,干燥时收缩大,透水性极低,压缩性大,抗剪强度低;高岭土塑性较低,有较高的抗剪强度和透水性,吸水和膨胀量较小;伊里土性质介于上述两者之间。

8.易风化的软质岩石(如泥灰岩、硅藻岩等)

易风化的软质岩石浸水后易崩解,强度显著降低,变形量大,一般不宜做路堤填筑材料。总之,路基用土中,砂性土最优,黏性土次之,粉性土属不良材料,容易引起路基病害,膨胀性重黏土,特别是蒙脱土更是不良的路基土。

### (二)规范中对路基用土的规定

1.路堤填料不得使用淤泥、沼泽土、冻土、有机土、含草皮土、生活垃圾、树根和含有腐朽物质的土。采用盐渍土、黄土、膨胀土填筑路堤时,应遵照有关规定执行。

2.液限大于50%、塑性指数大于26及含水量超过规定的土,不得直接作为路堤填料。需要应用时,必须采取满足设计要求的技术处理,经检查合格后方可使用。

3.钢渣、粉煤灰等材料,可用作路堤填料,其他工业废渣在使用前应进行有害物质含量试验,避免有害物质超标,污染环境。

4.捣碎后的种植土,可用于路堤边坡表层。

5.路基填料最小强度和最大粒径应符合国家有关规定。

### (三)施工前的复查和试验工作

路基工程需要大量的填料。在施工前的准备工作中,必须对路基工程范围内的地质、水文情况进行调查,并通过取样、试验,确定相关材料如土、工业废渣等的性质和数量,以保证施工所需。其要点如下。

1.施工技术人员应根据设计文件提供的资料,对取自挖方、借土场、料场的路堤填料进行复查和取料试验。如设计文件提供的料场不足时,应自行勘察寻找,以保证施工用料可靠和数量充足。

2.挖方借土场和料场用作填料的土应进行下列项目的试验:

(1)液限、塑限、塑性指数、天然稠度或液性指数试验;

(2)颗粒大小分析试验;

(3)含水量试验;

(4)密度试验;

(5)相对密度试验;

(6)击实试验;

(7)强度试验(CBR值);

(8)一级公路、高速公路应做有机质含量试验及易溶盐含量试验。

### (四)铺筑试验路段

高等级公路及在特殊地区或采用新技术、新工艺、新材料进行路基施工时,应采用不同的施工方案做试验路段,从中选出路基施工的最佳方案。指导全线施工试验路段的位置应选在地质条件、断面形式均具有代表性的路段，长度不宜小于100m。通过试验路段施工应包括以下7点内容：

1.填料试验、检测报告等；

2.压实工艺主要参数有机械组合、压实机械规格、松铺厚度、碾压遍数、碾压速度、最佳含水量及碾压时含水量允许偏差等；

3.过程质量控制方法、指标；

4.质量评价指标、标准；

5.优化后的施工组织方案及工艺；

6.原始记录、过程记录；

7.对施工设计图的修改建议等。

## 二、路基填筑施工

### （一）路基填筑施工的主要工序

路基填筑施工的主要工序有料场选择、基底处理、填筑和碾压。

1.料场选择

填筑路堤的材料以采用强度高、水稳定性好、压缩变形小、便于施工压实以及运距短的土、石材料为宜。在选择填料时，一方面要考虑料源和经济性，另一方面要顾及填料的性质是否合适。

2.基底处理

路堤基底的处理是保证路堤稳定、坚固极为重要的措施。在路堤填筑前进行基底处理，能使填土与原来的表土密切结合；能使初期填土作业顺利进行；能使地基保持稳定，增加承载能力；能防止因草皮、树根腐烂而引起的路堤沉陷。

（1）伐树、除根及表层土处理

路基用地范围内的树木、灌木丛等均应在施工前砍伐或移植清理，砍伐的树木应移置于路基用地之外，进行妥善处理。高速公路、一级公路和填方高度小于1m的其他公路应将路基范围内的树根全部挖除并将坑穴填平夯实；填方高度大于1m的其他公路允许保留树根但根部露出地面不得超过20cm。

路堤基底为耕地土或松土时，应先清除种植有机土，平整后按规定要求压实。清除深度应达到设计要求（一般不小于1cm），平整后按规定要求压实。在深耕地段，必要时，应将松土翻挖，土块打碎，然后回填、整平压实。

1）路堤基底原土强度不符合要求时，应进行换填，对深度不小于30cm的路堤基底，应分层压实到规定要求。

①高速公路、一级公路、二级公路路堤基底压实度不小于90%。

②当路堤填土高度小于路面和路床厚度（80cm）时，应将地基表层土进行超挖并分

层回填压实，其处置深不应小于重型汽车荷载作用的工作区深度，基底的压实度不宜小于路床的压实度标准。

2）路堤修筑范围内，原地面的坑、洞、墓穴等，应用原地的土或砂性土回填，并按规定进行压实。路堤经过水田、池塘、洼地时，应根据具体情况采用排水疏干、换填水稳性好的土、抛石挤淤等处理措施，确保路堤基底具有足够的稳定性。

（2）坡面基底的处理

填方路堤。如基底为坡面时，填方路堤在荷载作用下，极易失稳而沿坡面产生滑移，因此在施工前必须对基底坡面处理后方能填筑。

3. 填筑方法

路堤填筑必须考虑不同的土质，从原地面逐层填筑，并分层压实，每层厚度随压实方法而定。

（1）填筑方式

水平分层填筑。填筑时按横断面全宽分成水平层次，逐层向上填筑。

纵坡分层填筑适用于推土机或铲运机从路堑取土填筑，运距较短的路堤，依纵坡方向分层、逐层推土填筑。

竖向填筑。从路基一端按各横断面的全部高度，逐步推进填筑，适用于无法自下而上。分层填土的陡坡、断岩或泥沼地区。

混合填筑。当高等级公路路线穿过深谷或陡坡，尤其是要求上部的压实度标准较高时，施工时下层采用横向填筑，上层采用水平分层填筑。

（2）沿横断面一侧填筑的方法

旧路拓宽改造需加宽路堤时，所用填土应与原路堤用土尽量接近或为透水性好的土，并将原边坡挖成向内倾斜的台阶，分层填筑，碾压到规定的密实度。严禁将薄层新填土贴在原边坡的表面。

高速公路和一级公路在横坡陡峻地段的半填半挖路基，必须在山坡上从填方坡脚向下挖成向内倾斜的台阶，台阶宽度不应小于1m。其中沿横断面挖方的一侧，在行车范围内的宽度不足一个行车道宽度时，应挖够一个行车道宽度，其上路床深度范围之内的原地面土应予以挖除换填，并按上路床填方的要求施工。

填方分几个作业段施工，两段交接处不在同一时间填筑时，则先填地段应按1:1坡度分层留台阶；若两个地段同时填，则应分层相互交叠衔接，其搭接长度不得小于2m。

（3）不同土质混填时的方法

对于不同性质的土混合填筑时，应视土的透水能力大小，进行分层填筑压实，并采用有利于排水和路基稳定的方式。一般应遵循以下三点原则：

以透水性较小的土填筑路堤下层时，其顶面应做成4%的双向横坡；与用于填筑上层时，不应覆盖在由透水性较好的土所填筑的路堤边坡上。

不同性质的土应分别填筑，不得混填。每种填料层累计总厚度不宜小于0.5m。

凡不因潮湿及冻融而变更其体积的优良土应填在上层，强度较小的土应填在下层。

（4）桥涵及其他构造物处的填筑施工要点

为了保证桥涵及其他构造物（主要指桥台背、锥坡、挡土墙墙背等）的稳定和使用要求，必须认真细致地进行填筑施工，其要点如下：

必须坚持在隐蔽工程经监理工程师检查验收认可后，才能进行回填土施工。桥涵及其他构造物处的填料，除设计文件另有规定外，应采用砂类土或透水性土。当采用非透水性土时，应在土中增加外掺剂，如石灰、水泥等，待改良其性质后再使用。

台背填土顺路线方向长度要求：顶部为距翼墙尾端不小于台高 2m，底部距基础内缘不小于 2m，拱桥台背填土长度不应小于台高的 3~4 倍，涵洞填土长度每侧不应小于 2 倍孔径长度。

做好压实工作。结构物处的填土应分层填筑，每层松铺厚度不宜超过 15cm。

在回填压实施工中，应做到对称回填压实，并保持结构物完好无损。压路机压不到的地方，应使用小型机动夯具夯实并达到规定要求的密实度。

施工中应安排桥台背后填土与锥坡填土同时进行，以取得更佳效果。

涵洞缺口填土，应在两侧对称均匀分层回填压实。如使用机械回填，则涵台胸腔部分及检查井周围应先用小型压实机具压实后，方可用大机械进行大面积回填。

涵洞顶面填土压实厚度大于 50cm 后，方可允许重型机械和汽车通过。

挡土墙填料宜选用砂石土或砂类土。墙趾部分的基坑，应注意及时回填，并做成向外倾斜的横坡。填土过程中，应采取相应的措施，防止水害。回填结束后，挡土墙顶部应及时封闭。

严格控制和保证达到压实标准。

高速公路与一级公路的桥台和涵身背后、涵洞顶部的填土压实度标准，从填方基底或涵洞顶部至路床顶面均为 96%，其他公路为 95%。

（5）土方路基填筑压实要求

路基必须分层填筑压实，使每层都表面平整，路拱合适，排水良好。

路堤填筑压实的施工要点如下：

填筑路堤宜采用水平分层填筑法施工。

严格控制碾压最佳含水量。用透水性不良的土填筑路堤时，应控制其含水量在最佳含水量 ±2% 内。

严格控制松铺厚度。采用机械压实时，高速公路和一级公路的分层最大松铺厚度不应超过 30cm；其他公路，按土质类别、压实机具功能、碾压遍数等，经过试验确定，最大松铺厚度不宜超过 50cm。填筑至路床顶面最后一层的最小压实厚度不应小于 8cm。

严格控制路堤几何尺寸和坡度。路堤填土宽度每侧应比设计宽度宽出 30~50m，压实宽度不得小于设计宽度，压实合格后，最后削坡。掌握压实方法。加强土的含水量检查。

4. 碾压

碾压是路基填筑工程的一个关键工序，有效地压实路基填筑土，才能保证路基工程的施工质量。

## （二）路基施工的要求

路基施工时，除了要满足设计的断面尺寸及纵段高程之外，还要满足强度、整体稳定性和水温稳定性的基本要求。

路基施工有以下几点要求：

1. 保证足够的整体稳定性；

2. 强度符合设计要求；

3. 保持足够的水温稳定性；

4. 必须精心施工，确保工程质量；

5. 推行机械化施工；

6. 合理用地，保护生态环境；

7. 严格执行路基施工技术规范。

## （三）路基施工的方法

路基土石方的施工作业主要包括开挖、运输、铺填、压实和修整等工作。有时为了提高挖土的效率，还要先松土。路基施工的基本方法可分为以下四种。

1. 人工和半机械化施工

人工和半机械化施工是主要依靠人力，使用手工工具和简易的机械设备进行施工的方法。适用于缺乏机械的地方道路工地和工程量小而分散的零星工程点，以及某些辅助性工作。

2. 水力机械施工

水力机械施工是运用水泵、水枪等水力机械，喷射强力水流，把土冲散并泵送到指定地点沉积的方法。这种方法可用来挖掘比较松散的土层和进行软土地基加固的钻孔工作，但施工现场需有充足的水源和电源。

3. 爆破施工

爆破施工是开挖岩石路堑的基本方法。如采用钻岩机钻孔，爆破后机械清理运碴，便是岩石路基机械化施工的必备条件。除岩石路堑开挖之外，爆破法还可用于冻土（硬土）、泥沼等特殊路基施工和开采石料。定向爆破可将路基挖方直接移做填方。

4. 机械化施工

机械化施工是采用推土机、铲运机、平地机、挖掘机、压路机及松土机等机械，经过选配，共同协调进行施工的方法。它可以极大地提高劳动生产率，显著地加快施工进度，并有效地保证了工程质量。

上述施工方法的选择，应根据工程性质条件、施工期限、现有施工条件等因素确定，同时要综合考虑、因地制宜和综合配套地使用各种方法。

路堑施工就是按设计要求进行挖掘，并将挖掘的土石方运到路堤地段作为填料，或者运往弃土堆处，有时也可经加工，作为自采材料，用于结构物或其他工程部位。

路堑由天然地层构成，开挖后边坡易发生变形和破坏，路基的病害常发生在路堑挖方地段，如滑坡、崩塌、落石、路基翻浆等。因此，施工方法与路堑边坡的稳定有密切关系，开挖方式应根据路堑的深度、纵向长度及地形、地质、土石方调配情况和机械设备条件等因素确定，以加快施工进度，提高工作效率。

## 三、土方路堑的开挖方式

土方路堑开挖根据路堑深度和纵向长度可分为全断面横挖法、纵挖法及混合式开挖法三种。

1. 全断面横挖法

路堑整个横断面的宽度和深度从一端或两端逐渐向前开挖的方式称为全断面横挖法。全断面横挖法可分为一层横向全宽挖掘法和多层横向全宽挖掘法两种方式。

一层横向全宽挖掘法适用于开挖深而短的路堑。

多层横向全宽挖掘法适用于开挖深而短的路堑。

2. 纵挖法

纵挖法是沿道路的纵向进行挖掘。纵挖法分为分层纵挖法、通道纵挖法及分段纵挖法三种方式。

（1）分层纵挖法

分层纵挖法适用于较长的路堑开挖。当路堑长度不超过100m，开挖深度不大于3m，地面较陡时，宜采用推土机作业，当地面横坡较缓时，表面宜横向铲土，下层的土宜纵向推运。

（2）通道纵挖法

沿路堑纵向挖掘一通道，然后将通道向两侧拓宽，上层通道拓宽至路堑边坡后，再开挖下层通道，按此方向进行土方挖掘和外运的流水作业，直至开挖到挖方路基顶面标高，称为通道纵挖法。通道可作为机械通行、运输土方车辆的道路。

（3）分段纵挖法

分段纵挖法适用于路堑过长、弃土运距过远的傍山路堑或一侧堑壁不厚的路堑开挖，同时还应满足其中间段有弃土场、土方调配计划有多余的挖方废弃的条件。

3. 混合式开挖法

将横挖法与通道纵挖法混合使用称为混合式开挖法。适用于纵向长度和挖深都很大的路堑，先将路堑纵向挖通后，然后沿横向坡面挖掘，以增加开挖坡面。每个坡面应设一个机械班组进行作业。

## 四、路堑开挖施工应注意注意的问题

1. 路堑排水

不论采用何种方法开挖，均应保证开挖过程中及竣工后能顺利排水。为此，施工时应先在适当的位置开挖截水沟，并设置排水沟，以排除地表水和地下水。施工中要在路堑的路线方向保持一定的纵坡。

2. 废方处理

路堑挖出的土方，除利用外，多余的土方应按设计的弃土堆进行废弃，不得妨碍路基的排水和路堑边坡的稳定。同时，弃土应尽可能用于改地造田、美化环境。

3. 注意边坡的稳定并及时设置必要的支护工程

路堑开挖时，不论开挖工程量和开挖深度，均应按照横断面自上而下进行，随挖随修边坡，不得乱挖、超挖。防止因开挖不当导致坍方，尤其在地质不良地段，应分段开挖，分段支护。

4. 禁止超挖

土方路基开挖施工过程中，应经常测量高程和路基宽度，通过计算检验其是否符合设计要求。

## 五、冬、雨期开挖路堑注意事项

1. 雨期开挖

（1）土质路堑开挖前，在路堑边坡坡顶 2m 以外开挖截水沟并接通出水口。

（2）开挖土质路堑宜分层开挖，每挖一层均应设置排水纵横坡。挖方边坡不宜一次挖到设计标高，应沿坡面留 30cm 厚，待雨期过后整修到设计坡度。以挖做填的挖方应随挖、随运、随填。

（3）土质路堑挖至设计标高以上 30~50cm 时应停止开挖，并在两侧挖排水沟。待雨期过后再挖到路床设计标高并压实。

（4）土的强度低于规定值时应按设计要求进行处理。

（5）雨期开挖岩石路堑，炮眼应尽量水平设置。边坡应按设计坡度自上而下，层层刷坡，坡度应符合设计要求。

2. 冬期开挖

（1）当破开冻土层挖到未冻土后，应连续作业，分层开挖，中间停顿时间较长时，应在表面覆雪保温，避免重复被冻。

（2）挖方边坡不应一次挖到设计线，应预留 30cm 厚台阶，待到正常施工季节再削去预留台阶，整理达到设计边坡。

（3）路堑挖至路床面以上 1m 时，挖好临时排水沟后，应停止开挖并在表面覆以雪或松土，待到正常施工时，再挖去其余部分。

（4）冬期开挖路堑必须从上向下开挖，严禁从下向上掏空挖"神仙土"。

（5）每日开工时先挖向阳处，气温回升后再挖背阴处，如开挖时遇地下水源，应及时挖沟排水。

（6）冬期施工开挖路堑的弃土要远离路堑边坡坡顶堆放。弃土堆高度一般不应大于3m，弃土堆坡脚到路堑边坡顶的距离一般不得小于3m，深路堑或松软地带应保持5m以上。弃土堆应摊开整平，严禁把弃土堆于路堑边坡顶上。

# 六、路基施工机械和设备

路基施工机械包括土石方机械和压实机械两大类，本章仅做土石方机械的介绍，压实机械将在路基压实部分叙述。

土石方机械包括推土机、装载机、挖掘机、铲运机、平地机和凿岩机等几个重要机种，是路基施工中用途最广泛的施工机械，它们担负着土石方的铲装、填挖、运输和整平等作业。

## （一）推土机

### 1.性能

推土机是以工业拖拉机或专用牵引车为主机，前端装有推土装置，依靠主机的顶推力，对土石方或散装物料进行切削或搬运的铲土运输机械。推土机担负着切削、推运、开挖、填积、回填、平整、疏松和压实等多种土石方作业，其特点是作业面小，机动灵活，转移方便，短距离运土方便。因此，推土机是路基施工中必不可少的机械设备。

### 2.适用性

推土机一般适用于季节性较强、工程量集中、施工条件较差的工程环境，主要用于50~100m的短距离作业，如路基修筑、基坑开挖、平整场地、清除树根、堆积散料等，并可为铲运机与挖装机械松土和助铲及牵引各种拖式工作装置等作业。

履带式推土机，适用于Ⅳ级以下土的推运。当推运Ⅳ级和Ⅳ级以上土和冻土时，必须先进行松土。

### 3.作业方式

推土机的基本作业是铲土、运土、卸土和空回四个过程，通常有以下五种作业方法：

（1）波浪式铲土法；

（2）接力式推土法；

（3）槽式推土法；

（4）并列推土法；

（5）下坡推土法。

## （二）铲运机

铲运机主要用于较大运距的土方工程，如填筑路堤、开挖路堑和大面积的平整场地等。由于它本身能完成铲装、运输和卸铺作业，并兼有一定的压实和平整能力，所以在公路工程施工中，铲运机是一种使用范围很广的土方施工机械。

1. 适用性

铲运机的适用范围主要取决于土质特性、运距、机器本身的性能和道路状况。

2. 作业方式

（1）一次铲装法；

（2）交替铲装法（跨铲法）；

（3）波浪式铲土法；

（4）下坡铲土法。

## （三）平地机

平地机是一种装有以铲土刮刀为主，配备其他多种可换作业装置，进行刮平和整形连续作业的工程机械。平地机的铲土刮刀较推土机的推土铲刀灵活，它能连续进行改变刮刀的平面角和倾斜角，使刮刀向一侧伸出的作业；也可以连续进行铲土、运土、大面积平地、挖沟和刮边坡的作业等。

1. 适用性

平地机的主要用途：从路线两侧取土，填筑不高于 1cm 的路堤；修整路堤的横断面；旁刷边坡；开挖路槽和边沟，以及大面积平整等。此外，还可以在路基上拌和、摊铺路肩上的杂草及冬季道路除雪等。

2. 作业方式

（1）选择铲土角；

（2）选择刮刀回转角；

（3）斜行作业；

（4）刮刀侧移；

（5）刮刀移土作业。

## （四）挖掘机

挖掘机在公路工程中是用于挖掘和装载土、石、沙砾和散粒材料的重要施工机械。挖掘机是土石方工程施工的主要机械，特点是效率高、产量大，但机动性较差。在公路工程施工中，遇到开挖量较大的路堑和填筑高路堤等大工程量时，用挖掘机配合运输车辆组织施工是比较合理的选择。

## （五）装载机

装载机是一种工作效率较高的铲土运输机械，它兼有推土机和挖掘机两者的工作能力，可以进行铲掘、推运、整平、装卸和牵引等多种作业。

装载机的适应范围主要取决于使用场所，土石料特性和工作环境，选用时应注意以下三点：

1. 装载机的经济合理运距；
2. 装载机的斗容与汽车车厢容积的匹配；
3. 充分发挥装载机的效率。

## 七、路基压实的意义

路基施工破坏了土体的天然状态，导致结构松散的颗粒需要重新组合。为使路基具有足够的强度与稳定性，必须予以压实，以提高其密实程度。所以路基的压实工作，是路基施工过程中一个重要工序，亦是提高路基强度与稳定性的根本技术措施之一。

土是三相体，土粒为骨架，颗粒之间的孔隙为水分和气体所占据。压实的目的在于使土粒重新组合，彼此挤紧，孔隙缩小，让土的单位质量提高，形成密实整体，最终达到强度增加、稳定性提高的目的。

通过大量的试验和工程实践证明：土基压实后，路基的塑性变形、渗透系数、毛细水作用及隔温性能等，均有明显改善。

## 八、影响压实效果的因素

对于细粒土的路基，影响压实效果的因素有内因和外因两方面。内因指土质和湿度，外因指压实功能（如机械性能、压实时间与速度、土层厚度）及压实时自然和人为的其他外界因素等。下面就影响压实效果的主要因素进行讨论。

1. 含水量对压实的影响

（1）含水量 w 与密实度（以干容重 / 度量）的关系。

（2）含水量 w 与土的水稳定性的关系。

2. 土质对压实效果的影响

土质对压实效果的影响很大。通过对比可知，砂性土的压实效果优于黏性土。其机理在于土粒越细，比表面积大的土粒，表面水膜所需的含水量越多，加之黏土中含有亲水性较高的胶体物质，使得砂性土的压实效果优于黏性土。另外，至于砂土的颗粒组，由于呈松散状态，水分极易散失，对其最佳含水量的概念就没有多大的实际意义。

3. 压实功能对压实的影响

压实功能(指压实工具的质量、碾压次数或锤落高度、作用时间等)对压实效果的影响，是除含水量之外的另一个重要因素。据此规律，工程实践中可以增加压实功能（选用重碾，增加次数或延长作用时间等），以提高路基强度或降低最佳含水量。但必须指出，用增加压实功能的办法，提高土基强度的效果，有一定限度。压实功能增加到一定限度以后，效果提高变得缓慢，在经济效益和施工组织上，不是很合理，甚至当压实功能过大时，一是会破坏土基结构，二是相对应含水量减少而使水稳定性变差，其压实效果适得其反。相比之下，严格控制最佳含水量，要比增加压实功能收效大得多。当含水量不足，洒水有困难时，适当增大压实功能可以收效，如果土的含水量过大，此时如果增大压实功能，必将出现"弹簧现象"，即压实效果很差，造成返工浪费。

4. 压实厚度对压实效果的影响

相同压实条件下（土质、含水量与压实功能不变）实测土层不同深度的密实度（$\gamma$或压实度）可得知，密实度随深度递减，表层 5cm 最高。不同压实工具的有效压实深度有所差异，根据压实工具类型、土质及土基压实的基本要求，路基分层压实的厚度有具体的规定数值。一般情况下，夯实不宜超过 20cm；12~15t 光面压路机，不宜超过 25cm；振动压路机或夯击机，宜以 50cm 为限。实际施工时的压实厚度应通过现场试验确定合适的摊铺厚度。

# 第四节 石质路基施工

## 一、填石路堤的施工方法

填石路堤的施工方法如下：

1. 填石路堤的基底处理同填土路堤。

2. 高速公路、一级公路和铺设高级路面的其他等级公路的填石路堤均应分层填筑，分层压实。二级及二级以下且铺设低级路面的公路在陡峻山坡段施工特别困难或需大量爆破以挖做填时，可采用倾填方式将石料填筑于路堤下部，但倾填路堤在路床底面下不小于 1.0m 范围内仍应分层填筑压实。

3. 填石路堤的压实度检验，包括分层填筑岩块及倾填爆破石块填筑的路堤，在规定深度范围内，以 12t 以上振动压路机进行压实试验，当压实层顶面稳定，不再下沉（无轨迹）时，可判为密实状态。

## 二、填石路堤的施工要求

1. 填料的选择

填石路堤是指用粒径大于 40mm，含量超过 70% 的石料填筑的路堤。膨胀性岩石、易溶性岩石、崩解性岩石和盐化岩石等均不应用于路堤填筑。用强风化石料软质岩石填筑路堤时，应按土质路堤施工规定先检验其 CBR 值是否符合要求，CBR 值不符合要求时不得使用，符合使用要求时应按土质筑堤的技术要求施工。填石路堤的石料强度不应小于 15MPa（用于护坡的不应小于 20MPa）。填石路堤石料最大粒径不宜超过层厚的 2/3。

2.施工中应将石块逐层水平填筑

分层松铺厚度：高速公路及一级公路不宜大于0.5m，其他公路不宜大于1.0m。大面向下摆放平稳，紧密靠拢，所有缝隙填以小石块或石屑。高速公路及一级公路填石路堤路床顶面以下50cm范围内应填筑符合路床要求的土并分层压实，填料最大粒径不得大于10cm。其他公路填石路堤路床顶面以下30cm范围内宜填筑符合路床要求的土并压实，填料最大粒径不应大于15cm。超粒径石料应进行破碎，使填料颗粒符合要求。

3.填石路堤压实

填石路堤应使用重型振动压路机分层洒水压实，压实过程中继续用小石块或石屑填缝，直到压实层顶面稳定、不再下沉且无轨迹、石块紧密、表面平整为止。

4.路堤边坡坡脚码砌

填石路基倾填前，路堤边坡坡脚应用粒径大于30cm的硬质石料码砌。

当无设计规定时，填石路堤高度小于或等于6m时，其码砌厚度不应小于1m；大于6m时，不应小于2m。

石质路堑开挖最有效的方法是爆破。爆破可以大大提高施工效率，缩短工期，节约劳力，提高公路的使用质量。

1.炸药性能和药包量

（1）炸药性能

一般在坚石中，宜采用粉碎力大的炸药，如TNT、胶质炸药等；在次坚石、软石、裂缝大而多的岩石中，以及在松动爆破中，宜采用爆炸力较大而粉碎力较小的炸药；开采料石时，宜采用爆炸力和粉碎力都较小的炸药，如黑火药。

（2）药包量

药包量的多少，必须根据具体条件和爆破目的来决定。

2.地形条件

地形不同，其爆破的特征及效果也不同。地形越陡，炸药用量越省。地形倾斜时，爆破土方的岩石因振动而松裂，在自重的作用下脱离岩体而坍塌，从而扩大爆破漏斗的范围，增加爆破方量。此外，炮位临空面的数目对爆破效果的影响也很大，临空面越多，爆破效果就越好。

3.地质条件

当岩石的密度大、强度高、整体性好时，单位耗药量较高，对爆破后的边坡稳定有利，适宜采用大爆破；反之，密度小、力学强度低、节理、层理发达，则较易破碎，单位用药量低，不宜采用大爆破。

# 三、石质路堑的开挖方式

石质路堑的开挖通常采用爆破法，有条件时宜采用松土法，局部情况可采用破碎法开挖。施工时，采用的爆破方法，要根据石方的集中程度，地质、地形及路基断面形状等具体条件而定。主要方法有钢钎炮、深孔爆破、葫芦炮、光面爆破与预裂爆破和抛坍爆破。

### （一）常用爆破方法的特点及优点

1. 综合爆破

综合爆破是根据石方的集中程度，地质、地形条件，公路路基断面的形状，综合配套使用的一种比较先进的爆破方法。

一般包括小炮和洞室炮两大类。小炮主要包括钢钎炮、深孔爆破等钻孔爆破；洞室炮主要包括药壶炮和猫洞炮，洞室炮则随药包性质、断面形状和地形的变化而不同。用药量 1t 以上为大炮，1t 以下为中小炮。

（1）裸露药包法

裸露药包法是将药包置于被炸物体表面或经清理的岩缝中，药包表面用草皮或稀泥覆盖，然后进行的爆破。

（2）钢钎炮（炮眼法）

在路基工程中，钢钎炮（炮眼法）是指炮眼直径小于 70mm 和深度小于 5m 的爆破方法。一般情况下，单独使用钢钎炮爆破石方是不经济的，原因有以下两点：

1）炮眼直径小，炮眼浅，用药少，一般最多装药为眼深的 1/3~1/2，每次爆破的石方量不大（通常不超过 $10m^2$），并全靠人工清除，所以工效较低。

2）不利于爆破能量的利用，但比较灵活，因而它又是一种不可缺少的炮型，在综合爆破中是一种改造地形，为其他炮型服务的辅助炮型。

（3）药壶炮（葫芦炮）

药壶法是指在深 3.0m 以上的炮眼底部用小量炸药经一次或多次烘膛，使底成葫芦形，将炸药集中装入药壶中进行爆破。葫芦炮炮眼较深，适用于均匀致密黏土（硬土）、次坚石、坚石。对于炮眼深度小于 2.5m，节理发育的软石，地下水较多或雨季施工时，不宜采用。

（4）猫洞炮

猫洞炮是炮洞直径为 0.2~0.5m，洞穴成水平或略有倾斜（台眼），深度小于 5m，将药集中于炮洞中进行爆破的一种方法。它适用于硬土、胶结良好的石古河床、冰渍层、软石和节理发育的次坚石，坚石可用其间的裂隙修成导洞或药室，这种炮型对大孤石、独岩包等爆破效果更佳。

（5）爆破（洞室）施工方法

大爆破是采用导洞和药室装药，用药量在 1000kg 以上的爆破方法。

2. 光面爆破

光面爆破是在开挖限界的周边，适当排列一定间隔的炮孔，在有侧向临空面的情况下，用控制抵抗线和药量的方法进行爆破，使之形成一个光滑平整的边坡。

**3.预裂爆破**

预裂爆破是在开挖限界处按适当间隔排列炮孔,在没有侧向临空面和最小抵抗线的情况下,用控制药量的方法,预先炸出一条裂缝,使拟爆体与山体分开,作为隔振减振带,消除或减弱开挖限界以外山体或建筑物的地震破坏作用。

**4.抛坍爆破**

抛坍爆破运用于自然地面坡度大于30°,地形、地质条件复杂的半填半挖路堑。

**5.微差爆破**

相邻两药包或前后排药包以毫秒的时间间隔(一般为15~75ms)依次起爆,称为微差爆破,亦称毫秒爆破。多发一次爆破最好采用毫秒雷管。多排孔微差爆破是浅孔深孔爆破发展的方向。

**6.定向爆破**

在公路工程中用于以借为填或以挖做填地段,特别是在深挖高填相间、工程量大的鸡爪形地区,宜采用定向爆破。

## (二)松土法

为了开挖边坡的稳定和保护既有建筑物的安全,大马力推土机不断普及,用松土法开挖岩石被越来越广泛地采用。

# 四、爆破开挖路堑施工方法

1.恢复路基中线,放出边线,钉牢边桩。

2.根据地形、地质及挖深选择适宜的开挖爆破方法,制订爆破方案,做出爆破施工组织设计,报有关部门审批。

3.用推土机整修施工便道,清理表层覆盖土及危石。

4.在地面上准确放出炮眼(井)位置,竖立标牌,标明孔(井)号、深度、装药量。

5.用推土机配合爆破,创造临空面,使最小抵抗线方向面向回填方向。

6.炮眼在布置整体爆破时采用"梅花形"或"方格形",预裂爆破时采用"一字形",洞室爆破根据设计确定药包的位置和药量。

7.在居民区及地质不良可能引起坍塌后遗症的路段,原则上不采用大中型洞室爆破。在石方集中的深挖路堑采用洞室爆破时,应认真设计分析药包位置和装药量,精确测算爆破漏斗,防止超爆、少爆或振松边坡,留下后患。

8.爆破施工要严格控制飞石距离,采取切实可行的措施,确保人员和建筑物的安全,如采用毫秒微差爆破技术。

9.控制爆破也可以采用分段毫秒爆破方法。

10.为确保边坡爆破质量,可采用预裂爆破技术、光面爆破技术和排眼毫秒爆破技术,同时配合选择合理的爆破参数,减少冲击波影响,降低石料大块率,以减少二次破碎,利于装运和填方。

11.装药前要布好警戒，选择好通行道路，认真检查炮孔、洞室，吹净残渣，排除积水，做好爆破器材的防水保护工作，雨季或有地下水时，可考虑采用乳化防水炸药。

12.装药分单层、分层装药，预裂装药及洞室内集中装药。光眼装药后用木杆捣实，填塞黏土；洞室装药时，将预先加好的起爆体放在药包中心位置，周围填以硝酸安全炸药，用砂黏土填塞，填塞时要注意保护起爆线路。

13.认真设计，严密布设起爆网络，防止发生短路及二响重叠现象。

14.顺利起爆，并清除边坡危石后，用推土机清出道路，用推土机、铲运机纵向出土填方，运距较远时，用挖掘机械装土，自卸汽车运输。

15.随时注意控制开挖断面，切勿超爆，适时清理整修边坡和暴露的孤石。

## 五、石质路基质量控制

### （一）一般规定

1.土方路基和石方路基的实测项目技术指标的规定值或允许偏差按高速公路、一级公路和其他公路（指二级及二级以下公路）两档设定，其中土方路基压实度按高速公路和一级公路、二级公路、三级公路、四级公路三档设定。

2.本章规定的实测项目的检查频率，如果检查路段以延米计时，则为双车道公路每一检查段内的最低检查频率（多车道公路必须按车道数与双车道之比，相应增加检查数量）。

3.路基压实度必须分层检测，并符合规范规定。路基其他检查项目均在路基顶面进行检查测定。

4.路肩工程可作为路面工程的一个分项工程进行检查评定。

5.服务区停车场、收费广场的土方工程压实标准可按土方路基要求进行监控。

### （二）石方路基的基本要求

1.石质路堑的开挖宜采用光面爆破法。爆破后应及时清理险石、松石，确保边坡安全、稳定。

2.修筑填石路堤时应进行地表清理，逐层水平填筑石块，摆放平稳，码砌边部。填筑层厚度及石块尺寸应符合设计和施工规范规定，填石空隙用石碴、石屑嵌压稳定。上、下路床填料和石料最大尺寸应符合规范规定。采用振动压路机分层碾压，压至填筑层顶面石块稳定，18t以上压路机压两遍无明显标高差异。

3.路基表面应整修平整。

4.外观鉴定。

（1）上边坡不得有松石。不符合要求时，每处减1~2分。

（2）路基边线直顺，曲线圆滑。不符合要求时，单向累计长度每50m减重1~2分。

# 第五节　软土地基施工

高速公路路基的软土是指：标准贯击数小于 4，无侧限抗压强度小于 50kPa，含水量大于 50% 的黏性土和标准贯击数小于 10、含水量大于 30% 的砂性土。软土无论是按沉积成因还是按土质划分，它们都具有共同的工程性质，即颜色以深色为主，粒度成分以细颗粒为主，有机质含量高、天然含水量高，容重小，天然含水量大于液限，超过 30%；相对含水量大于 10；软土的饱和度高达 100%，甚至更大，天然重力密度为 1.5~19km³。天然孔隙比大，一般大于 1m。渗透系数小，一般小于 $10^{-6}$cm/s 数量级，沉降速度慢，固结完成所需时间较长。黏粒含量高，塑性指数大。高压缩性，压缩系数大，基础沉降量大，一般压缩系数大于 0.5 MPa-1。强度指标小，软土的黏聚力小于 10 kPa，快剪内摩擦角小于 5°。固结快剪黏聚力小于 10 kPa，快剪内摩擦角小于 5°。固结快剪的强度指标略高，黏聚力小于 15 kPa，内摩擦角小于 10º。软土的灵敏度高，灵敏度一般在 2~10，有时大于 10，具有显著的流变特性。软土路基应进行路基处理并观测路堤沉降，按图纸或经监理工程师批准的处理方法进行施工。

## 一、软土路基处理方法

1. 换填法：换填法是将原路基一定深度和范围内的淤泥挖除，换填符合规定要求的材料，使之达到规定压实度的方法。换填时，应选用水稳性或透水性好的材料，分层铺筑，逐层压实。

2. 抛石挤淤法：抛石挤淤法是在路基底从中部向两侧抛投一定数量的碎石，将淤泥挤出路基范围，以提高路基强度。所用碎石宜采用不易风化的大石块，尺寸一般不小于 0.15 m。抛石挤淤法施工简单、迅速、方便。适用于常年积水的洼地，排水困难，泥炭呈流动状态、厚度较薄，表层无硬壳，片石能沉达底部的泥沼或厚度为 3~4 m 的软土；适用于在特别软的地面上施工由于机械无法进入，或是表面存在大量积水无法排出时；适用于石料丰富，运距较短的情况。

3. 排水固结法：堆载预压法、真空预压法、降水预压法、电渗排水法，适用于处理厚度较大的饱和软土和冲填土路基，但对于较厚的泥炭层要慎重选择。

4. 胶结法

（1）水泥搅拌桩：水泥搅拌桩的适用范围为淤泥、淤泥质土、含水量较高的地层、地基承载力不大于 120kPa 的黏性土、粉土等软土路基。在有较厚泥炭土层的软土路基上，宜通过试验确定其适用性，并可适量添加磷石膏以提高搅拌桩桩身强度。当地下水中含有大量硫酸盐时，应选用抗硫酸盐硅酸盐水泥。冬期施工时，应注意负温。注意十字板剪切强度（Su）为 35 kPa 时所对应的静力触探总贯入阻力（Ps）约为 750 kPa 对处理效果的影响。

（2）高压喷射注浆法：高压喷射注浆法的适用范围为淤泥、淤泥质土、黏性土、黄土、砂土、人工填土和碎石土等路基。尤其适用于软弱路基的加固。湿陷性黄土及土中含有较多的大粒径块石、坚硬性黏性土、大量植物根茎或过多有机质时，应根据现场试验结果确定其适用程度。对地下水流速较大或涌水工程以及对水泥有严重侵蚀的路基应慎用。

（3）灌浆法：灌浆法适用于处理淤泥、淤泥质土、粉土和含水量较高，且路基承载力标准值不大于 120 kPa 的黏性土等地基。当用于处理泥炭土或地下水具有侵蚀性时，宜通过试验以确定其适用性。

（4）水泥土夯实桩法：水泥土夯实桩法适用于地下水位上的素填土、淤泥质土和粉土等。

5. 加筋土法

适用范围为人工填土、砂土的路堤、挡墙、桥台等；土工织物适用于砂土、黏性土和软土的加固，或用于反滤、排水和隔离的材料；树根桩适用于各类土，主要用于既有建筑物的加固及稳定土坡、支挡结构物；锚固法能可靠地锚固土层和岩层。对软弱黏土宜通过重复高压灌浆或采用多段扩体或端头扩体以提高锚固段锚固力。对液限大于 50% 的黏性土，相对密度小于 0.3 的松散砂土及有机质含量较高的土层，均不得作为永久性锚固地层。

6. 振冲置换

适用于不排水剪切强度 20 kPa ≤ CU ≤ 50 kPa 的饱和软黏土、饱和黄土及冲填土。对不排水剪切强度小于 20 kPa 的地基应慎重选择。此法能使天然路基承载力提高 20%~60%。

7. 水泥粉煤灰碎石桩（简称 CFG 桩）法

CFG 桩法适用于淤泥、淤泥质土、杂填土、饱和及非饱和的黏性土、粉土，能使天然路基承载力提高 70% 以上。

8. 钢渣桩法

适用于淤泥、淤泥质土、饱和及非饱和的黏性土、粉土。

9. 石灰桩法

适用于渗透系数适中的软黏土、杂填土、膨胀土、红黏土、湿陷性黄土。不适合地下水位以下的渗透系数较大的土层。当渗透系数较小时，软土脱水加固效果不好的土层慎用。

10. 强夯置换法

适用于饱和软黏土，一般适合于 3~6 m 的浅层处理。

11. 砂桩法

适用于软弱黏性土，但应慎用，且需要较长的时间，对不排水剪切强度小于 15kPa 的软土应采用袋装砂井桩。

12. 夯坑基础法

适用于软黏土、非饱和的黏性土、夯填土、湿陷性黄土。

### 13. 强夯法

适用于碎石、砂土、杂填土、素填土、湿陷性黄土及低饱和度的粉土和黏性土。对于高饱和度的粉土和黏性土，需经试验论证后方可使用，且应设置竖向排水通道。该法处理深度可达 10 多米，但强夯的震动可能会对周围环境造成不良影响，因此，使用时要考虑周围环境因素。

### 14. 振冲法

振冲法是一种不添加砂石材料的振冲挤密法，一般宜用于 0.75mm 以上颗粒占土体 20% 以上的砂土，而添加砂石材料的振冲挤密法宜用于粒径小于 0.005mm 的黏粒含量不超过 10% 的粉土和砂土。

### 15. 挤密碎石桩法

挤密碎石桩法适用于松散的非饱和黏性土、杂填土、湿陷性黄土、疏松的砂性土。对饱和软黏土应慎重使用。

## 二、软土路基施工方法

#### 1. 抛石挤淤施工

（1）抛石挤淤应按设计要求或监理工程师的要求进行。

（2）应选用不易风化的片石，片石厚度或直径不宜小于 300 mm。

（3）当软土地层平坦，软土成流动状时，填土应沿路基中线向前呈三角形方式投放片石，再渐次向两侧全宽范围扩展，使泥沼或软土向两侧挤出。当软土地层横坡陡于 1:10 时应自高侧向低侧抛投，并在低侧边部多抛填，使低侧边部约有 2m 的平台。

（4）片石抛出软土面或抛出水面后，应用较小石块填塞垫平，用重型压路机压实。

#### 2. 垫层施工

垫层处置施工通常用于松软过湿的表面，采用排水、铺设填料或以掺加剂加固使地表层强度增加，防止地基局部剪切变形，从而既保证重型机械通行，又使填土荷载均匀分布在地基上。

垫层材料宜采用无杂物的中粗砂，含泥量应不小于 5%；也可采用天然级配型砾料，其最大粒径应小于 50mm，砾石强度应不低于四级。垫层应分层摊铺压实，碾压到规定的压实度。垫层宽度应宽出路基边脚 500~1000mm，两侧宜用片石护砌或采用其他方式防护。垫层采用沙砾料时，应避免粒料离析。在软、湿路基上铺以 0.3~0.5m 厚度的排水层，有利于软湿表层的固结，并形成填土的底层排水，在一定程度上能提高地基强度，使施工机械可以通行。碎石、岩渣垫层的一般厚度为 0.4 m 左右，并铺设单层或双层土工织物或土工网格，有利于均匀支承填土荷载，提高地基承载力，减少地基的沉降量。掺合料垫层是利用掺合料（石灰、水泥、土、加固剂）以一定剂量混合在填料土中，可改变地基的压缩性和强度特性，从而保证施工机械的通行，垫层大部分松散，应进行大部或全部防护。

3. 袋装砂井施工

（1）袋装砂井施工工艺流程为：施工设备的准备→沉入套管→袋装砂沉入→就地填砂或井→预制沙袋沉放。

（2）袋装砂浆的成孔方法可根据机械设备条件进行比较选择：专用的施工设备一般为导管式的振动打设机械，只是在进行方式上有差异。成孔的施工方法有五种，即锤击沉入法、射水法、压入法、钻孔法及振动贯入法等。

（3）施工要点

1）中、粗砂中大于 0.6mm 颗粒的含量宜占总质量的 50% 以上，含泥量小于 3%，渗透系数大于 $5 \times 10^{-2}$mm/s。沙袋的渗透系数应不小于砂的渗透系数。

2）袋装砂井施工应符合以下规定：沙袋露天堆放时，应有遮盖，不得长时间暴晒；沙袋应垂直下井，不得扭结缩颈、断裂、磨损；拔钢套管时，如将沙袋带出或损坏，应在原孔位边缘重打；连续两次将沙袋带出时，应停止施工，查明原因并处理后方可施工；沙袋在孔口外的长度，应能顺直伸入砂垫层至少 300 mm。

3）袋装砂井施工质量应符合表 1-1 的规定。

表 1-1　袋装砂井施工质量标准

| 项次 | 检查项目 | 规定值或允许偏差 | 检查方法和频率 |
|---|---|---|---|
| 1 | 井距 /mm | ± 150 | 抽查 3% |
| 2 | 井长 | 不小于设计值 | 查施工记录 |
| 3 | 井径 /mm | +10.0 | 挖验 3% |
| 4 | 竖直度 /% | 1.5 | 查施工记录 |
| 5 | 灌砂率 /% | -5 | 查施工记录 |

4. 塑料排水板施工

（1）塑料排水是由芯体和滤套组成的复合体，或是由单一材料制成的多孔管道板带（无滤套）。

芯板是由聚乙烯或聚丙烯加工而成的多孔管道或其他形式的板带，应具有足够的抗拉强度和垂直排水能力。其抗拉强度不应小于 130 N/cm；当周围土体压力在 15 m 深度范围内不大于 250kPa 或在大于 15 m 范围不大于 350kPa 条件下，其排水能力应不低于 30cm³/s。芯板应具有耐腐性和足够的柔性，保证塑料排水板在地下的耐久性并在土体固结变形时不会被折断或破裂。

滤套一般由无纺织物制成，应具有一定的隔离土颗粒和渗透功能，应等效于 0.025mm 孔隙，其最小自由透水表面积宜为 1500cm²/m，渗透系数应不小于 $5 \times 10^{-3}$cm/s。

（2）施工机械：主要机具是插板机，基本上可与袋装砂井打设机具共用，只是将圆形套管换成矩形套管。对振动打设工艺、锤击振力大小，可根据每次打设根数、导管断面大小、入土长度和地基均匀程度确定。

（3）塑料排水板加固软土地基施工工艺流程为：整平原地面→摊铺下层砂垫层→机具就位→塑料排水板穿靴→插入套管→拔出套管→割断塑料排水板→机具移位→摊铺上层砂

垫层。

（4）施工质量要求

施工现场堆放的塑料排水板盘带应加以适当覆盖，以防暴露在空气中老化。插入过程中导轨应垂直，钢套管不得弯曲，透水滤套不应被撕破和污染；排水板底部应有可靠的锚固措施，以免拔出套管时将芯板带出。塑料排水板留出孔口长度应保证深入砂垫层不小于50cm，使其与砂垫层贯通，并将其保护好，以防机械、车辆进出时受损，影响排水效果。塑料排水板搭接应采用滤套内平接的方法，芯板对扣，凹凸对齐，搭接长度不少于20cm；滤套包裹，用可靠措施固定。施工中防止泥土等杂物进入套管中，一旦发现须及时清除。

5. 碎石柱（砂桩）施工

（1）材料要求：采用中、粗砂，大于 0.6 mm 颗粒含量宜占总重的 50% 以上，含泥量应小于 3%，渗透系数大于 $5 \times 10^{-2}$ mm/s。也可使用沙砾混合料，含泥量应小于 5%。未风化碎石或砾石，粒径宜为 19~63 mm，含泥量应小于 10%。

（2）如果对砂桩质量要求较为严格或采用小直径管打大直径砂桩时，可以采用双管冲击法或单管振动重复压拔法成桩。

（3）施工前应按规定要求进行成桩试验：详细记录冲孔、清孔、制桩时间和深度、水压、冲水量、压入碎石用量及工作电流的变化等。通过试桩确定水压、工作电流等变化的幅值和规律（主要指土层变化与水压、工作电流的相应变化），并验证设计参数和施工控制的有关参数，作为振冲碎石桩成桩的施工控制指标。

（4）填料方式：填料采用"先护壁，后制桩"的办法施工。成孔时先达到软土层上部1~2 m 范围内，将振冲器提出孔口加一批填料；下降振冲器使这批填料挤入孔壁，把这段孔壁加强以防塌孔；然后使振冲器下降至下一段软土中，用同样的方法加料护壁。如此重复进行，直达设计深度。孔壁护好后，就可按常规步骤制桩了。

（5）桩的施工：桩的施工顺序一般采用由里向外、由一边推向另一边，或间隙跳打的方式。制桩操作步骤：先用振冲器成孔，而后借循环水清孔，最后倒入填料，再用振冲器沉至填料进行振实成型。

（6）施工要点

采用单管冲击法、一次打桩管成桩法或复打成桩法施工时，应使用饱和砂；采用双管冲击法、重复压拔法施工时，可使用含水量为 7%~9% 的砂；饱和土中施工可用天然湿砂。地面下 1~2m 土层应超量投砂，通过压挤提高表层砂的密实程度。成桩过程应连续。实际灌砂量未达到设计用量时，应进行处理。

6. 加固土桩施工

（1）材料要求

生石灰粒径应小于 2.36 mm，无杂质，氧化镁和氧化钙总量应不小于 85%，其中氧化钙含量应不小于 80%。粉煤灰中二氧化硅和三氧化二铝含量应大于 70%，烧失量应小于 10%。水泥宜用普通或矿渣水泥。

（2）成桩试验：加固土桩施工前必须进行成桩试验，桩数不宜少于5根，且满足以下要求：

应取得满足设计喷入量的各种技术参数，如钻进速度、提升中速度、搅拌速度，喷气压力、单位时间喷入量等。应确定能保证胶结料与加固软土拌和均匀性的工艺。掌握下钻和提升的阻力情况，选择合理的技术措施。

（3）应根据固化剂喷入的形态（浆液或粉体），采用不同的施工机械组合。

（4）采用浆液固化剂时，制备好的浆液不得离析，不得停置过长。超过2小时的浆液应降低等级使用。浆液拌和均匀、不得有结块，供浆应连续。

（5）采用粉体固化剂时，应符合以下规定：

严格控制喷粉标高和停粉标高，不得中断喷粉，确保桩体长度；严格控制粉喷时间、停粉时间和喷入量；应采取措施防止桩体上下喷粉不匀、下部剂量不足、上下部强度差异大等问题；应按设计要求的深度复搅。

当钻头提升到地面以下小于500 mm时，送灰器停止送灰，用同剂量的混合土回填。钻头直径的磨损量不得大于10mm。如喷粉量不足，应整桩复打，复打的喷粉量不小于设计用量。因故喷粉中断时，必须复打，复打重叠长度应大于1m。施工设备必须配有自动记录的计量系统。

7.CFG桩施工

（1）材料要求

集料：应根据施工方法，选择合理的集料级配和最大粒径。水泥：宜选用普通硅酸盐水泥。粉煤灰：宜选用袋装Ⅱ、Ⅲ级粉煤灰。

（2）成桩试验：施工前应进行成桩试验，试桩数量宜为5~7根。CFG桩试桩成功，经监理验收合格后，方可开始施工。

8.铺设土工合成材料

（1）土工合成材料的质量应符合设计要求及规范要求，在采用土工合成材料加筋的路堤填筑正式开工前，应结合工程先修筑试验路段，以指导施工。

（2）铺设土工合成材料应按图纸施工，在平整的下承层上全断面铺设，铺设时，土工织物应拉直平顺，紧贴下承层，不得扭曲、折皱。在斜坡上摊铺时，应保持一定松紧度。可采用插钉等措施固定土工合成材料于填土下承层表面。

（3）土工合成材料在铺设时，应将强度高的方向置于垂直于路堤轴线方向。

（4）应保证土工合成材料的整体性，当采用搭接法连接时，搭接长度宜为300~600 mm；采用缝接法时，缝接宽度应不小于50mm；采用黏结法时，黏结宽度不应小于50mm，黏合强度应不低于土工合成材料的抗拉强度。

（5）铺设土工合成材料的土层表面应平整，表面严禁有碎、块石等坚硬凸出物；在距土工合成材料层80mm以内的路堤填料，其最大粒径不得大于60 mm。

（6）土工合成材料摊铺以后，应及时填筑填料，以避免其受到阳光过长时间的暴晒，一般情况下，间隔时间不应超过 48 小时。填料应分层摊铺、分层碾压，所选填料及其压实度应符合规范的要求。与土工合成材料直接接触的填料中严禁含强酸性、强碱性物质。

（7）土工合成材料上的第一层填土摊铺宜采用轻型推土机或前置式装载机，一切车辆、施工机械只容许沿路堤的轴线方向行驶。

（8）对于软土地基，应采用后卸式货车沿加筋材料两侧边缘倾卸填料，以形成运土的交通便道，并将土工合成材料张紧。填料不允许直接卸在土工合成材料上面，必须卸在已摊铺完毕的土面上；卸土高度以不大于 1 m 为宜，以免造成局部承载能力不足。卸土后应立即摊铺，以免出现局部下陷。

（9）填成施工便道后，再由两侧向中心平行于路堤中线对称填筑，第一层填料宜采用推土机或其他轻型压实机具进行压实；只有当已填筑压实的垫层厚度大于 600 mm 后，才能采用重型压实机械压实。

（10）双层土工合成材料上、下层接缝应交替错开，错开长度不应小于 500 mm。

（11）施工过程中土工织物不应出现任何损坏，以保证工程质量。

# 第六节　路基防护与加固工程施工

## 一、坡面防护加固方法与施工

坡面防护即通常指的"护坡工程"，主要是保护路基边坡表面免受雨水冲刷，减缓温差及湿度变化的影响，防止和延缓软弱岩土表面的风化、破碎、剥蚀演变进程，从而保护路基边坡的整体稳定性，在一定程度上还可兼顾路基美化和协调自然环境。坡面防护设施必须要求坡面岩土整体稳定牢固。

常用的坡面防护方式有植物防护（种草、铺草皮、植树等）和工程防护（抹面、喷浆、勾缝、砌石、护面墙等）。前者可视为有"生命"防护，后者可视为无机物防护。有"生命"防护以土质边坡为主，无机物防护以石质路堑边坡为主。在一定程度上，有"生命"防护在边坡稳定和改善路容方面，优于无机物防护。

### （一）植物防护

植物防护可美化路容、协调环境、调节边坡土的湿温状况，起到固结和稳定边坡的作用。它对于坡高不大、边坡比较平缓的土质坡面是一种简易有效的防护设施，其方法有种草、铺草皮和植树。土质边坡防护也可采用拉伸网草皮、固定草种布或网格固定撒种，用土工合成材料进行土质边坡防护的边坡坡度宜在 1:1~1:2。

1.种草

种草适用于边坡稳定、坡面冲刷轻微的路堤或路堑边坡，长期浸水的边坡不宜采用。

采用种草防护时，对草籽的选择应注意当地的土壤和气候条件，通常应以容易生长、根部发达、叶茎低矮或有匍匐茎的多年生草种为宜。最好采用几种草籽混合播种，使之生成一个良好的覆盖层。播种的坡面应平整、密实、湿润。

播种方法有撒播法、喷播法和行播法等。采用撒播法时，草籽应均匀撒布在已清理好的土质边坡上，同时做好保护措施。对于不利于草类生长的土质，应在坡面上先铺一层5~10cm 的种植土。路堑边坡较陡或较高时，可通过试验采用草籽与含肥料的有机质泥浆混合，用喷播法将混合物喷射于坡面。采用行播法时，草籽埋入深度应不小于 5cm 且行距均匀。种草应在温度、湿度较大的季节播种。播种前应在路堤的路肩和路堑的堑顶边缘埋入与坡面齐平的宽为 20~30cm 的带状草皮。播种后，应适时进行洒水施肥、清除杂草等养护管理，直到植物覆盖坡面。

2. 铺草皮

铺草皮适用于各种土质边坡。特别是当坡面冲刷比较严重，边坡较陡，径流速度大于0.6m/s 又需要快速绿化时，采用铺草皮防护比较适宜。草皮应选择根系发达、茎矮叶茂的耐旱草种，不宜选用喜水草种。铺草皮的方式有平铺（平行于坡面）、水平叠置、垂直坡面或与坡面成一半坡角的倾斜叠置，以及采用片石铺砌成方格或拱式边框，方格式框内铺草皮等。

铺草皮需预先备料，草皮可就近培育，切成整齐块状，然后移铺在坡面上。草皮的规格一般为 20cm×25cm、25cm×40cm 及 30cm×50cm 的块状或宽 25cm、长 200~300cm 的带状，草皮厚约 6~10cm，干旱和炎热地区为 15cm。铺时应自下而上，并用竹木小桩将草皮钉在坡面上，使之稳定。草皮根部土应随草切割，坡面要预先整平，必要时还应加铺种植土，草皮应随挖随铺，注意相互贴紧。铺草皮施工时，应将边坡表面挖松整平，并尽可能在春秋季或雨季进行，不宜在冰冻时期或解冰时期施工。

3. 拉伸网草皮

拉伸网草皮是在土工网或土工垫等土工合成材料上铺设 3~5cm 厚的种植土层，经过撒种、养护后形成的人工草皮。固定草种布（也可称植生带）是在土工织物纺织时，将草种固定于土工织物中，然后到现场铺筑、养护，以促使草皮生长的一种土工合成材料草皮制品。网格固定撒种是先将土工网固定于需防护的边坡上，然后撒播草种形成草皮的一种边坡防护方法。

4. 植树

植树适用于各种土质边坡和风化极严重的岩石边坡。在路基边坡和漫水河滩上植树，对于加固路基与防护河岸可收到良好的效果。它可以降低水流速度，种在河滩上可促使泥沙淤积，防止水流直接冲刷路堤。在风沙和积雪地面，林带可以防沙防雪，保护路基不受侵蚀。此外还可以美化路容、调节气候、改善高等级道路的美学效果。植树防护宜选用在当地土壤与气候条件下能迅速生长、根系发达、枝叶茂密的树种，用于冲刷防护时宜选用生长很快的杨柳类或不怕水淹的灌木类树木。公路弯道内侧边坡严禁栽植高大树木。种植后在树木未成长前,应防止流速大于3m/s的水流侵害。必要时应在树前方设置障碍物加以保护,植树防护最好与种草结合使用,使坡面形成一个良好的覆盖层,才能更好地起到防护作用。

### (二)工程防护

当不宜使用植物防护或考虑就地取材时,采用砂石、水泥、石灰等矿物材料进行坡面防护是常用的防护形式。它主要有砂浆抹面、喷浆、勾缝或喷涂以及石砌护坡或护面墙等。这些形式各自适合于一定条件。

1. 抹面防护

抹面防护适于石质挖方坡面,即岩石表面易风化,但比较完整,尚未剥落(如页岩、泥沙岩、千枚岩)的新坡面。对此应及时予以封面,以预防风化成害。抹面作业前,应对被处置的边坡加以清理,去掉风化层、浮土、松动石块并填坑补洞,洒水湿润,以利牢固耐久。常用的抹面材料有石灰浆等,其中石灰为胶结料,要求精选。混合料如加纸筋或竹筋,可提高强度,防止开裂;如掺加适量制盐副产品——卤水,因含有氯化钙与氯化镁,可使抹面加速硬化和预防开裂。抹面厚度视材料与坡面状况而定,一般为2~10cm,分两次进行抹面,底层抹全厚的2/3,面层抹全厚的1/3。操作前,应清理坡面风化层、浮土与松动碎块,填坑补洞,洒水润湿。抹面后,应拍浆、抹平和养护。

2. 喷浆及喷射混凝土

喷浆及喷射混凝土适用于易风化但尚未严重风化的岩石边坡,且坡面较干燥。对高而陡的边坡、上部岩层较破碎而下部岩层完整的边坡和需大面积防护的边坡,采用此种方法较为适宜。对成岩作用差的黏土岩边坡不宜采用此种方法。喷浆厚度一般为5~10cm,喷射混凝土厚度以8cm为宜,分2~3次喷射。由于喷浆的水泥用量较大,建议在重点工程时选用。坡脚应做1~2m高的浆砌片石护坡。施工前,坡面如有较大裂缝、凹坑应先嵌补牢固,使坡面平顺整齐;岩体表面要冲洗干净,土体表面要平整、密实、湿润。喷层厚度应均匀,喷后应养护7~10d。

3. 勾缝与灌缝

勾缝适用于较硬、不易风化、节理缝多而细的岩石路堑边坡;灌缝适用于较坚硬、裂缝较大、较深的岩石路堑边坡。灌缝和勾缝前应先用水冲洗,并清除裂缝内的泥土、杂草。勾缝时要求砂浆嵌入缝中,与岩体牢固结合;灌缝时要求插捣密实,灌满缝口并抹平。

4. 砌石防护

砌石防护有干砌和浆砌两种,可用于土质、风化岩质路堑或土质路堤边坡的坡面防护,也可用于浸水路堤及排水沟渠作为冲刷防护。

易遭受雨、雪、水流冲刷的较缓土质边坡,风化较重的软质岩石坡,受水流冲刷较轻的河岸和路基,均可采用干砌片石防护。干砌片石防护一般有单层铺砌、双层铺砌和网格内铺砌三种。流速较大时宜采用网格内铺石的防护,单层铺砌厚度为0.25~0.35m,双层铺砌的上层为0.25~0.35m、下层为0.15~0.25m。

当干砌片石护坡效果不好时，或水流速度较大、波浪作用强、有漂浮物冲击时，可采用浆砌片石护坡。其厚度一般为 0.25~0.35m。用于冲刷防护时，最小厚度一般不小于 0.35m。浆砌片石护坡较长时，应在每隔 10~15m 处设置沉降缝，缝宽约 2cm，内填沥青麻筋或沥青木板；护坡的中、下部设 10cm×10cm 的矩形泄水孔或直径为 10cm 的圆形泄水孔，其间距为 2~3m，孔后 0.5m 范围内设置反滤层。

砌石防护应先在片石下面设置 0.1~0.5m 厚的碎（砾）石或沙砾混合物垫层，以起到整平、反滤的作用，并可增强抗冲击能力；然后由下而上平整铺砌片石，要错缝嵌紧，并用砂浆勾缝，以防渗水。在无河水冲刷时，基础埋置深度一般为护坡厚度的 1.5 倍；当受水流冲刷时，基础应埋置在冲刷线以下 0.5~1.0m 处，或采用石砌深基础。

5. 护面墙

护面墙指为覆盖各种软质岩层和较破碎岩石的挖方边坡，以免其受自然因素影响，防止雨水渗入而修的墙。护面墙应紧贴边坡坡面修建，只承受自重，不承受墙背土侧压力。故要求挖方边坡必须符合稳定性要求。墙基要求设置在可靠地基上，在底面做成向内斜的反坡。冰冻地区墙背应埋置在冰冻线 0.25m 以下。

护面墙较高时，应分级修筑，每级 6~10m，每一分级设不小于 1m 的平台，墙背每 4~6m 高设耳墙，耳墙一般宽 0.5~1.0m，沿墙长每 10m 设一条伸缩缝，宽 2cm，填以沥青麻筋。墙身应预留 6cm×6cm 或 10cm×10cm 的泄水孔，并在其后做反滤层。若坡面开挖后形成凹陷，应以石砌圬工填塞平整，称为支补墙。

（1）坡面应平整、密实、线形顺适。局部有凹陷处，应挖成台阶后用与墙身相同的圬工材料找平。

（2）墙基应坚固可靠，并埋至冰冻线以下 0.25m。当地基软弱时，应采取加深或加强措施。

（3）墙面及两端面砌筑平顺，墙背与坡面密贴结合，墙顶与边坡间缝隙应封严。局部坡面砌筑时，应切入坡面，使表面与周边平顺衔接。

（4）砌体石质坚硬，浆砌砌体砂浆和干砌咬扣都必须紧密、错缝，严禁通缝、叠砌、贴砌和浮塞。砌体勾缝应牢固、美观。

（5）应做好伸缩缝和泄水孔，每隔 10~15m 宜设一道伸缩缝。

# 二、路基冲刷防护工程的施工

冲刷防护与加固主要针对沿河滨海路堤、河滩路堤及水泽区路堤，亦包括桥头引道，以及路基边坡的防护堤岸等。此类堤岸常年或季节性浸水，受流水冲刷、拍击和淘洗，造成路堤浸湿、坡角掏空或水位骤降时路基内细粒料流失，致使路基失稳、边坡崩坍。所以，堤岸冲刷的防护与加固，主要针对水流的破坏作用而设，起防水治害和加固堤岸的双重功效。

冲刷防护措施有两种：一种是加固岸坡的直接防护，如坡面防护、抛石防护、石笼防护等；另一种是改变水流性质的间接防护，主要指导流构造物，如丁坝、顺坝、防洪堤、拦水坝等。

## （一）直接防护

直接防护措施包括植物和砌石防护与加固、抛石或石笼防护两种，常用的方法有植树、铺石、抛石或石笼等，此法直接加固稳定边坡，很少干扰或不干扰原来水流的性质。植物防护和砌石防护，与坡面防护相近，只是要求更高。

当水流速度达到 3.0~5.0m/s，路基经常浸水且水流方向平顺，河床承载力较好，无严重冲刷时，宜采用抛石防护。一般在枯水季节施工，附近盛产大块砾石、卵石及废石方较多的路段，应优先考虑采用此种方法。缺乏石料的地区可用混凝土预制块代替。抛石防护不受气候条件限制，季节性浸水或长期浸水亦可采用。抛石垛的边坡坡度，不应陡于抛石浸水后的天然休止角。抛石粒径应大于 0.3m，并小于设计抛石厚度的 1/2。抛石厚度一般为粒径的 3~4 倍或最大粒径的 2 倍。

如果缺乏大石块或水流速度达到或超过 5.0m/s 时，可改用石笼防护。为防铁丝被磨损而破坏，可在石笼内浇灌混凝土，也可用钢筋混凝土框架石笼。临时工程可用竹石笼代替。

石笼是用铁丝编织成框架，内填石料，设在坡脚处，以防急流和大风浪破坏堤岸，也可用来加固河床，防止淘刷的构造物。铁丝框架可以为箱形或圆形。笼内填石最好为密度大，坚硬未风化的石块，粒径不能小于石笼网孔，最小不小于 4cm，一般为 5~20cm。外层应用大石块并使棱角突出网孔，内层用较小石块填充。石笼应平铺并与坡角线垂直，必要时底层各角应用铁棒固定于基底土中。

## （二）间接防护

间接防护是采用导流与调治构造物，改变水流方向，消除和减缓水流对堤岸的直接破坏，同时可减轻堤岸近旁淤积，彻底解除水流对局部堤岸的损害作用的措施，起安全保护作用的措施。间接防护主要有丁坝、顺坝、拦河坝及改河工程等。结构物是桥涵和路基的重要附属工程，由于涉及水流方向，影响范围较大，工程费用亦较高，务必慎重。用于防护堤岸的改河工程，一般限于小型工程，如裁弯取直、挖滩改道、清除孤石等，可在小河的局部段落上进行。

导治结构物主要用于设坝，按其与河道的相对位置，一般可分为丁坝、顺坝和格坝。丁坝也叫挑水坝，是指坝根与岸滩相接，坝头伸向河槽，坝身与水流方向成某一角度，能将水流挑离河岸的结构物。丁坝一般用来束水归槽、改善水流状态、保护河岸。顺坝为坝根与岸滩相接，坝头大致与堤岸平行的结构物。顺坝主要用于导流、束水，调整河道，改变流态，也可称作导流坝、顺水坝。格坝为建于顺坝与河岸之间，其一端与河岸相连，另一端与顺坝坝身相连的横向导治结构物。格坝的作用是将水流反射入主河床，同时防止洪水溢入顺坝冲刷坝后河床与河岸。

## 三、路基支挡工程的施工

### （一）挡土墙的分类

挡土墙是指承受土体侧压力的墙式构造物。在路基工程中，挡土墙可用以稳定路堤和路堑边坡，减少土石方工程量和占地面积，防止水流冲刷路基，并经常用于整治坍方、滑坡等路基病害。在山区公路中，挡土墙的应用更为广泛。路基在遇到下列情况时可考虑修建挡土墙：

1. 陡坡地段；

2. 岩石风化的路堑边坡地段；

3. 为避免大量挖方及降低边坡高度的路堑地段；

4. 可能产生坍方、滑方的不良地段；

5. 高填方地段；

6. 水流冲刷严重或长期受水浸泡的沿河路基地段；

7. 为节约用地、减少拆迁或少占农田的地段；

8. 为保护重要建筑物、生态环境或其他特殊需要的地段。

墙身靠填土（或山体）一侧称为墙背，大部分外露一侧称为墙面（或墙胸），墙的顶面部分称为墙顶，墙的底面部分则称为墙底，墙背与墙底的交线称为墙踵，墙面与墙底的交线称为墙趾。

按照挡土墙在路基横断面上的位置，挡土墙可分为路肩墙、路堤墙、路堑墙、浸水墙、山坡墙及抗滑墙等。

按照挡土墙的墙体材料，挡土墙可分为石砌挡土墙、砖砌挡土墙、混凝土挡土墙、钢筋混凝土挡土墙、钢板挡土墙等。按照挡土墙的结构形式，挡土墙可分为重力式挡土墙、加筋土挡土墙、锚定式挡土墙、薄壁式挡土墙、桩板式挡土墙等。

### （二）挡土墙的使用条件

挡土墙应综合考虑工程地质、水文地质、冲刷深度、荷载作用、环境条件、施工条件、工程造价等因素，经论证后选择使用。

1. 重力式挡土墙

重力式挡土墙是指依靠墙身自重抵抗土体侧压力来维持其稳定的挡土墙，一般多用片（块）石砌筑，在缺乏石料的地区有时也用混凝土修建。重力式挡土墙形式简单、施工方便、可就地取材、适应性较强，故被广泛应用。但其圬工数量较大，对地基的承载能力要求较高，适用于一般地区、浸水地区和地震地区的路肩、路堤和路堑等支挡工程。重力式挡土墙墙高不宜超过 12m，干砌挡土墙的高度不宜超过 6m。高速公路、一级公路不应采用干砌挡土墙。

## 2. 加筋土挡土墙

加筋土挡土墙是填土、拉筋、面板三者的结合体。填土和拉筋之间的摩擦力改善了土的物理力学性质，而使得填土与拉筋结合为一个整体。在这个整体中起控制作用的是填土与拉筋之间的摩擦力，面板的作用是阻挡填土坍落挤出，迫使填土与拉筋结合为整体。加筋土挡土墙按设置位置分为路堤式、路肩式，按设置方式分为双面交错式、双面分离式、台阶式等。

加筋土挡土墙属于柔性结构，对地基变形适应性强，建筑高度大，具有省工、省料，施工方便、快速等优点。路肩式挡土墙、路堤式挡土墙适用于一般地区，但不应修建在滑坡、水流冲刷、崩塌等不良地质地段。高速公路、一级公路墙高不宜大于 12m，二级及二级以下公路墙高不宜大于 20m。当采用多级墙时，每级墙高不宜大于 10m，上、下级墙体之间应设置宽度不小于 2m 的平台。

## 3. 锚定式挡土墙

锚定式挡土墙可分为锚杆式和锚定板式两种。

锚杆式挡土墙是指由钢筋混凝土墙板和锚杆组成，依靠锚固在岩层内的锚杆的水平拉力来承受土体侧压力的挡土墙。锚杆的一端与立柱连接，另一端被锚固定在山坡深处的稳定岩层或土层中。墙后侧向土压力由挡土板传给立柱，由锚杆与稳定岩层或土层之间的锚固力，使墙获得稳定。它适用于墙高较大的岩质路堑地段，具有锚固条件的路堑墙，对地基承载力要求不高。锚杆式挡土墙还可用作抗滑挡土墙，可采用肋柱式或板壁式单级墙或多级墙，每级墙高不宜大于 8m，多级墙的上下级间应设置宽度不小于 2m 的平台。

锚定板式挡土墙是指由钢筋混凝土墙板、拉杆、锚定板以及其间的填土共同形成的一种组合挡土结构。它借助于埋在填土内的锚定板的抗拔力抵抗侧向土压力，保持墙的稳定。锚定板式挡土墙的特点在于构件断面小，工程量省，不受地基承载力的限制，构件可预制，有利于实现结构轻型化和施工机械化。它适用于缺少石料地区的路肩墙或路堤墙，但不应修建于滑坡、坍塌、软土及膨胀土地区，可采用肋柱式或板壁式，墙高不宜超过 10m，肋柱式锚定板挡土墙可采用单级墙或多级墙，每级墙高不宜超过 6m，上、下级墙体之间应设置宽度不小于 2m 的平台，上、下两级墙的肋柱宜交错布置。

## 4. 薄壁式挡土墙

薄壁式挡土墙属于钢筋混凝土结构，可以分为悬臂式和扶壁式两种。

悬臂式挡土墙是指由立壁、墙趾板和墙踵板三个钢筋混凝土悬臂式构件组成的挡土墙。扶壁式挡土墙是指沿悬臂式挡土墙的立壁，每隔一定距离加设一道扶壁（肋板），将立壁与踵板连接起来的挡土墙。薄壁式挡土墙结构的稳定不是依靠本身的重量，而是主要依靠墙踵板上的填土重量来保证。它们具有断面尺寸小、自重轻、能修建在较弱的地基上等优点，适用于城市或缺乏石料的地区及地基承载力较低的填方地段。悬臂式墙高不宜超过 5m，扶壁式墙高不超过 15m。薄壁式挡土墙的缺点是需耗用一定数量的水泥和钢筋，施工工艺较为复杂。

**5.桩板式挡土墙**

桩板式挡土墙由钢筋混凝土锚固桩和挡土板组成。它利用深埋的锚固段的锚固作用和被动抗力抵抗侧向土压力，从而维护挡土墙的稳定。它适用于表土及强风化层较薄的均质岩石地基，挡土墙高度可较大，也可用于地震灾区的路堑、路堤支挡或滑坡等特殊地段的治理。

## （三）重力式挡土墙的构造与布置

**1.挡土墙的构造**

挡土墙的构造必须满足强度和稳定性的要求，同时考虑就地取材、结构合理、断面经济、施工养护方便和安全。常用的重力式挡土墙一般是由墙身、基础、排水设施和沉降伸缩缝等部分组成的。

（1）基础

地基不良和基础处理不当，往往会引起挡土墙的破坏，因此必须重视挡土墙的基础设计，事先应对地基的地质条件做详细调查，必要时须先挖探或钻探，然后再来确定基础类型与埋置深度。

1）基础类型

绝大多数挡土墙，都直接修筑在天然地基上。当地基承载力不足、地形平坦而墙身较高时，为了减小基底压应力和增加抗倾覆稳定性，常常采用扩大基础，将墙趾或墙踵部分加宽成台阶，或两侧同时加宽，以加大承压面积。加宽宽度视基底压应力需要减少的程度和加宽的合力偏心距的大小而定，一般不小于20cm。台阶高度按加宽部分的抗剪、抗弯拉和基础材料的刚性角的要求确定。

当地基压应力超过地基承载力过多时，需要的加宽值较大，为避免加宽部分的台阶过高，可采用钢筋混凝土底板，其厚度由剪力和主拉应力控制。地基为软弱土层（如淤泥、软黏土等）时，可采用沙砾、碎石、矿渣或灰土等材料予以换填，以扩散基底压应力，使之均匀地传递到下卧软弱土层中。

如地基有短段缺口（如深沟等）或挖基困难（如需水下施工等），可采用拱形基础，以石砌拱圈跨过，再在其上砌筑墙身，但应注意土压力不宜过大，以免横向推力导致拱圈开裂。设计时，对拱圈应予验算。

2）基础埋置深度

为保证挡土墙基础的稳定性，必须根据下列要求，将基础埋入地面以下适当深度。

①应保证基底土层的容许承载力大于基底可能出现的最大应力，避免地基产生剪切破坏。

②应保证基础不受冲刷。

③在季节性冰冻地区，应将基础埋置到冰冻线以下，以防止地基因冻融而破坏。

对于岩石地基，应清除表面风化层。当风化层较厚难以全部清除时，可根据地基的风化程度及其容许承载力将基底埋入风化层中。

当挡土墙位于地质不良地段，地基土内可能出现滑动面时，应进行地基抗滑稳定性验算，将基础底面埋置在滑动面以下，或采用其他措施，以防止挡土墙滑动。

（2）排水设施

挡土墙应设置排水措施，以疏于墙后土体和防止地面水下渗，防止墙后积水形成静水压力，减少寒冷地区回填土的冻胀压力，消除黏性土填料浸水后的膨胀压力。挡土墙常用的排水措施可以分为地面排水和墙身排水两部分。

地面排水主要是防止地表水渗入墙背土体或地基。防止地表水渗入墙后土体的主要措施有：在墙后地面设置排水沟，引排地表水；夯实回填土和地表松土，防止雨水及地面水下渗，必要时还需采取封闭处理等。防止地表水渗入地基的主要措施有：加固边沟（路堑墙）或在适当位置设置排水沟。

墙身排水主要是为了迅速排除土内积水。其方法是在浆砌块（片）石墙身的适当高度处设置一排或数排泄水孔。泄水孔的尺寸一般为 $5cm \times 10cm$、$10cm \times 10cm$、$15cm \times 20cm$ 的方孔或直径为 5~10cm 圆孔。孔眼间距一般为 2~3m；对于浸水挡土墙，孔眼间距一般 1.0~1.5m；干旱地区可适当加大，孔眼上下错开布置。下排排水孔的出口应高出墙前地面 0.3m（若为路堑墙，应高出边沟水位 0.3m；若为浸水挡土墙，应高出常水位 0.3m）。为防止水分渗入地基，下排泄水孔进水口的底部应铺设 30cm 厚的黏土隔水层。泄水孔的进水部分应设置粗粒料反滤层，以免孔道堵塞。当墙背填土透水性不良或可能发生冻胀时，应在最低一排泄水孔至墙顶以下 0.5m 的范围内铺设厚度不小于 0.3m 的砂卵石排水层。

（3）沉降伸缩缝

为避免因地基不均匀沉陷而引起墙身开裂，需根据地质条件的变异和墙高、墙身断面的变化情况设置沉降缝。为了防止圬工砌体因收缩硬化和温度变化而产生裂缝，应设置伸缩缝。

设计时，一般将沉降缝与伸缩缝合并设置，统称为沉降伸缩缝。沿路线方向每隔 10~15m 设置一道沉降伸缩缝，缝宽 2~3cm，缝内一般可用胶泥填塞，但在渗水量大、填料容易流失或冻害严重的地区，则宜用沥青麻筋或涂以沥青的木板等具有弹性的材料，沿内、外、顶三方填塞，填深不宜小于 0.15m，当墙后为岩石路堑或填石路堤时，可设置空缝。干砌挡土墙空缝的两侧应选用平整石料砌筑，使之成为垂直通缝。

2. 挡土墙的布置

挡土墙的布置是挡土墙设计的一个重要内容，通常是在路基横断面图和墙趾纵断面图上进行，个别复杂的挡土墙还应做平面布置。

（1）横向布置

横向布置主要在路基横断面图上进行，其内容有：选择挡土墙的位置，确定断面形式，绘制挡土墙横断面图等。

1）挡土墙的位置选择

路堑挡土墙，大多设置在边沟的外侧。路肩墙应保证路基宽度布设。路堤墙应与路肩墙进行技术经济比较，以确定墙的合理位置。路堤墙与路肩墙的墙高或圬工数量相近，其基础情况亦相仿时，宜做路肩墙，因为采用路肩墙可减少填方和占地；但当路堤墙的墙高或圬工数量比路肩墙显著降低，且基础可靠时，则宜做路堤墙。浸水挡土墙应结合河流情况布置，以保持水流顺畅，不致挤压河道而引起局部冲刷。山坡挡土墙应考虑设在基础可靠处，墙的高度应保证设墙后墙顶以上边坡的稳定性。

2）确定断面形式，绘制挡土墙横断面图

不论是路堤墙，还是路肩墙，当地形陡峻时，可采用俯斜式或衡重式；地形平坦时，则可采用仰斜式。对路堑墙来说，宜用仰斜式或折线式。挡土墙横断面图的绘制，选择在起讫点、墙面最大处、墙身断面或基础形式变异处，以及其他必须桩号处的横断面上进行。根据墙身形式、墙高和地基与填料的物理力学指标等设计资料，进行设计或套用标准图，确定墙身断面尺寸、基础形式和埋置深度，布置排水设计，指定墙背填料的类型等。

（2）纵向布置

纵向布置主要在墙址纵断面图上进行，布置后绘制挡土墙正面图。

1）确定挡土墙的起讫点和墙长，选择挡土墙与路基或其他结构物的连接方式。路肩墙与路堑连接应嵌入路堑中2~3cm，与路堤连接采用锥坡和路堤衔接；与桥台连接时，为了防止墙后回填表土从桥台尾端与挡土墙连接处的空隙中溜出，应在台尾与挡土墙之间设置隔墙及接头墙。路堑挡土墙在隧道洞口应结合隧道洞门、翼墙的设置情况平顺衔接，与路堑边坡衔接时，一般将墙顶逐渐降低到2m以下，使边坡坡脚不致伸入沟内，有时也可用横向端墙连接。

2）按地基及地形情况进行分段，布置沉降伸缩缝的位置。

3）布置各段挡土墙的基础。

4）布置泄水孔和护栏（或护桩、护墙）的位置，包括数量、尺寸和间距。

5）标注各特征断面的桩号，以及墙顶、基础、冲刷线、冰冻线和设计洪水位的标高等。

（3）平面布置

对于个别复杂的挡土墙，如高的、长的沿河挡土墙和曲线挡土墙，除了横、纵向布置处，还应平面布置，并绘制布置图。在平面图上，应标示挡土墙与路线平面位置的关系，与挡土墙有关的地物、地貌等情况；沿河挡土墙还应标示河道及水流方向，以及其他防护、加固工程等。在挡土墙设计图纸上，应附有简要说明，说明选用挡土墙设计参数的依据、主要工程数量、对材料和施工的要求及注意事项等，以利指导施工。

# 第二章　路面基层与底基层施工

## 第一节　级配碎石基层、底基层施工

从路面力学特性出发，路面可分为下述两类：

1. 柔性路面

柔性路面是指刚度较小，抗弯拉强度较低，主要靠抗压、抗剪强度来承受车辆荷载作用的路面。它主要包括用各种基层（水泥混凝土除外）和各类沥青面层、碎（砾）石面层、块石面层所组成的路面结构。

2. 刚性路面

刚性路面主要是指水泥混凝土作做面层或基层的路面结构，刚性路面与柔性路面的主要区别在于路面的破坏状态和它分布荷载到路基上的状态有所不同。

此外，采用二灰（石灰和粉煤灰）或水泥稳定土或水泥处治沙砾基层，这些基层的特性是前期强度较低，但随着时间的推移其强度和刚度不断增大，我们把这类基层称为半刚性基层，而把含有这类基层的路面结构称为半刚性路面。

级配碎石、砾石基层是由各种粗细集料（碎石和石屑或砾石和砂）按最佳级配原理修筑而成的。级配碎石、砾石是用大小不同的材料按一定比例配合、逐级填充空队，并借黏土黏结，经过压实后能形成密实的结构。级配碎石、砾石基层的强度是由摩阻力和黏结力构成的，具有一定的水稳性和力学强度。

## 一、级配碎、砾石基层（底基层）材料要求

1. 级配碎石

粗细碎石集料和石屑各占一定比例的混合料，当其颗粒组成符合密实级配要求时，称级配碎石。级配碎石可用未筛分碎石和石屑组成，缺乏石屑时，也可以添加细沙砾或粗砂，但其强度和稳定性不如添加石屑的级配碎石。也可以用颗粒组成合适的含细集料较多的沙砾与未筛分碎石配合成级配碎砾石，但其强度和稳定性不如级配碎石。

2. 级配砾石

粗细砾石集料和砂各占一定比例的混合料，当其颗粒组成符合密实级配要求时，称级

配砾石。天然沙砾是常用的一种级配砾石。级配不符合要求的天然沙砾，需要筛除超尺寸颗粒或掺入另一种沙砾或砂，使其符合级配要求。当沙砾中砂或土含量偏大时，可以用筛除一部分砂或土的办法，使其符合级配要求。塑性指数偏大的沙砾，有时可用无塑性的砂或石屑进行掺配，使其塑性指数降低到符合要求，或塑性指数与细土（小于 0.5 mm 的颗粒）的乘积符合要求。如在天然沙砾中掺加部分碎石或轧碎砾石，可以提高混合料的强度和稳定性（天然沙砾掺加部分未筛分碎石组成的混合料称级配碎砾石，其强度和稳定性介于级配碎石和级配砾石之间）。

# 二、级配碎、砾石基层（底基层）施工

## （一）路拌法施工

1. 准备下承层

（1）准备工作

1）基层的下承层是底基层及其以下部分，底基层的下承层可能是土基也可能还包括垫层。下承层表面应平整、坚实，具有规定的路拱，没有任何松散的材料和软弱地点。

2）下承层的平整度和压实度应符合规范的规定。

3）土基不论路堤或路堑，必须用 12~15 t 三轮压路机或等效的碾压机械进行碾压检验（压 3~4 遍）。在碾压过程中，如发现土过于表层松散，应适当洒水；如过湿发生"弹簧"现象，应采取挖起晾晒、换土、掺石灰或粒料等措施进行处理。

4）对于底基层，根据压实度检查（或碾压检验）和弯沉测定的结果，凡不符合设计要求的路段，必须根据具体情况，分别采用补充碾压、加厚底基层、换填好的材料、挖开晾晒等措施，使其达到标准。

5）底基层上的低注和坑洞：应仔细填补及压实，达到标准后，方能在上铺筑基层或底基层。

6）逐一断面检查下承层标高是否符合设计要求。

7）新完成的底基层或土基，必须按规范规定进行验收。凡验收不合格的路段，必须采取措。

（2）测量

1）在下承层上恢复中线、直线段每 15~20m 设一桩，平曲线段每 10~15m 设一桩，侧路面边缘外 0.3~0.5 m 设指示桩。

2）进行水平测量。在两侧指示桩上用红漆标出基层或底基层边缘的设计标高。

（3）材料用量

计算材料用量。根据各路段基层或底基层的宽度、厚度及预定的干压实密度，计算各段需要的干集料数量。对于级配碎石，分别计算未筛分碎石和石屑（细沙砾或粗砂）的数量，根据料场未筛分碎石和石屑的含水量以及所用运料车辆的吨位，计算每车料的堆放距离。

在料场洒水加湿未筛分碎石，使其含水量较最佳含水量大 1% 左右，以减少运输过程中的集料离析现象（未筛分碎石的最佳含水量约为 4%）。未筛分碎石和石屑可按预定比例在料场混合，同时洒水加湿，使混合料的含水量超过最佳含水量约 1%，以减轻施工现场的拌和工作量以及运输过程中的离析现象（级配碎石的最佳含水量约为 5%）。

（4）机具

1）汽车或其他运输车辆及平地机等摊铺、拌和机械。

2）洒水车。活水时利用就近水源活水。

3）压实机械。如轮胎式压路机、铜轮式压路机及振动压路机等。

4）其他夯实机具，适用于小范围处理路槽翻浆等。

2. 运输和摊铺集料

（1）运输

1）集料装车时，应控制每车料的数量基本相等。

2）在同一料场供料的路段，应由远到近将料按要求的间距卸置于下承层上。卸料间距应严格掌握，避免料不够或过多，并且要求料堆每隔一定距离留一缺口，以便施工。当采用两种集料时，应先将主要集料运到路上，待主要集料摊铺后，再将另一种集料运到路上。如粗细两种集料的最大粒径相差较多，应在粗集料处于潮湿状态时，再摊铺细集料。

3）集料在下承层上的堆置时间不宜过长，运送集料较摊铺集料工序只宜提前 1~2 d。

（2）摊铺

摊铺前要事先通过试验确定集料的松铺系数（或压实系数，它是混合料的干松密度与干压实密度的比值）。人工摊铺混合料时，其松铺系数为 1.40~1.50；平地机摊铺混合料时，其松铺系数为 1.25~1.35。用平地机或其他合适的机具将集料均匀地摊铺在预定的宽度上，当路的宽度大于 22m 时，适合分条进行摊铺，要求表面应平整，并具有规定的路拱。同时摊铺路肩用料。检验松铺材料的厚度，看其是否符合预计要求。必要时应进行减料或补料工作。级配碎、砾石基层设计厚度一般为 80~160 mm；当厚度大于 160 mm 时，应分层铺筑，下层厚度为总厚度的 0.6 倍，上层为总厚度的 0.4 倍。

3. 拌和及整形

应采用稳定土拌和机拌和级配碎石、砾石。在无稳定土拌和机的情况下，也可采用平地机进行拌和。

（1）用稳定土拌和机拌和。拌和两遍以上。拌和深度应直到级配碎石、砾石层底。

（2）用平地机拌和。将铺好的集料翻拌均匀。作业长度一般为 300~500m，拌和遍数一般为 5~6 遍，在拌和的过程中都应用洒水车洒足所需的水分，拌和结束时，混合料的含水量应该均匀，较最佳含水量大 1% 左右，避免粗细颗粒离析现象。拌和均匀后的混合料要用平地机按规定的路拱，进行整平和整形，然后平地机或压路机在已初平的路段上快速碾压一遍，以消除潜在的不平整。再用平地机进行最终的整平和整形。在整形过程中，必须禁止任何车辆通行。

4. 碾压

基层整形后，当混合料的含水量等于或略大于最佳含水量时，立即用压路机、振动压路机或轮胎压路机进行碾压。直线段由两侧路肩开始向路中心碾压；在有超高的路段上，由内侧路肩开始向外侧路肩进行碾压。碾压时，后轮必须超过两段的接缝处。碾压一直进行到要求的密实度为止。一般需碾压 6~8 遍，压路机的碾压速度，头两遍以采用 1.5~1.7km/h 为宜，以后用 2.0~2.5km/h 为宜。

### （二）中心站集中拌和法施工

级配碎石混合料除上面介绍的路拌法外，还可以在中心站用稳定土厂拌设备进行集中拌和。

1. 材料

宜采用不同粒级的单一尺寸碎石和石屑，按预定配合比在拌和机内拌制级配碎石混合料。

2. 拌制

在正式拌制级配碎石混合料之前，必须先调试所用的厂拌设备，使混合料的颗粒组成和含水量都达到规定的要求。

3. 摊铺

（1）摊铺机摊铺。可用沥青混凝土摊铺机、水泥混凝土摊铺机或稳定土摊铺机摊铺碎石混合料，摊铺时，在摊铺机后面应设专人消除粗细集料离析现象。

（2）自动平地机摊铺。在没有摊铺机时，可采用自动平地机摊铺碎石混合料。

4. 碾压

用振动压路机、三轮压路机进行碾压，碾压方法与要求和路拌法相同。

5. 接缝处理

（1）横向接缝。用摊铺机摊铺混合料时，对于摊铺机当天未压实的混合料，可与第二天摊铺的混合料一起碾压，但应注意此部分混合料的含水量。必要时，应人工补充洒水，使其含水量达到规定的要求。用平地机摊铺混合料时，每天工作缝的处理与路拌法相同。

（2）纵向接缝。应避免产生纵向接缝。如摊铺机的摊铺宽度不够，必须分两幅摊铺时，宜采用两台摊铺机一前一后，相隔 5~8 m 同步向前摊铺。在仅有一台摊铺机的情况下，可先在一条摊铺带上摊铺一定长度后，再开到另一条摊铺带上摊铺，然后一起进行碾压。

# 第二节　半刚性路面基层、底基层施工

无机结合料稳定类基层又称为半刚性基层或整体型基层，它包括水泥稳定类、石灰稳定类和综合稳定类。半刚性基层材料的显著特点是：整体性强、承载力高、刚度大、水稳性好，而且较为经济。

## 一、石灰稳定土基层

在粉碎的土和原来松散的土（包括各种粗、中、细粒土）中，掺入足量的石灰和水，经拌和压实及养生后得到的混合料，当其抗压强度符合规定的要求时，称为石灰稳定土。用石灰稳定土铺筑的路面基层和底基层，分别称石灰稳定土基层和石灰稳定土底基层，或分别简称石灰稳定基层和石灰稳定底基层，也可在基层或底基层前标以具体简名，如石灰土碎石基层、石灰土底基层等。

石灰稳定土具有良好的力学性能，并有较好的水稳性和一定的抗冻性，它的初期强度和水稳性较低，后期强度较高；但由于干缩、冷缩易产生裂缝。石灰稳定土可适用于各类路面的基层和底基层，但不宜用作高级路面的基层，而只用作底基层。

### （一）路拌法施工

1. 准备工作

（1）准备下承层

按规范规定对拟施工的路段进行验收，凡验收不合格的路段，必须采取措施，使其达到标准后，方能在上铺筑石灰稳定土层。

（2）测量

在底基层或土基上恢复中线桩，直线段每15~20m设一桩；平曲线段每10~15m设一桩，并在对应断面的路肩外侧设指示桩。在两侧指示桩上用红漆标出石灰稳定土层边缘的设计标高。

（3）备料

集料。采备集料前，应先将树木、草皮和杂土清除干净，并在预定采料深度范围内自上而下采集集料，不宜分层采集，不应将不合格材料采集在一起。如分层采集集料，则应将集料分层堆放在一场地上，然后从前到后（上下层一起装入汽车），将料运到施工现场。料中的超尺寸颗粒应予以筛除。

石灰堆放在拌和场时，宜搭设防雨棚。石灰应在使用前10 d充分消解。每吨石灰消解需用水量一般为500~800 kg，消解后的石灰应保持一定的湿度，以免过于飞扬，但也不能过湿成团，应尽快使用。

材料用量。根据各段石灰稳定土层的宽度、厚度及预定的压实度（换算为压实密度），计算各路段需要的干集料量。根据料场集料的含水量和运料车辆的吨位，计算每车料的堆放距离。根据石灰稳定土层的厚度和预定的干容重及石灰剂量，计算每平方米石灰稳定土需用的石灰数量，并计算每车石灰的摊铺面积，如使用袋装生石灰粉，则计算每袋石灰的摊铺面积。

2. 运输及摊铺

（1）运料

预定堆料的下层在堆料前应先洒水，使其湿润，不应过分潮湿而造成泥泞。集料装车时，应控制每车料的数量基本相等。在同一料场供料的路段，由远到近将料按计算的距离（间距）卸置于下承层中间或一侧。卸料距离应严格掌握，避免料不够或过多；料堆每隔一定距离应留一缺口；集料在下承层上的堆置时间不应过长。运送集料较摊铺集料工序宜提前 1~2d。

（2）摊铺集料

通过试验确定集料的松铺系数。在摊铺集料前，应先在下承层上洒水使其湿润，但不应过分潮湿而造成泥泞。摊铺集料应在摊铺石灰的前一天进行。摊料长度应与施工日进度相同，以够次日摊铺石灰、拌和、碾压成型为准。

（3）摊铺石灰

摊铺石灰时，如黏性土过干，应事先洒水闷料，使土的含水量略小于最佳值。细粒土宜闷料一夜，中粒土和粗粒土，视细土含量的多少，可闷 1~2 h。在人工摊铺的集料层上，用 6~8t 两轮压路机碾压 1~2 遍，使其表面平整，并有一定密实度。然后，按计算的每车石灰的纵横间距，将卸置的石灰均匀摊开。石灰摊铺完后，表面应没有空白位置。测量石灰的松铺厚度，根据石灰的含水量和松密度，校核石灰用量是否合适。

3. 拌和与洒水

（1）集料应采用稳定土拌和机拌和，拌和深度应达到稳定层底。应设专人跟随拌和机，随时检查拌和深度并配合拌和机操作员调整拌和深度。拌和应适当破坏（10 m 左右，不应过多）下承层的表面，以利于上、下层黏结。通常应拌和 2 遍以上。

（2）在拌和过程中，及时检查含水量。用喷管式洒水车补充洒水，使混合料的含水量等于或大于最佳值 1% 左右，洒水段应长些。拌和机械应紧跟在洒水车后面进行拌和，尤其在纵坡大的路段上更应配合紧密，以减少水分流失。拌和完成的标志是混合料色泽一致，水分合适均匀。

（3）拌和石灰加黏土的稳定碎石或沙砾时，应先将石灰土拌和均匀，然后均匀地摊铺在碎石或沙砾层上，再一起进行拌和。用石灰稳定塑性指数大的黏土时，由于黏土难以粉碎，宜采用两次拌和法。即第一次加 70% ~100% 预定剂量的石灰进行拌和，闷放一夜，然后补足石灰用量，再进行第二次拌和。

## （二）中心站集中拌和法施工

石灰稳定土集中拌和有利于保证配料的准确性和拌和的均匀性。

1. 备料

集料的最大粒径和级配都应符合要求，必要时，应先筛除集料中不符合要求的颗粒。配料应准确，在潮湿多雨地区施工时，还应采取措施保护集料，特别是细集料和石灰免遭雨淋。

2. 拌制

在正式拌制稳定土混合料之前，必须先调试所用的厂拌设备，使混合料的颗粒组成和含水量都达到规定的要求。集料的颗粒组成发生变化时，应重新调试设备。应根据集料和混合料的含水量，及时调整向拌和室中添加的水量，拌和要均匀。

3. 运输

已拌成的混合料应尽快运送到铺筑现场。如运距远、气温高，则车上的混合料应加以覆盖，以防水分过多蒸发。

4. 摊铺及碾压

下承层为石灰稳定土时，应先将下承层顶面拉毛，再摊铺混合料。摊铺应采用稳定土摊铺机、水泥混凝土摊铺机摊铺混合料。在没有以上摊铺机的情况下，可以用平地机摊铺混合料。用摊铺机摊铺时，拌和机与摊铺机的生产能力要相协调。摊铺后应用压路机及时进行碾压。

5. 横向接缝处理

（1）用摊铺机摊铺混合料时，每天的工作缝应做成横向接缝。摊铺机应驶离混合料末端。

（2）人工将末端混合料处理整齐，紧靠混合料放两根方木，方木的高度与混合料的压实厚度相同，整平紧靠方木的混合料。

（3）方木的另一侧用沙砾或碎石回填约 3m 长，其高度应高出方木几厘米。

（4）将混合料碾压密实。

（5）在重新开始摊铺混合料之前，将沙砾（碎石）和方木除去，并将下承层顶面清扫干净和拉毛。

（6）摊铺机返回到已压实层的末端，重新开始摊铺混合料。

（7）如压实层末端未用方木做支撑处理，在碾压后末端成一斜坡，则在第二天开始摊铺新混合料之前，应将末端斜坡挖除，并挖成一横向（与路中心线垂直）垂直向下的断面。挖出的混合料洒水到最佳含水量拌匀后仍可使用。

## 二、水泥稳定土基层

在粉碎的或原来松散的土（包括各种粗、中、细粒土）中，掺入足量水泥和水，经拌和得到的混合料，在压实及养生后，其抗压强度符合规定的要求时，称为水泥稳定土。用水泥稳定土铺筑的路面基础和底基层，分别称水泥稳定（土）基层和水泥稳定（土）底基层。也可以在基层或底基层前标以具体名称，如水泥碎石基层、水泥土底基层等。

水泥稳定土有良好的力学性能和板体性，它的水稳性和抗冻性都较石灰稳定土好。水泥稳定土的初期强度高并且强度随龄期增长而增加，它的力学强度还可视需要进行调整。一般可适用于各种交通类别道路的基层和底基层。

　　水泥稳定土施工时，必须采用流水作业法，使各工序紧密衔接。特别是要尽量缩短从拌和到完成碾压之间的延迟时间。所以在施工时应做延迟时间对强度影响的试验以确定合适的延迟时间。

# 第三章 涵洞工程施工

## 第一节 施工准备工作

涵洞是公路工程中的小型构造物，虽然在总造价中仅占很小比例，但涵洞施工质量的好坏，直接影响到公路工程的整体质量及其使用性能，以及周围农田的灌溉、排水等。因此，对涵洞施工同样不可忽视，应在施工前做好充分准备，周密安排，施工过程中严格控制施工质量，确保其质量达到设计及规范要求。

1. **按建筑材料分类**

（1）石涵

石涵包括石盖板涵和石拱涵，石涵造价、养护费用低，且可节省钢材和水泥。在产石地区应优先考虑石涵。

（2）混凝土涵

混凝土涵可现场浇筑或预制成拱涵、圆管涵和小跨径盖板涵。这种涵洞节省钢材、便于预制，但损坏后修理和养护较困难。

（3）钢筋混凝土涵

钢筋混凝土涵可用于管涵、盖板涵、拱涵和箱涵。钢筋混凝土涵涵身坚固、经久耐用、养护费用少。管涵、盖板涵安装运输便利，但耗钢量较多、预制工序多、造价较高。

（4）砖涵

砖涵主要指砖拱涵。砖涵便于就地取材，但强度较低。在水流含碱量大或冰冻地区不宜采用。

（5）其他材料

其他材料涵洞有陶瓷管涵、金属管涵、波纹管涵、石灰三合土拱涵等。

2. **按构造形式分类**

（1）管涵

管涵受力性能和对地基的适应性能较好，不需墩台，圬工数量少，造价低。管涵通常为圆管涵，圆管涵主要由管身、基础、接缝及防水层组成。

（2）盖板涵

盖板涵构造简单、易于维修，有利于在低路堤上修建。跨径较小时可用石盖板，跨径较大时可用钢筋混凝土盖板。盖板涵主要由盖板、涵台、基础、洞身铺底、伸缩缝及防水层等部分组成。

（3）拱涵

拱涵适用于跨越深沟或高路堤时采用。拱涵承载能力大，砌筑技术容易掌握。拱涵主要由拱圈、护拱、拱上测圈、涵台、基础、铺底、沉降缝及排水设施等组成。

（4）箱涵

箱涵适宜于软土地基，整体性强，但用钢量多、造价高、施工较困难。箱涵主要由钢筋混凝土涵身、翼墙、基础、变形缝等部分组成。因箱涵为整体闭合式钢筋混凝土框架结构，所以具有良好的整体性及抗震性能。但由于箱涵施工较困难、造价高，一般仅在软土地基上采用。

3. 按洞顶填土情况分类

（1）明涵

明涵洞顶不填土，适用于低路堤、浅沟渠。

（2）暗涵

暗涵洞顶填土厚度大于 50cm，适用于高路堤、深沟渠。

4. 按水力性能分类

（1）无压力式涵洞

无压力式涵洞进口水流深度小于洞口高度，水流流经全涵保持自由水面。

（2）半压力式涵洞

半压力式涵洞进口水流深度大于洞口高度，但水流仅在进口处充满洞口，在涵洞其他部分都是自由水面。

（3）有压力式涵洞

有压力式涵洞涵前壅水较高，全涵内充满水流，无自由水面。

（4）倒虹吸管

路线两侧水深都大于涵洞进出水口高度，进出水口设置竖井，水流充满全涵身。

# 一、准备工作

1. 现场核对

涵洞开工前，应根据设计资料，结合现场实际地形、地质情况，对其位置、方向、孔径、长度、出入口高程以及与灌溉系统的连接等进行校对。核对时，还需注意农田排灌的要求，需要增减涵洞数量、变更涵型或孔径时，应向监理反映，按照合同有关规定办理。

2. 施工详图

若原设计文件、图样不能满足施工需要，如地形复杂处的陡峻沟谷涵洞、斜交涵洞、平曲线或大纵坡上的涵洞、地质情况与原实际资料不符处的涵洞等，应先绘出施工详图或变更设计图，然后再依图放样施工。

## 二、施工放样

涵洞施工设计图是施工放样的依据，根据设计中心里程，在地面上标定位置并设置涵洞纵向轴线。当涵洞位于路线的直线部分时，其中心应根据线路控制桩的方向和附近百米桩里程来测定；位于曲线部分时，应按曲线测设方法测定。正交涵洞的轴线垂直于路线中线，斜交涵洞的轴线与路线中心前进方向的右侧成斜交角 θ，其与 90° 之差称为斜度 φ。

涵洞轴线确定后量出上下游涵长，考虑进出口是否顺畅，当无须改善时，用小木桩标定涵端，用大木桩控制涵洞轴线，并以轴线为基准测定基坑和基础在平面上的所有尺寸，用木桩标出。

# 第二节　涵洞主体部分施工技术

## 一、管涵

公路工程中的管涵有混凝土管涵和钢筋混凝土管涵，公路管涵的施工多采用工厂化施工，在工厂预制成管节，每节长度多为 1m，然后运往现场安装。

1. 管涵的预制

为了保证涵洞管节的质量，管涵宜在工厂中预制。距大城市较近的公路管涵可在城市工厂中定制，否则应在适当地点设置混凝土圆管预制厂。

预制混凝土圆管可采用振动制管法、离心法、悬辊法和立式挤压法。后三种方法制管功效高、速度快、质量好，但制管设备复杂、投资大。如管涵预制数量不多，可采用第一种制管法。

鉴于公路工程中管涵一般为外购，故对管涵预制不再进行详细说明，但管涵进场后必须对其质量进行检验。

管节成品的质量检验分为管节尺寸检验和管节强度检验。

管涵强度试验应按规范要求的方法进行，其抽样数量及合格要求为：

（1）管涵试验数量应为管涵总数的 1%~2%，但每种孔径的管涵至少要试验 1 个。

（2）如首次抽样试验未能达到试验标准，允许对其余同孔径管节再抽选 2 个重新试验。只有当 2 个重复试验的管节达到强度要求时，管涵才可验收。

（3）在进行大量管涵检验性试验时，是以试验荷载大于或等于裂缝荷载（0.2mm）时还没有出现裂缝者为达到标准。

在北方冬季寒冷冰冻地区，混凝土管涵还应进行吸水率试验，要求钢筋混凝土和无筋混凝土管涵的吸水率不得超过干管质量的 6%。

2. 管节的运输与装卸

管节运输与装卸过程中，应注意下列问题：

（1）待运的管节其各项质量应符合前述的质量标准，应特别注意检查待运管节设计涵顶填土高度是否符合设计要求，防止错装、错运。

（2）运输管节的工具，可根据道路情况和设备条件采用汽车、拖拉机拖车，不通公路地段可采用马车。

（3）管节的装卸可根据工地条件，使用各种起重设备，如龙门起重机、汽车式起重机和小型起重工具滑车、链滑车等。

（4）在装卸和运输过程中，应小心谨慎。运输途中每个管节底面宜铺以稻草，用木块圆木楔紧，并用绳索捆绑固定，防止管节滚动、相互碰撞破坏。

（5）从车上卸下管节时，应采用起重设备。严禁由汽车上将管节滚下，造成管节破裂。

3. 管涵施工程序

（1）单孔有坞工基础管涵施工

1）挖基坑并准备修筑管涵基础的材料。

2）砌筑坞工基础或浇筑混凝土基础。

3）安装涵洞管节，修筑涵管出入口端墙、翼墙及涵底（端墙外涵底铺装）。

4）铺设管涵防水层及修整。

5）铺设管涵顶部防水黏土（设计需要时），填筑涵洞缺口填土及修建加固工程。

（2）单孔无坞工基础管涵洞

1）在捣固夯实的天然土表层或矿砂垫层上，修筑截面为圆弧状的管座，其深度等于管壁的厚度。

2）在圆弧管座上铺设垫层的防水层，安装管节，管节间接缝宜留 1cm 宽。缝中填防水材料，详见防水层部分。

3）在管节的下侧用天然土或沙砾垫层材料做培填料，并捣实至设计高程，并切实保证培填料与管节密贴。再将防水层向上包裹管节，防水层外再铺设黏质土，水平径线以下的部分，应立即填筑，以免管节下面的砂垫层松散，并保证其与管节密贴。在严寒地区这部分特别填土必须填筑不冻胀土料。

4）修筑管涵出入口端墙、翼墙、两端涵底和进行整修工作。

（3）双孔无坞工基础管涵

1）在捣固夯实的天然土表层或砂垫层上修筑圆弧状管座，其深度等于管壁的厚度。

2）先安装右边管并铺设防水层，在左边一孔管节未安装前，在砂垫层上先铺设垫底的防水层，然后按同样的方法安装管节。管节间接缝尽量抵紧，管节内外接缝均以强度10MPa 水泥砂浆填塞。

3）在管节下侧用天然土或砂垫层材料做填料，夯实至设计高程处，并切实保证与管节密贴。左侧防水层铺设完后，用贫混凝土填充管节间的上部空腔，再铺设软塑状黏土。

防水层及黏土铺设后，管涵两侧水平直径线以下的部分填土应立即填筑，以免管节下面砂垫层松散。在严寒地区此部分填土必须填筑不冻胀土料。

4）修筑管涵出入口两端端墙、翼墙、涵底和整修工作。

（4）涵底陡坡台阶式基础管涵

沟底纵坡很陡时，为防止涵洞基础和管节向下滑移，可采用管节为台阶式的管涵，每段长度一般为 3~5m，台阶高差一般不超过相邻涵节最小壁厚的 3/4。如坡度较大，可按 2~3m 分段或加大台阶高度，但不应大于 0.7m，且台阶处的净空高度不应小于 1.0m。此时在低处的涵顶上应设挡墙，以掩盖可能产生的缝隙。

无坞工基础的陡坡管涵，只可采用管节斜置的办法，斜置的坡度不得大于 5%。

4. 管涵基础修筑

（1）地基土为岩石

管节下采用无坞工基础，管节下挖去风化层或软层后，填筑 0.4m 厚砂垫层；出入口两端墙、翼墙下，在岩石层上用 C15 混凝土做基础，埋置深度至风化层以下 0.15~0.25m，并最小埋置深度等于管壁厚度加 5cm。风化层过深时，可改用片石坞工，最深不大于 1m。管节下为硬岩时，可用混凝土抹成与管节密贴的垫层。

（2）地基土为砾石土、卵石土或沙砾、粗砂、中砂、细砂或匀质黏性土

管节下一般采用无坞工基础，对砾、卵石土先用砂填充地基土空隙并夯实，然后填筑 0.4m 厚砂垫层；对粗、中、细砂地基土表层应夯实；对匀质黏性地基土应做砂垫层；出入口两端端墙、翼墙的坞工基础埋置深度，设计无规定时为 1.0m；对于匀质黏性土，负温时的地下水位在冻结深度以上时，出入口两端端墙、翼墙坞工基础埋置深度为 1.0~1.5m；当冻结土深度不深时，基础埋深宜等于冻结深度的 0.7 倍，当此值大于 1.5m 时，可采用砂夹卵石在坞工基础下换填至冻结深度的 0.7 倍。

（3）地基土为黏性土

管节下应采用 0.5m 厚的坞工基础，出入口两端端墙、翼墙基础埋置深度为 1.0~0.5m。当地下水冻结深度不深时，埋深应等于冻结深度；当冻结深度大于 1.5m 时，可在坞工基础下用砂夹卵石换填至冻结深度。

（4）必须采用有坞工基础的管涵

1）管顶填土高度超过 5m。

2）最大洪水流量时，涵前壅水高度超过 2.5m。

3）河沟经常流水。

4）沼泽地区深度在 2.0m 以内。

5）沼泽地区淤积物、泥炭等厚度超过 2.0m 时，应按特别设计的基础施工。

（5）严寒地区的管涵

基础施工常年最冷月份平均气温低于 -15℃ 的地区称严寒地区。

1）匀质黏性土和一般黏性土的基础均须采用坞工基础。

2）出入口两端端墙、翼墙基础应埋置在冻结线以下 0.25m。

3）一般黏性土地区的地下水位在冻结深度以上时，管节下埋置深度应为 H/8（H 为涵底至路面填土高度），但不小于 0.5m，也不得超过 1.5m。

（6）基础砂垫层材料

基础砂垫层可采用砂、砾石或碎石，但必须注意清除基底耕作层。为避免管节承受冒尖石料的集中应力，当使用碎石、卵石做垫层时，要有一定级配或掺入一定数量的砂，并夯捣密实。

（7）软土地区管涵地基处理

管涵地基土如遇到软土，应按软土层厚度分别进行处理。当软土层厚度小于 2.0m 时，可采取换填土法处理，即将软土层全部挖除，换填当地碎石、卵石、砂夹石、土夹石、砾砂、粗砂、中砂等材料并碾压密实，压实度要求 94%~97%。如采用灰土（石灰土、粉煤灰土）换填，压实度要求 93%~95%，换填土的干密度宜用重型击实试验法确定。碎石或卵石的干密度可取 2.2~2.4t/m³。换填层上面再砌筑 0.5m 厚的坞工基础。当软土层超过 2m 时，应按软土层厚度、路堤高度、软土性质做特殊设计处理。

5. 管节安装

管节安装应从下游开始，使接头面向上游；每节涵管应紧贴在垫层或基座上，使涵管受力均匀；所有管节应按正确的轴线和图样所示坡度敷设。如管壁厚度不同，应使内壁齐平。在敷设过程中，要保持管内清洁无赃物、无多余的砂浆及其他杂物。

管节的安装方法通常有滚动安装法、滚木安装法、压绳下管法、龙门架安装法、起重机安装法等，可根据施工现场实际情况选用。

6. 管涵施工注意事项

（1）有坞工基础的管座混凝土浇筑时应与管座紧密相贴，浆砌块石基础应加做一层混凝土管座，使圆管受力均匀；无坞工基础的圆管基底应夯填密实，并做好弧形管座。

（2）无企口的管节接头采用顶头接缝，应尽量顶紧，缝宽不得大于 1cm，严禁因涵身长度不够，而用所有接缝宽度加大的方法来凑合涵身长度。管身周围无防水层设计的接缝，需用沥青麻絮或其他具有弹性的不透水材料从内、外侧仔细填塞。设计规定管身外围做防水层的，按前述施工工序施工。

（3）长度较大的管涵设计有沉降缝的，管身沉降缝应与坞工基础的沉降缝位置一致。缝宽为 2~3cm，应用沥青麻絮或其他具有弹性的不透水材料从内、外侧仔细填塞。

（4）长度较大、填土较高的管涵应设预拱度。预拱度大小应按设计规定设置。

（5）各管节设预拱度后，管内底面应成平顺圆滑曲线，不得有逆坡。相邻管节如因管壁厚度不一致（在允许偏差内）产生台阶时，应凿平后用水泥环氧砂浆抹补。

## 二、拱涵、盖板涵和箱涵

混凝土和钢筋混凝土拱涵、盖板涵、箱涵的施工分为现场浇筑和预制安装两大类。

1. 现场浇筑的拱涵和盖板涵

（1）拱涵基础

整体式基础。两座涵台的下面和孔径中间使用整块的混凝土浇筑的基础称为整体式基础。整体式基础的地基土的承载力应满足设计文件规定，若设计无规定，则填方高 H 在 1~12m 时，必须大于 0.2MPa；H 大于 12m 时必须大于 0.3MPa。湿陷性黄土地基，不论其表面承载力多大，均不得使用整体式基础。

非整体式基础。两座涵台的下面为独立的现浇混凝土或浆砌片石基础，二者之间不相连的称为非整体式基础。非整体式基础的地基土要求的允许承载力比整体式基础的高，当设计文件无规定时，一般应大于 0.5MPa。

板凳式基础。两座涵台下面的混凝土基础之间用较薄的混凝土或钢筋混凝土板在顶部连接，一起浇筑成如同板凳的基础称为板凳式基础。板凳式基础的地基土允许承载力的要求处于前两者之间，设计文件无规定时，应为大于 0.4MPa 的砂类土或"中密"以上的碎石土。

上述地基土的承载力大小可用轻型动力触探仪进行测试。

根据当地材料情况，基础可采用 C15 片石混凝土或 M5 水泥砂浆砌片石，石料强度不得低于 25MPa。

（2）支架和拱架

钢拱架和木拱架。钢拱架是用角钢、钢板和钢轨等材料在工厂制成装配式构件，在工地拼装使用。

木拱架主要由木材组合而成，拆装比较方便。但这种拱架浪费木材，应尽量不使用。

土牛拱胎。在水流不大的情况下，小桥涵施工可以用土牛拱胎代替拱架，这种方法既能节省木料，又有经济、安全的特点。

根据河流水流情况，土牛拱胎有全填土拱胎、设有透水盲沟的土拱胎、三角形木拱架土拱胎、木排架土拱胎等。

全填土拱胎施工步骤如下：

拱胎填土应在边墙圬工强度达到设计强度等级的 70% 后，分层浇水夯填，每层厚度 0.2~0.5m，跨度小的可以厚一些，但应视土质情况决定。

填土在端墙外伸出 0.5~1.0m，并保持 1:1.5 的边坡。填土将达拱顶时，分段用样板校正，每隔 30cm 挂线检查。

对砌石拱圈，土牛拱胎上若不设保护层，可用下述方法砌筑拱圈：在涵台砌筑好后，利用暂不使用的石料，把涵孔两端堵住，干砌一道宽 40~50cm 的拱形墙（上抹青草泥）

作为拱模，以便砌拱时挂线之用，然后在桥孔中间用土分层填筑密实。

如洞身超过 20m 或拱形复杂，可用木料做 3 个合乎要求的标准模，两端及中间各置一个，两端的拱模可以支靠在石模上，中间的可按标准高度支于两旁涵台上并埋置于土中。填筑土牛时不必将土牛的规定高度一次填足，可预留 2~3cm 空隙，待砌拱石时，边砌边填筑。

起拱线以上 3~4 层拱石不受拱胎支撑，可直接砌起。再往上砌时，因拱石的部分重力由拱胎支撑，可用木板顺拱石灰缝按规定拱度放在拱石灰缝处的土牛上，木板下面以土石垫好，随即开始安砌这一层的拱石。砌好后将垫板取出，并将空隙用土填满捣实，再把垫板按规定拱度垫在上一层拱石砌缝处的土牛上，继续砌上一层拱石。如有较充分的木板时，木板可不抽出周转。拱石砌至拱顶附近时，应先将这部分的土模夯打坚实，填到与标准拱模相差 3~5cm 为止。因土牛拱胎虽经夯实仍不够坚硬，当拱石放上去时极易压缩，拱石的高度及位置不易正确，因此需要在拱石下面的四角垫上片石，使土牛与拱石保持一定的空隙以便校正拱石位置。拱石位置校正后，将其下面的空隙填砂捣实，在砌缝中灌以砂浆，这样可以保持不漏浆，同时挖去土牛后，灰缝中预填的砂子自然脱落，省去勾缝时剔灰缝的麻烦。

在施工过程中预计有洪水到来的河沟中不能采用土牛拱胎法砌筑拱圈。若用土牛拱胎浇筑盖板涵，其土牛填至涵台顶面标高即可，施工方法与拱涵相同。

（3）拱涵与盖板涵基础、涵台、拱圈、盖板的施工

上述构件施工时应按下列要求进行：

涵洞基础。无论是坏工基础或砂垫层基础，施工前必须先对下卧层地基土进行检查验收，地基土承载力或密实度符合设计要求时，才可进行基础施工。对于软土地基应按照设计规定进行加固处理，符合要求后，才可进行基础施工。对孔径较宽的拱涵、盖板涵兼作行人和车辆通道时，其底面应按照设计用坏工加固，以承受行人和车辆荷载及磨耗。

坏工基础。坏工基础的施工工艺和技术要求可参照本书坏工结构部分的有关要求进行。

砂垫层基础。砂垫层基础的施工工艺和技术要求可参照本节管涵基础部分进行。涵洞台、墩。涵洞台、墩的施工工艺和技术要求可参照本书桥梁墩台部分的有关要求进行。涵洞拱圈和钢筋混凝土盖板。拱圈和盖板浇筑或砌筑施工应注意：拱圈和端墙的施工，应由两侧拱脚向拱顶同时对称进行；拱圈和盖板混凝土的现场浇筑施工，应连续进行，尽量避免施工缝；当涵身较长时，可沿涵长方向分段进行，每段应连续一次浇筑完成；施工缝应设在涵身沉降缝处。

（4）拱架和支架的安装和拆卸

安装的一般要求。拱架和支架支立牢固，拆卸方便（可用木楔做支垫），纵向连接应稳定，拱架外弧应平顺。拱架不得超越拱模位置，拱模不得侵入坏工断面。拱架和支架安装完毕后，应对其位置、顶部标高、节点联系及纵横向稳定性进行检查，不符合要求者，

立即进行纠正。

圬工基础。圬工基础的施工工艺和技术要求可参照本书圬工结构部分的有关要求进行。

砂垫层基础。砂垫层基础的施工工艺和技术要求可参照本节管涵基础部分进行。

涵洞台、墩。涵洞台、墩的施工工艺和技术要求可参照本书桥梁墩台部分的有关要求进行。

涵洞拱圈和钢筋混凝土盖板。拱圈和盖板浇筑或砌筑施工应注意:拱圈和端墙的施工,应由两侧拱脚向拱顶同时对称进行;拱圈和盖板混凝土的现场浇筑施工,应连续进行,尽量避免施工缝;当涵身较长时,可沿涵长方向分段进行,每段应连续一次浇筑完成;施工缝应设在涵身沉降缝处。

2. 现场浇筑的箱涵

箱涵又称矩形涵,它与盖板涵的区别是:盖板涵的台身与盖板是分开浇筑的,台身还可以采用砌石圬工,成为简支结构。而箱涵是上下顶板、底板与左、右墙身连续浇筑而成的刚性结构。

涵身基础分为有圬工基础和无圬工基础两种。箱涵身的支架、模板可参照现浇混凝土拱涵和盖板涵的支架、模板制造安装。浇筑混凝土时注意事项与浇筑拱涵和盖板涵相同。

3. 装配式拱涵、盖板涵和箱涵

(1)预制构件结构的要求

1)拱圈、盖板、箱涵节等构件预制长度,应根据起重设备和运输能力决定,但应保证结构的稳定性和刚性,一般不小于1m,但也不宜太长。

2)拱圈构件上应设吊装孔,以便起吊。吊孔应考虑平吊及立吊两种,安装后可用砂浆将吊孔填塞。箱涵节、盖板和半环节等构件,可设吊孔,也可在顶面设立吊环。吊环位置、孔径大小和制环用的钢筋应符合设计要求,并要求吊钩伸入吊环内时和吊装时吊环筋不断裂。安装完毕,吊环筋应锯掉或气割掉。

3)若采用钢丝绳捆绑起吊可不设吊孔或吊环。

(2)预制构件的模板

预制构件的模板有木模、土模、钢丝网水泥模板、拼装式模板等。无论采用何种模板都应满足规范要求。尤其是有预埋件时,应采取措施,确保预埋件的位置正确。

(3)构件运输

构件必须在达到设计强度后,经过检查质量和大小符合要求,才能进行搬运。搬运时应注意吊点或支承点的设置,务必使构件在搬运过程中保持平衡、受力合理,确保搬运过程中的安全。

(4)施工和安装

1)基础。与现场浇筑的涵洞基础施工方法相同。

2)拱涵和盖板涵的涵台身。涵台身大都采用砌筑结构,可按照现场浇筑的涵台身施工方法施工。如采用装配式结构时，可按照装配式墩台相关的要求施工。

3）上部构件的安装。

## 三、倒虹吸管

1.适用范围

当遇以下情形时，常修建倒虹吸管：路线穿过沟渠、路堤高度很低或在浅挖方地段通过，填、挖高度不足，难以修建明涵时；或因灌溉需要，必须提高渠底高程，建筑架空渡槽又不能满足路上净空要求。

公路上通常采用的倒虹吸管为竖井出入口式。

2.施工布置和注意事项

（1）管节结构

一般采用预制的钢筋混凝土圆管，管径可按有压力式的流量选择，一般为 0.5~1.5m。管节长度一般为 1m，调整管涵长度的管节长 0.5m，并有正交、斜交两种，可根据实际情况选用。

（2）倒虹吸管埋置深度的确定。埋置深度应适当，过浅则车轮荷载传布影响较大，受力状况不利，管节有可能被压破裂，在严寒地区埋置深度还受到冻害影响。埋置过深则工程量增加造成浪费。

（3）倒虹吸管底纵坡。倒虹吸管内水流为有压力式水流，水流状态与管底纵坡大小无关，一般均做成水平。

（4）管基宜采用外包混凝土管基形式。混凝土基础下面宜填筑 15~30cm 沙砾垫层，并用重锤夯实。

（5）防漏接缝对圆管涵的防漏接缝处理，一般采用浸过沥青的麻絮填塞，外用涂满热沥青油的毛毡包裹两道。

（6）进出口竖井倒虹吸管上、下游两端的连接构造物宜用 C15 混凝土现场浇筑。

（7）沉淀池水流落入竖井和进入虹吸管前各设沉淀池一个。一般沉淀池深度为 30cm。

# 第三节  涵洞附属工程施工技术

## 一、防水层

1.防水层的作用和设置部位

涵洞的钢筋混凝土结构设置防水层的作用是防止水分侵入混凝土内，使钢筋锈蚀，缩短结构寿命。北方严寒地区的无筋混凝土结构需要设置防水层，防止侵入混凝土内的水分冻胀造成结构破坏。防水层的材料多种多样。公路涵洞使用的防水材料主要是沥青，有些部位可使用黏土，以节省工料费用。防水层的设置部位如下：

（1）各式钢筋混凝土涵洞（不包括圆管涵）

此类涵洞的洞身、端墙和翼墙，在基础以上被土掩埋的部分，均须涂以热沥青两道，每道 1~1.5mm，不另抹砂浆。

（2）混凝土及石砌涵洞

此类涵洞的洞身、端墙和翼墙的被土掩埋部分，只需将圬工表面凿平，无凹入存水部分，可不设防水层。但北方严寒地区的混凝土结构仍需设防水层。

（3）钢筋混凝土圆管涵

管节接头采用平头对接，接缝中用麻絮浸以热沥青塞满，管节上半部从外往内填塞；下半部从管内向外填塞。管外靠接缝处裹以热沥青浸透的防水纸 8 层，宽度 15~20cm。包裹方法：在现场用热沥青逐层黏合在管外壁的接缝处，外面在全长管外裹以塑性黏土。在交通量小的县、乡公路上，可用质量好的软塑状黏质土掺以碎麻，沿全管敷设 20cm 厚，代替沥青防水层（接缝处理仍照前述施工）。

（4）钢筋混凝土盖板明涵

此类涵洞的盖板部分表面可先涂抹热沥青两次，再在其上设 2cm 厚的防水水泥砂浆或 4~6cm 厚的防水混凝土，其上可按照设计铺设路面处理。涵、台身防水层按照上述方法办理。砖、石、混凝土拱涵的上部结构防水层敷设，多用防水卷材，防水效果较好。

2. 沥青的熬制与敷设

沥青可用锅、铁桶等容器以火熬制，或使用电热设备。铁桶装的沥青，应打开桶口小盖，将桶横倒搁置在火炉上，以文火使沥青熔化后，从开口流入熬制用的铁锅或大口铁桶中。熬制用的铁锅或铁桶必须有盖，以便在沥青飞溅或着火时，用以覆盖。熬制处应设在工地下风方向，与一般工作人员、料堆、房屋等保持一定距离，锅内沥青不得超过锅容积的 2/3。熬制中应不断搅拌至沥青全部为液态为止。溶化后的沥青应继续加温至 175℃（不得超过 190℃）。熬好的沥青盛在小铁桶中送至施工地点使用。使用时的热沥青温度宜低于 150℃。涂敷热沥青的圬工表面应先用刷子扫净，消除粉屑污泥。涂敷工作宜在干燥（温度不低于 5℃）的天气进行。

3. 沥青麻絮、油毡、防水纸的浸制方法和质量要求

沥青麻絮（沥青麻布）可采用工厂浸制的成品或在工地用麻絮以热沥青浸制。浸制后的麻絮，表面应呈淡黑色，无孔眼、无破裂和叠皱，撕裂断面上应呈黑色，不应有显示未浸透的布层。

油毡是用一种特制的纸胎（或其他纤维胎）用软化点低的沥青浸透制成的，浸渍石油沥青的称石油毡，浸渍焦油沥青的称焦油沥青油毡。为了防止在储存过程中相互黏着，油毡表面应撒一层云母粉、滑石粉或石棉粉。

防水纸（油纸）是用低软化点的沥青材料浸透原纸做成的，除沥青层较薄、没有撒防

粘层外，其他性质与油毡相同。油毡和防水纸可以从市场上采购，其外观质量应符合如下要求：

（1）油毡和防水纸外表不应有孔眼、断裂、叠皱及边缘撕裂等现象，油锈的表面防粘层应均匀地撒布在油毡表面上。

（2）毡胎或原纸内应吸足油量，表面油质均匀，撕开的断面应是黑色的，无未浸透的空白纸层或杂质，浸水后不起泡、不翘曲。

（3）气温在25℃以下时，把油毡卷在2cm直径的圆棍上弯曲，不应发生裂缝和防粘层剥落等现象。

（4）将油毡加热至80℃时，不应有防粘层剥落、膨胀及表面层损坏等现象。夏季在高温下不应粘在一起。

铺设油毡和防水纸所用粘贴沥青应和油毡、防水纸有同样的性能。煤沥青油毡和防水纸必须用煤沥青粘贴。同样，石油沥青油毡及防水纸，也一定要用石油沥青来粘贴，否则，过一段时间油毡和防水纸就会分离。

## 二、沉降缝

1.沉降缝设置的目的

结构物设置沉降缝的目的是避免结构物因荷载或地基承载力不均匀而发生不均匀沉陷，产生不规则的裂缝，而使结构物被破坏。设置沉降缝后，可限定结构物发生整齐、位置固定的裂缝，并可事先对沉降缝予以处理；如有不均匀沉降，则将其限制在沉降缝处，有利于结构物的安全、稳定和对防渗（防止管内水流渗入涵洞基底或路基内，造成土质浸泡松软）。

2.沉降缝设置的位置和方向

涵洞洞身、洞身与端墙、翼墙、进出水口急流槽交接处必须设置沉降缝，但无圬工的圆管涵仅在交接处设置沉降缝，洞身范围不设。具体设置位置视结构物和地基土的情况而定。

（1）洞身沉降缝

一般每隔4~6m设置1处，但无基础涵洞仅在洞身涵节与出入口涵节间设置。缝宽一般3cm，两端与附属工程连接处也各设置1处。

（2）其他沉降缝

凡地基土质发生变化、基础埋置深度不一、基础对地基的荷载发生较大变化处、基础填挖交界处、采用填石垫高基础交界处，均应设置沉降缝。

（3）岩石地基上的涵洞

凡置于岩石地基上的涵洞，不设沉降缝。

（4）斜交涵洞

斜交涵洞洞口正做的，其沉降缝应与涵洞中心线垂直；斜交涵洞洞口斜做的，沉降缝与路基中心线平行；但拱涵与管涵的沉降缝，一律与涵洞轴线垂直。

3. 沉降缝的施工方法

沉降缝的施工，要求做到缝两边的构造物能自由沉降，又能严密防止水分渗漏，故沉降缝必须贯穿整个断面（包括基础）。沉降缝具体施工方法如下：

（1）基础部分

可将原基础施工时嵌入的沥青木板或沥青砂板留下，作为防水之用。如基础施工时不用木板，也可用黏土填入捣实，并在流水面边缘以 1:3 的水泥砂浆填塞，深度约为 15cm。

（2）涵身部分

缝外侧以热沥青浸制的麻筋填塞，深度约为 5cm；内侧以 1:3 的水泥砂浆填塞，深度约为 15cm。填塞深度均应视沉降缝处圬工的厚薄而定，缝内可以用沥青麻筋与水泥砂浆填满；如圬工太厚，也可将中间部分先填以黏土。

（3）沉降缝的施工质量要求

沉降缝端面应整齐、方正，基础和涵身上下不得交错，应贯通，嵌塞物应紧密填实。

（4）保护层

有圬工基础涵洞的基础襟边以上，均顺沉降缝周围设置黏土保护层，厚约 20cm，顶宽约 20cm。对于无圬工基础涵洞，保护层宜使用沥青混凝土或沥青胶砂，厚度为 10~20cm。

## 三、涵洞进出水口

涵洞进出水口工程是指涵洞端墙、翼墙（包括八字墙、锥坡、平行廊墙）以外的部分，如沟底铺砌和其他进出水口处理工程。

1. 平原区的处理工程

涵洞出入口的沟床应整理顺直，与上、下排水系统（天沟、路基边沟、排水沟、取土坑等）的连接应圆顺、稳固，保证流水顺畅，避免排水损害路堤、村舍、农田、道路等。

2. 山丘区的处理工程

在山丘区的涵洞底纵坡超过 5% 时，除进行上述整理外，还应对沟床进行干砌或浆砌片石防护。翼墙以外的沟床当坡度较大时，也应铺砌防护。防护长度、砌石宽度、厚度、形状等，应按设计图样施工。如设计图样漏列，应按合同规定向业主提出，由业主指定单位做出补充设计。

## 四、涵洞缺口填土

1. 建成的涵管、圬工达到设计强度的 85% 时，方可进行涵洞洞身两侧的回填。涵洞两侧紧靠涵台部分的回填土不宜采用大型机械进行压实施工，宜采用人工配合小型机械的方法夯填密实。填土的每侧长度均应符合设计规定。填筑应在两侧同时对称、均衡地分层进行，填筑的压实度应不小于 96%。涵顶的填土厚度必须大于 0.5m 后方可通行车辆和筑路机械。

2. 用机械填筑涵洞缺口时，须待涵洞坊工达到允许强度后，涵身两侧应用人工或小型机具对称夯填，高出涵顶至少 1m，然后用机械填筑。不得从单侧偏推、偏填，使涵洞承受偏压。

3. 冬期施工时，在涵洞缺口路堤、涵身两侧及涵顶 1m 内，应用未冻结土填筑。

4. 回填缺口时，应将已成路堤土方挖出台阶。

# 第四章　桥梁基础施工

## 第一节　明挖基础施工

明挖扩大基础施工的内容包括：基础的定位放样、基坑开挖、基坑排水、基底处理以及砌筑（浇筑）基础结构物等。

### 一、基础定位放样

在基坑开挖前，先进行基础的定位放样工作，以便将设计图上的基础位置准确地设置到桥址上。放样工作系根据桥梁中心线与墩台的纵横轴线，推出基础边线的定位点，再放线画出基坑的开挖范围。基坑各定位点的高程及开挖过程中的高程检查，一般用水准测量的方法进行。

### 二、基坑开挖

基坑开挖的主要工作有：挖掘、出土、支护、排水、防水、清底以及回填等。施工时，应根据地质条件、水文条件、基坑开挖深度、开挖所采用的方法和机具等，采用不同的开挖工艺。

基坑在开挖前通常需完成下列准备工作：施工场地的清理，地表水的排除，临时道路的修筑，供电与供水管线的敷设，临时设施的搭建，基坑的放线等工作。

场地清理包括拆除房屋、古墓，拆迁或改建通信设备、电力设备、上下水道以及其他建筑物，迁移树木等工作。

场地内低洼地区的积水必须排除，同时应注意雨水的排除，使场地保持干燥，以便基坑开挖。地表水的排除一般采用排水沟、截水沟、挡水土坝等措施。应尽量利用自然地形来设置排水沟，使水直接排至基坑外，或流向低洼处，再用水泵抽走。主排水沟最好设置在施工区域的边缘或道路的两旁，其横断面和纵向坡度应根据最大流量确定。一般排水沟的横断面不小于 $0.5\text{m} \times 0.5\text{m}$，纵向坡度一般不小于 3%。平坦地区，如出水困难，其纵向坡度不应小于 2%，沼泽地区可降至 1%。

在基坑开挖过程中，要注意排水沟保持畅通，必要时应设置涵洞。

1. 土方边坡及其稳定

（1）土方边坡

为了防止塌方，保证施工安全，在开挖深度超过一定限度时，均应在其边沿做成一定坡度的边坡。根据各层土质以及土体所受的压力，土方边坡可做成直线形、折线形和台阶形。合理地选择基坑边坡是减少土方量的有效措施。

（2）边坡的稳定

基坑边坡的稳定，主要是由于土体内土颗粒之间存在摩擦阻力和内聚力，使土体具有一定的抗滑力来保持稳定。当土体的下滑力大于抗滑力，边坡就会失去稳定而发生滑动，这种滑动一般是在一定范围内整体沿某一滑动面向下和向外移动的。一旦土体失去平衡，土体就会塌方，不仅会造成人身安全事故，影响工期，有时还会危及邻近建筑物的安全。

基坑边坡的失稳往往是在外界不利因素影响下触发和加剧的。这些外界不利因素往往会导致土体剪应力的增加或抗剪强度的降低。

引起土体剪应力增加的因素主要有：

坡顶上堆积物、行车等荷载；雨水或地表水渗入土中使土中的含水量增加而造成土的自重增加；地下水的渗流产生一定的动水压力；土体的竖向裂缝中的积水产生侧向静水压力；边坡过陡，土体本身稳定性不够。

引起土体抗剪强度降低的因素主要有：

土质本身较差或因气候影响使土质松软；体内含水量增加使土体内聚力降低、产生润滑作用等。

2. 基坑开挖的方式

基坑开挖的方式与基础的埋置深度、地质土的性质、施工周期的长短有关。可分为直立壁开挖、放坡开挖、支护开挖。按其基坑所处的环境可分为陆地基坑开挖和水中基础的基坑开挖两种。

（1）陆地基坑开挖

基坑大小应满足基础施工要求，对有渗水土质基坑坑底的开挖尺寸，需按基坑排水设计（包括排水沟、集水井、排水管网等）和基础模板设计而定，一般基底尺寸应比设计平面尺寸各边增宽 0.5~1.0 m。基坑可采用垂直开挖、放坡开挖、支撑加固或其他加固的开挖方法，具体应根据地质条件、基坑深度、施工期限与经验，以及有无地表水或地下水等现场因素来确定。

1）坑壁不加支撑的基坑

对于在干涸无水河滩、河沟中，或有水经改河或筑堤能排除地表水的河沟中；在地下水位低于基底，或渗透量少，不影响坑壁稳定以及基础埋至不深（一般在 5 m 以内），施工期较短，挖基坑时不影响临近建筑安全的施工场所，可考虑选用坑壁不加支撑的基坑。

不加支护的基坑开挖时，坑壁依靠土体本身的抗剪强度，或采取适量放坡的方式来解决边坡的稳定问题。

直坡坑壁基坑：当基础土质均匀，地下水位低于基坑，基坑顶边缘无荷载，土体处于半干硬或硬塑状态时，可采用坑壁不加支护而垂直开挖的方法。如果坑壁垂直开挖超过挖深限值时，可采取踏步式坑壁开挖法或考虑放坡开挖以及做成直立壁加支撑。

斜坡坑壁基坑：在天然土层上挖基坑，若深度在 5m 以内，施工期较短，基底处于地下水位以下，且土的湿度正常，构造均匀时，可采用放坡开挖。如果基坑开挖通过不同的土层时，可按土层分层选定边坡坡度，并留出至少 0.5m 宽的台阶。若土的湿度过大，可能引起坑壁坍塌时，坑壁坡度应采用该湿度下土的天然坡度。

2）坑壁有支撑的基坑

当基坑壁坡不易稳定并有地下水渗入，或放坡开挖场地受到限制，或基坑较深、放坡开挖工程数量较大，不符技术经济要求时，可视具体情况，采用以下的加固坑壁措施，如挡板支撑、钢木结合支撑、混凝土护壁及锚杆支护等。常用的坑壁支撑形式有：直衬板式坑壁支撑、横衬板式坑壁支撑、框架式支撑及其他形式的支撑（如锚桩式、锚杆式、锚锭板式、斜撑式等）。

（2）水中基础的基坑开挖

桥梁墩台基础大多位于地表水位以下，有时水流还比较大，施工时都希望在无水或静止水的条件下进行。桥梁水中最常用的基础施工方法是围堰法。围堰的作用主要是防水和围水，有时还起着支撑施工平台和基坑坑壁的作用。公路桥梁常用的围堰的类型有：土石围堰、木笼围堰或竹笼围堰，钢板桩围堰、套箱围堰。

围堰必须满足以下的要求：

1）围堰顶高宜高出施工期间最高水位 700mm，最低不应小于 500mm，用于防御地下水的围堰宜高出水位或地面 200~400mm。

2）围堰的外形应适应水流排泄，大小不应压缩流水断面过多，以免壅水过高危害围堰安全以及影响通航、导流等。围堰内形应适应基础施工的要求，并留有适当的工作面积。堰身断面尺寸应保证有足够的强度和稳定性，使基坑开挖后，围堰不致发生破裂，滑动或倾覆。

3）围堰要求防水严密，应尽量采取措施防止或减少渗漏，以减轻排水工作。对围堰外围边坡的冲刷和筑围堰后引起的河床的冲刷均应有防护措施。

4）围堰施工一般安排在枯水期间进行。

## 三、基坑排水

桥梁基础施工中常用的基坑排水方法有：

1. 集水坑排水法

集水坑排水法在除有严重流沙外，一般情况下均可采用。基坑坑底一般多位于地下水位以下，而地下水会经常渗进坑内，因此必须设法将坑内的水排除，以便于施工。集水坑（沟）的大小，主要根据渗水量的大小而定，排水沟底宽不小于 0.3 m，纵坡为 1%~5%。如排水时间较长或土质较差时，沟壁可用木板支撑。

2. 其他排水法

对于土质渗透较大、挖掘较深的基坑可采用板桩法或沉井法。此外，视现场条件、工程特点及工期等因素，还可采用帷幕法，即将基坑周围土用硅化法、水泥灌浆法、沥青灌浆法以及冻结法等处理成封闭的不透水的帷幕。这些方法除自然冻结法外，其余均因设备多、费用大，在桥涵基础施工时较少采用。

## 四、基底处理

1. 基底检验

基坑已挖至基底设计高程，或已按设计要求加固、处理完毕后，须经过基底检验，方可进行基础结构施工。

基坑施工是否符合设计要求，在基础浇筑前应按规定进行检验。其目的在于：确定地基的容许承载力的大小、基坑位置与高程是否与设计文件相符，以确保基础的强度和稳定性，不致发生滑移等病害。基底检验的主要内容包括：检查基底平面位置、尺寸大小、基底高程；检查基底土质均匀性，地基稳定性及承载力等；检查基底处理和排水情况；检查施工日志及有关试验资料等。

为使基底检验及时，以免因等候检验、基底暴露时间过久而风化变质，施工负责人应提前通知检验人员安排检验。

（1）检验内容

1）检查基坑的平面位置、坑底尺寸、高程是否符合设计要求，偏差是否在现行有关规定允许是范围以内。

2）检验基坑底面土质及其均匀性、稳定性，坑壁坡面是否平顺稳定，有无排水措施，容许承载力能否满足设计要求。

3）检查基坑和地基加固、处理过程中的有关施工记录和试验等资料。

4）检查基底地基经加固、处理后的效果是否达到设计要求。

（2）检验方法

1）小桥和涵洞基底的地基检验。

一般经过直观或触探器确定土质与设计要求符合时，即可签认进行浇砌基础。经过直观或触探对土质有疑问时，应取土样做土的物理力学性能试验，如颗粒分析、天然密度、天然含水量、天然孔隙比、液限、塑限、密度、可塑性、压缩性和抗剪强度等，以鉴定土的容许承载力，或钻探 2~4 m 以上，检查下卧层土质。

特殊设计的小桥涵洞对地基沉降有严格要求，当属于下列不良土质情况时，宜进行载荷试验。

对经过加固处理的地基，应根据不同加固方法的质量要求采用相应的检验方法，包括量测加固范围、桩位偏差和桩体垂直度偏差。用环刀法取样或灌砂法测定压实度或干密度；用静力触探或动力触探检验加固处理后的效果。

2）大、中桥和填土在 12m 以上涵洞基底的地基检验。

一般由检验人员用直观、触探、挖试坑或钻探（钻探至少 4m 以上）试验等方法确定土质容许承载力，确认符合设计要求后，即可进行基础施工。

在地质特别复杂，或在设计文件中有特殊要求必须做载荷试验时，才做载荷试验。必要时还应做土工试验，与载荷试验核对。

在特殊地基上已经加固处理又经触探、密实度检验后，尚有疑问时，则应再做载荷试验。确认符合设计要求后，才能进行基础圬工的施工。

3）检验注意事项。

地基经检验后，需要做大的加固处理时，应由施工单位邀请建设单位及设计单位共同研究确定。加固处理完毕，再经检验合格后，方可进行基础施工。

桥涵地基检验，除了进行平面尺寸和地基变形观测外，检验方法主要有静力触探、动力触探、标准贯入试验、土压力、孔隙水压力及土位移测试，载荷试验、旁（横）压试验，排水固结法加固的地基有时还需做十字板剪切试验。无论何种测试方法都有一定的局限性，故宜采用多种方法进行综合评价。现场测试要辅以取样，做室内土工试验，如加固设计已规定有检验项目和检验方法的，按设计规定办理。

为了有较好的可比性，加固前后两次的测试项目应力求对应，甚至最好由同一组织、用同一仪器按同一标准进行。

检验后按规定格式填写地基检验表，由参加检验人员会签，作为竣工验收的原始资料。

2. 基底处理

天然地基上的基础是直接靠基底土壤来承担荷载的，故基底土壤状态的好坏，对基础及墩台、上部结构的影响极大，不能仅检查土壤名称与容许承载力大小，还应为土壤更有效地承担荷载创造条件，即要进行基底处理工作。

（1）未风化岩石基底

对未风化岩层开挖至岩层面后，应清除岩面松碎石块，凿出新鲜岩面，并用水冲洗干净，岩面不得存有淤泥、苔藓等表面附着物。岩面倾斜时，应将岩面基本凿平或凿成台阶。对基坑内岩面有部分破碎带时，应会同设计人员研究处理，采用混凝土封填或设混凝土拱等方法进行处理，以满足承载力的要求。

（2）风化岩层基底

岩石的风化程度对其承载力影响很大。在开挖至风化岩层时，应会同设计人员认真观察其风化程度，检查基底是否符合设计承载力要求。按设计要求适当凿去风化表层，或清理到新鲜岩面，将基坑填满封闭，防止岩层继续风化。

（3）碎石或砂类土层

将基底修理平整并夯实，砌筑基础混凝土时，应先铺一层 20 mm 厚的水泥砂浆。

（4）黏土基底

基坑开挖时，留 200~300 mm 深度不挖，以防止地面、地下水渗流至基面，浸泡基面，降低强度。砌筑前，再用铁锹加以铲平。如基底原状土含水量较大或在施工中浸水泡软，可在基坑中夯入 100 mm 以上厚度的碎石，但碎石顶面不得高于设计高程。当基底土质不均，部分软土层厚度不大时，可挖除后换填砂土，并分层夯实。

（5）湿陷性黄土

湿陷性黄土地基开挖时，必须保持基坑不受水浸泡，并尽量避免在雨期施工，否则应有专门的防洪排降水设施，并应按设计要求采用重锤夯实、换填或挤密桩法进行加固。

（6）软土层

软土地基应按设计要求进行加固，可采用换土、砂井、砂桩或其他软土地基处理方法。在软土地基上修建桥梁时，应按设计预留沉降量。采用砂井加固的软土地基，按设计要求采取预压。桥涵主体必须分期均匀施工。在砌筑墩台、填土和架梁工程中，随时观测软土地基的沉降量，用以控制施工进度，使软土地基缓慢平均受载，防止发生剧烈变化或不均匀下沉。

（7）泉眼

对于泉眼，应用堵塞或导流的方法处理。泉眼水流较小时，可用木塞、速凝水泥砂浆、带螺帽钢管等堵塞泉眼。堵眼有困难时，采用竹管、塑料管或钢管引流，待基础圬工灌注完后，向管内压浆将其封闭，也可在基底以下设置暗沟或盲沟，将水引至基础施工以外的汇水井中抽排，施工完后用水泥砂浆封闭。

# 五、基础浇筑

基础施工分为无水浇筑、排水浇筑和水下浇筑三种情况。

排水施工的要点是：确保在无水状态下砌筑圬工；禁止带水作业及用混凝土将水赶出模板外的灌注方法；基础边缘部分应严密隔水；水下部分圬工必须待水泥砂浆或混凝土终凝后才允许浸水。

水下浇筑混凝土只有在排水困难时采用。基础圬工的水下灌注分为水下封底和水下直接灌筑基础两种。前者封底后仍要排水再砌筑基础，封底只是起封闭渗水的作用，其混凝土只作为地基而不作为基础本身，适用于板桩围堰开挖的基坑。浇筑基础时，应做好与台身、墩身的接缝连接，一般要求是：

1.混凝土基础与混凝土墩台身的接缝，周边应预埋直径不小于 16 mm 的钢筋或其他铁件，埋入与露出的长度不应小于钢筋直径的 20 倍。

2.混凝土或浆砌片石墩台身的接缝，应预埋片石，片石厚度不应小于 150mm，片石的强度要求不低于基础或墩台身混凝土或砌体的强度。

# 第二节　钻孔灌注桩基础施工

1. 场地准备

钻孔前要进行准备工作，其内容包括：

（1）场地为旱地时，应除杂物，换除软土，整平夯实；

（2）场地为陡坡时，可用枕木、型钢等搭设工作平台；

（3）场地为浅水时，宜采用筑岛施工，筑岛面积应根据钻孔方法、设备大小等要求确定；

（4）场地为深水或淤泥较厚时，可搭设工作平台，平台必须牢固稳定，能承受工作时所有静、动荷载，并考虑施工机械能安全进出。

2. 设备准备

根据地质资料，确定科学合理的钻孔方法和钻孔设备，架设好电力线路，配备适合的变压器。若用柴油机提供动力，则应购置与设备动力相匹配的柴油机和充足的燃油。混凝土拌和机、电焊机、钢筋切割机，以及水泥、砂石材料均要在钻孔开始前准备妥当。

3. 埋设护筒

可以采用钢护筒，也可以采用现场预制的钢筋混凝土护筒，在放样好的桩位处，开挖一个圆形基坑将护筒埋入。护筒应坚实、不漏水，护筒内径应比桩径大 20~30cm，采用反循环钻时应使护筒顶高程高出地下水位 2.0m；采用正循环钻时应高出地下水位 1.0~1.5 m；处于旱地时，护筒在满足上述条件的基础上还应高出地面 0.3 m。

4. 泥浆制备

钻孔泥浆由水、黏土（膨润土）和添加剂组成。具有浮悬钻渣、冷却钻头、润滑钻具、增大静水压力，并有在孔壁形成泥膜、隔断孔内外渗流、防止坍孔的作用。调制的钻孔泥浆及经过循环净化的泥浆，应根据钻孔方法和地层情况采用不同的性能指标。泥浆稠度应视地层变化或操作要求，灵活掌握。泥浆太稀，排渣能力小，护壁效果差；泥浆太稠，会削弱钻头冲击功能，降低钻进速度。

通常采用塑性指数大于 25、粒径小于 0.002 mm、颗粒含量大于 500% 的黏土，通过用泥浆搅料机或人工调和，储存在泥浆池内，再用泥浆泵输入钻孔内。泥浆泵应有足够的流量，以免影响钻进速度。大直径深孔采用正循环旋转法施工时，泥浆泵应经过流量和泵压计算来选择。对孔深百米以内的钻孔，一般可采用不小于 2 MPa 的泵压。

5. 施工方法

（1）基础施工

钻孔就位前，应对钻孔的各项准备工作进行检查，包括场地与钻机坐落处的平整和加固，主要机具的检查与安装。必须及时填写施工记录表，交接班时应交代钻进情况及下一班应注意的事项。钻机底座和顶端要平稳，在钻进和运行中不应产生位移和沉陷。回转钻机顶部的起吊滑轮缘、转盘中心和桩位中心三者应在同一铅垂线上，偏差不超过 2 cm。钻孔作业应分班连续进行，经常对钻孔泥浆性能指标进行检验，不符合要求时要及时改正。

冲击法：冲击法是用冲击钻机或卷扬机带动冲锥，借助锥头自重下落产生的冲击力，反复冲击破碎土石或把土石挤入孔壁中，用泥浆浮起钻渣，或用抽渣筒或空气吸泥机排出而形成钻孔。

冲抓法：冲抓法是用冲抓锥靠自重产生冲击力，切入土层或破碎土层，叶瓣抓土、弃土以形成钻孔。

旋转法：旋转法是用钻机通过钻杆带动锥或钻头旋转切削土，用泥浆浮起并排出钻渣形成钻孔。

以上每种方法因动力与设备功能的不同而分为多种。

（2）钻孔

一般采用螺旋钻头或冲击锥等成孔，或用旋转机具辅以高压水冲成孔。根据井孔中土（钻渣）的取出方法不同，常用的方法是：螺旋钻孔、正循环回转钻孔、反循环回转钻孔、潜水钻机钻孔、冲抓钻孔、冲击钻孔、旋挖钻机钻孔。

正循环回转钻孔：正循环回转钻孔是利用钻具旋转切削土体钻进，泥浆泵将泥浆压进泥浆龙头，通过钻杆中心从钻头喷入钻孔内，泥浆挟带钻渣沿钻孔上升，从护筒顶部排浆孔排出至沉淀池，钻渣在此沉淀而泥浆流入泥浆池循环使用。其特点是钻进与排渣同时连续进行，在适用的土层中钻进速度较快，但需设置泥浆槽、沉淀池等，施工占地较多，且机具设备较复杂。

反循环回转钻孔：反循环回转钻孔与正循环法不同的是泥浆输入钻孔内，然后从钻头的钻杆下口吸进，通过钻杆中心排出至沉淀池内。其钻进与排渣效率较高，但接长钻杆时装卸麻烦，钻渣容易堵塞管路。另外，因泥浆是从上向下流动的，所以孔壁坍塌的可能性较正循环法的大，为此需用较高质量的泥浆。

旋挖钻机钻孔：旋挖钻机是一种高度集成的桩基施工机械，采用一体化设计、履带式 360° 回转底盘及桅杆式钻杆，一般为全液压系统。旋挖钻机采用筒式钻斗，钻机就位后，调整钻杆垂直度，注入调制好的泥浆，然后进行钻孔。当钻头下降到预定深度后，旋转钻斗并施加压力，将土挤入钻斗内，仪表自动显示筒满时，钻斗底部关闭，提升钻斗将土卸于堆放地点。钻进施工过程中应保证泥浆面始终不得低于护筒底部，保证孔壁稳定性。通过钻斗的旋转、削土、提升、卸土和泥浆撑护孔壁，反复循环直至成孔。

旋挖钻机特殊的桶型钻头直接取土出渣，不需接长钻杆，钻孔时孔口注浆以保持孔内泥浆高度即可，因而能大大缩短成孔时间，提高施工效率。由于带有自动垂直度控制和自动回位控制，成孔垂直度和孔位等能得到保证。桶钻取土上提过程中对孔壁扰动较小，桶钻周边设有溢浆孔，溢出泥浆可起到护壁作用。

旋挖钻机一般适用黏土、粉土、砂土、淤泥质土、人工回填土及含有部分卵石、碎石的地层。对于具有大扭矩动力头和自动内锁式伸缩钻杆的钻机，可适用微风化岩层的钻孔施工。

（3）孔径检查与清孔

钻孔的直径、深度和孔形直接关系到成桩质量，是钻孔桩成败的关键。为此，除了钻孔过程中严谨操作、密切观测监督外，在钻孔达到设计要求深度后，应采用适当器具对孔深、孔径、孔形等认真检查，符合设计要求后，填写终孔检查表。

清孔的方法有抽浆法、换浆法、掏渣法、喷射清孔法以及用砂浆置换钻渣清孔法等，应根据设计要求、钻孔方法、机具设备和土质条件决定。其中抽浆法清孔较为彻底，适用于各种钻孔方法的灌注桩。对孔壁易坍塌的钻孔，清孔时操作要细心，防止坍孔。

清孔的质量要求：对摩擦桩，孔底沉淀土的厚度，中、小桥不得大于（0.4~0.6d（d 为桩的直径），大桥按设计文件规定。清孔后的泥浆性能指标，含砂率为 4%~8%，相对密度为 1.10~1.25，黏度为 18~20s。对支承桩（柱桩、嵌岩桩），宜用抽浆法清孔，并宜清理至吸泥管出清水为止。灌注混凝土前，孔底沉淀土厚度不得大于 50mm，若孔壁易坍塌，必须在泥浆中灌注混凝土时，建议采用砂浆置换钻渣清孔法，清孔后的泥浆含砂率不大于4%。其他泥浆性能指标同摩擦桩要求。对于沉淀土厚度的测量，用冲击、冲抓锤时，沉淀土厚度从锤头或抓锤底部所到达的孔底平面算起。沉淀土厚度测量方法可在清孔后用取样盒（开口铁盒）吊到孔底，待到灌注混凝土前取出，直接测量沉淀在盒内的沉渣厚度。

（4）钢筋笼制作与吊装

钢筋笼的制作应符合设计和规范要求，长桩骨架宜分段制作，分段长度应根据吊装条件确定；后场制作时应在固定胎架上进行，以保证钢筋笼的顺直；注意在钢筋笼外侧设置控制保护层厚度的垫块；钢筋笼起吊入孔一般用吊机，无吊机时，可采用钻机钻架、灌注塔架。

（5）灌注混凝土

1）灌注普通混凝土。

在土中形成一定直径的井孔，达到设计标高后，将钢筋骨架（笼）吊入井孔中，灌注混凝土形成桩基础。每根灌注桩应留取混凝土抗压强度试件不少于 2 组。同时应以钻取芯样法或超声波法、机械阻抗法、水电效应法等无破损检测法对桩的匀质性进行检测。检测应符合下列规定：其一，宜对各墩台有代表性的桩用无破损法进行检测，重要工程或重要部位的桩宜逐根检测。其二，对质量有怀疑的桩及因灌注故障处理过的桩，均应进行检测。

2）灌注水下混凝土。

灌注水下混凝土时配备的搅拌机等设备，应能满足桩孔在规定时间内灌注完毕。灌注时间不得长于首批混凝土初凝时间。若估计灌注时间长于首批混凝土初凝时间，则应掺入缓凝剂。

水下混凝土一般用钢导管灌注，导管内径为 200~350 mm，视桩径大小而定。导管使用前应进行水密承压和接头抗拉试验，严禁用压气试压。

混凝土拌和物运至灌注地点时，应检查其均匀性和坍落度等，如不符合要求，应进行第二次拌和，当二次拌和后仍不符合要求时，不得使用。

在灌注过程中，特别是潮汐地区和有承压水地区，应注意保持孔内水头。在灌注过程中，应将孔内溢出的水或泥浆引流至适当地点处理，不得随意排放，污染环境及河流。灌注中发生故障时，应查明原因，确定合理的处理方案，及时处理。混凝土应连续灌注直至灌注到设计的混凝土顶面，以保证截切面以下的全部混凝土具有优良质量。

# 第三节　沉井施工

## 一、概述

沉井是在预制好的钢筋混凝土井筒内挖土，依靠自重克服井壁与地层的摩擦阻力逐步沉入地下，以实现工程目标的一项施工技术，具有结构可靠、使用机械设备简单等优点。

1.沉井的作用

沉井技术作为一项通用性施工技术，因行业特性的差异，其设计和施工各有行业特点。

沉井可以适用于土层及沙砾石层，在风化和软弱岩层中也可沉入。必要时，沉入坚硬完整的岩石，达到嵌入基岩的目的也是可以的。

2.沉井的构造

沉井一般为钢筋混凝土结构，其主要由井筒（井壁）、隔墙和刃脚等部分组成。

（1）井筒。井筒一般由重度较大和刚度较高的钢筋混凝土结构构成，断面可根据工程需要制作成为方形、圆形或椭圆形等。井筒的壁厚应通过计算，根据所承受的土压力、水压力及下沉时的摩阻力等进行确定，通常厚度可为 0.4~1.2m 等。

（2）隔墙。即井筒内的间隔墙。其作用是改善受力条件，增强简体刚度。隔墙厚度根据实际情况确定，通常为 0.5m。

（3）刃脚。底节井筒下端设置的钢制尖角，主要作用为保护井筒底节及便于沉井切入土层中。刃脚踏面宽度一般设置为 200~300mm，内侧倾角 40°~60° 为宜。

## 二、施工准备

1.沉井施工应具备的资料

沉井施工开始前，应得到相关技术资料：

（1）沉井（或沉井群）的结构图、设计说明及现场布置图；

（2）沉井施工区域的地形地貌、工程地质及水文地质资料；

（3）施工区域河段的水文资料；

（4）对沉井施工工期的具体要求；

（5）设备和人力资源状况等。

沉井作为地下工程，对地质资料的要求十分重要。一般每个沉井都应安排1个地质勘探孔，探明地层构造、各层土体力学指标、摩阻力、地下水、地下障碍物等情况。应在全面研究了解上述资料的基础上进行施工的前期准备工作，编制好施工组织设计，制定好安全技术措施。

2.制订施工方案

水利水电工程一般由于场地限制，多采用现场制作、下沉的方法进行施工，具体方法是在地下水位线以上的旱地设置施工平台，就地制作井筒。沉井的出渣方式主要有抽水吊渣法和水下机械除渣法。

（1）抽水吊渣法。抽除井内渗水，由井外配置的出渣设备进行出渣，沉井在下沉过程中及时纠偏，下沉到预定位置后进行基础处理。

（2）水下机械除渣法。配置水下开挖设备，或者向井内灌水抽渣，待沉到预定位置后，再由潜水员对底部进行检查和基础处理。

3.主要施工机具及材料

（1）挖掘机具。土层或沙砾石层可采用人工挖掘方式，大型沉井可以采用机械设备进行挖掘。岩石层可采用爆破，清渣可采用人工或小型机械进行挖装。

（2）起吊及运输机械。起吊机械应根据整个工程起吊的要求进行选择。水平运输机械宜以汽车为主。

（3）其他配套机械。排水、通风、混凝土拌和站等配套设备。

（4）动力供应及通信。风、水、电及通信设施可以利用网电，如无网电则应自建系统，配置柴油发电机组和相应的管线网路等。

（5）主要施工材料。木材主要用于少量加固模板和底节垫木；钢筋的规格数量按设计而定；型钢、模板及支撑钢管；水泥、砂石骨料等。

4.施工现场及临时设施

（1）施工前，应对施工区域进行清理，拆除各种障碍物。对沉井位置场地进行平整碾压，平整范围一般大于沉井平面尺寸，向周边扩大2~4m，碾压完成后地面承载力应达到设计要求。

（2）完善风、电、水、路、通信系统、排水系统等设施，建立其他临时设施，如混凝土供应系统、钢结构加工场等。施工前编制好安全措施。

# 三、施工方法

## （一）施工程序

1.单井的施工程序

（1）准备工作，搬迁、平场、碾压、施工机械安装、布设临时设施；

（2）铺沙砾石层及摆平垫木；

（3）刃脚制作安装；

（4）底节沉井制作（支承桁架、模板制作安装及钢筋绑扎）；

（5）底节沉井混凝土浇筑、养护至规定强度；

（6）支撑桁架及模板拆除；

（7）抽除垫木，开挖下沉；

（8）二节沉井制作（内外模板及钢筋绑扎）及混凝土浇筑、养护至规定强度。

2. 井群的施工程序

沉井群是由大小不一，深浅不同的多个沉井组成的群体。具有施工井间距离小，相邻沉井沉放过程中互相制约的特点。恰当地选择井群的开挖顺序是确保沉井施工质量、安全和进度的关键。

（1）沉井群的分区与分期。应根据井群的布置、工期要求和施工场地情况，将沉井群分成若干个区段（一般 3~5 个沉井作为一个区段），选择一两个区段先行施工，后续区段逐步跟进。

（2）先导井。在前期施工的区段内根据地质及地下水情况选择一个或少量具有典型特点的先导井进行施工，主要作用是对井群施工起探索作用，也可作为井群降水措施。

（3）流水作业。当多个沉井依次排列，井间距离较小时，为确保施工安全及减少在沉井下沉过程中的相互干扰（如爆破震动影响），一般应在某个沉井第一节开挖下沉停止后才进行相邻沉井的混凝土浇筑。可将沉井按单、双序号分成两组，先施工第一组，待其开挖下沉高度超过 2/3H（H 为第一节井筒的高度）后，即开始第二组沉井下沉施工，而第一组沉井照常开挖下沉。由此往复循环，流水作业。

3. 主要施工技术要点

施工中可能出现因地质、设计和施工等诸多原因造成的难点，处理要点如下：

（1）底节沉井始沉平台的高程应根据施工季节的水位或地下水位确定。地下水位较低时，可采用明挖的方式对地下水位以上部分进行开挖，以减小下沉的总高度。对难于压实或承载力过低的土层应予以换填。

（2）底节沉井是整个沉井顺利下沉的关键，应尤其注意其施工质量，其他各道工序如平台压实、刃脚制作安装、井身混凝土浇筑及抽垫下沉等工作均应切实做好。

（3）沉井的地基处理，沉井地基处理一般要求较严，要保证稳定可靠。承受侧向力较大的沉井应坐落在岩石基础上，并采取锚筋和钢筋混凝土封底。为确保沉井基础工程质量，施工中的排水尤其重要，应落实专项施工措施。

4. 底节井筒施工

沉井的底节井筒带有刃脚，通过挖掘逐步下沉，然后逐节进行接高，往复开挖，直至达到设计深度。底节井筒的最小高度应以能抵抗纵向破裂为准。

5. 铺垫砂砾石及垫木

铺垫沙砾石层和铺设垫木。始沉平台场地经平整碾压密实后，在垫木铺设范围内铺垫砂砾石或砂垫层，找平夯实。

垫木是在地基满足承载能力的前提下，为防止沉井浇筑混凝土过程中发生的不均匀沉陷和减少对地面的压强而设置的。垫木应采用质量良好的枕木及短方木制成，一长一短交替摆放，在刃脚的直线部位垂直铺设，四角（或圆弧）部位径向铺设。垫木数量应依据首节沉井重量及附加载荷均匀分布到地基后经计算确定。先定位支点垫木，垫木间用粒径5~20mm的砂卵石填塞密实，填塞时先四角后中间，防止垫木位移。

6. 刃脚下的承重桁架及井筒内模施工

根据首节沉井结构尺寸和承重荷载的要求，对井筒内模周边、转角和隔墙可制作承重桁架，在荷载集中的支点也可砌筑承重平台。应控制刃脚下和井内隔墙下垫木应力，使其基本相等，以免不均匀沉陷使井壁连接处的混凝土出现裂缝。内侧模板可采用在加工厂加工成型的标准模板在现场拼装，局部接头使用散装模板进行拼接。顺序为先安装斜面和隔墙承重模板，后安装侧面模板，并用内撑固定。

7. 钢筋笼安装及预埋件施工

内模验收合格后，方能进行钢筋安装。钢筋可采用现场手工绑扎或场外制作后整体吊装的方式安装。刃脚钢筋布置较密，可预先将刃脚纵向钢筋焊至定长，然后放入刃脚内连接。主筋要预留焊接长度，以便向上一节沉井钢筋进行连接。沉井内的各种埋件，如灌浆管、排水管以及为固定风、水、电管线、爬梯等埋件，均应按照设计位置预埋。

8. 井壁外侧模板施工

沉井井筒外壁要求平整、光滑、垂直，严禁外倾（上口大于下口）。为了施工快捷和有利模板平整，外模宜采用定型效果好的钢模等。模板支撑采用对拉方式。内外模板均应涂刷脱模剂。内外侧模板和钢筋之间，要有足够的保护层，通常安设预制的砂浆块来控制保护层厚度。

## （二）井内开挖及井筒下沉

1. 底部垫木抽除

抽除垫木是保证沉井下沉垂直度的关键节点工序。在抽垫过程中，应分区、依次、对称、同步地进行：先隔墙，后井筒；先短边，后长边；最后保留设计支承点。抽去垫木后刃脚下应立即使用卵砾石或砂进行填塞并捣实，使沉井自重逐渐由垫层承受。

2. 挖渣下沉

水工沉井一般采用抽水吊渣法施工，人工井下开挖。也可辅以小型挖渣机械，由起吊机械装车卸至渣场。

对覆盖层每层挖渣作业的要点是，周边先预留1m以上宽度，从中心向四周先短边后长边开挖。依次挖渣厚度为0.3~0.5m，再间隔挖除预留部分，留下设计支承点。在挖除支承点时，沉井在自重作用下逐渐下沉，下沉过程中随时注意纠偏。

对岩石开挖每层开挖作业要点，周边先预留 1~1.5m 以上宽度，由中心向四周开挖，层高 0.8~1.0m，采用风镐及人工撬挖相结合的方法。刃脚下开挖用跳槽法，先短边后长边沿刃脚周长分成若干段，每段长 1~1.5m，间隔挖除。

在进行刃脚踏面内侧开挖时，只有当开挖深度达 lm 左右形成临空面后，才能对刃脚踏面内侧预留的 1~1.5m 进行开挖。任何情况下，隔墙不得承重。隔墙处应保持 1m 的净高，以利通行。

3. 抽水吊渣

采用抽水吊渣下沉法，抽水是关键。挖渣时先挖好集水坑，并配备专人负责坑内的清渣挖深工作。根据渗水情况，应配备足够的排水设备，挖渣和抽水必须紧密配合。

4. 交通

施工中为解决沉井内上下交通，每节沉井应选一隔仓设斜梯一处，以满足安全疏散及填心需要，其余隔仓内应各设垂直爬梯一道。

### （三）后续井筒施工

在首节沉井下沉到一定深度后就应停止下沉，准备进行上面一节沉井的接高。沉井的接高应符合以下要求：

1. 接高前应调平沉井，井顶露出地面（或水面）应保持 1m 左右高度。

2. 上一节沉井高度可与底节相同（5~8m）。为减少外井壁与周边土石的摩擦力，第二节井筒周边尺寸应比首节缩小 5~10cm。以后的各节井筒周边也应依次缩小 5~10cm。

3. 上节模板不应支撑在地面上，防止因地面沉陷而使模板变形。

4. 为防止在接高过程中突然下沉或倾斜，必要时应在刃脚处回填或进行支撑。

5. 接高后的各节井筒中心轴线应为一条直线。

6. 上一节井筒混凝土达到强度要求后，继续开挖下沉以后再依次循环完成上部各节井筒的制作、下沉。

### （四）特殊地层中的沉井施工

1. 下沉中若局部范围有大孤石顶住，应立即停止下沉，及时进行处理，以免应力集中，拉裂刃脚，或使井筒偏斜。处理可用风镐破除的方式，但应注意不要过于靠近刃脚。

2. 下沉中若局部范围遇到流沙，可用麻袋装混凝土堵塞。待井内挖渣只留支承点时，将麻袋破除，最后挖除支承点下沉。

3. 当沉井刃脚接触到软硬不同地层时，应立即停止对软基面开挖，先挖硬质地层，待硬质地层开挖底面低于软基层面后，再挖软基层，以防止沉井偏斜和局部承重。开挖时由边长的中间向两头切层掘进。

4. 水利水电工程中，沉井往往位于河岸边或山坡脚下，施工过程中可能渗水较大，井内除配备足够的水泵和正常供电（包括配置备用电源）外，还可采取其他相应的降水措施。

（1）井群间辅助排水。井群平行交叉施工中，在一个沉井开挖时，可利用相邻井内开挖高差，把邻井当作一个降水井，进行辅助排水，以减少开挖井渗水量，保证开挖面施工。

（2）黏土铺盖防渗。用麻袋装黏土加少量砾石（或开挖出的渣料）填堵渗水带，减小渗水量。必要时，可用黏土与帆布铺盖联合防渗，此法用来解决浅层防渗较好。

5. 水下机械开挖法。对渗水量大，加大排水能力和采取堵漏措施后，仍不能有效施工时，若再加大排水能力，井内外渗水压力加大，可能导致井外土砂等细颗粒随渗水大量涌入井内，严重时将出现井外地表下沉。这时，井筒不但不能下沉，还可能产生倾斜等严重后果。在这种情况下应考虑其他特殊措施，如采用水下机械挖渣和潜水作业，或在井外钻孔、灌浆堵水等措施。

### （五）沉井下沉的纠偏措施

1. 沉井产生偏斜的原因

（1）沉井构筑质量不合格，尺寸不合适。比如刃脚水平面与沉井中心线不垂直，刃脚与井壁不垂直，井壁不光滑等；

（2）垫木抽除不对称，未及时回填卵砾石或砂；

（3）地基未有效处理；

（4）挖渣不均匀，井底出现高程差；

（5）刃脚一角或一侧被障碍物顶住，未及时发现和处理；

（6）井内涌砂；

（7）地下水和雨水侵入井内，井壁四周土方因地下水浸泡而坍塌，导致井身倾斜或变形断裂，产生位移。

2. 纠偏措施

预防沉井倾斜和纠偏工作应提前编制预案，如出现倾斜首先分析倾斜原因，再确定纠偏方法。在下沉过程中要经常测量及时纠偏，措施有以下几种：

（1）严格控制井筒施工的外形尺寸，要求井筒外壁垂直、光滑，免除由其引起的阻力增加。

（2）严格按照程序抽除垫木，并及时回填卵砾石或砂，确保沉井正位下沉。

（3）在井壁高的一侧施加偏压，直至井壁端正。

（4）井外单侧挖土，将偏移部位压向正确位置。此法在首节沉井下沉时使用效果较好。

（5）井内均匀开挖，每层开挖在 0.3~0.5m 范围内，先中间，后四周。

（6）井外壁单侧注水或泥浆以减小井壁与土层的摩擦力。

（7）及时封堵涌砂。

（8）使用风镐等，排除障碍物和局部卡塞点。

（9）基底出现软硬岩层时，应先挖除硬岩层，后挖软土，最后挖除支撑点。

## （六）井底地基处理

沉井下沉至设计标高，经 2~3d 下沉稳定后，8h 内累计沉降量不大于 10mm 时即可进行井底地基处理。

1. 按设计要求打好插筋，清除浮渣杂物，浇筑封底混凝土。打插筋、清基、封底各工序必须紧密衔接，缩短工期。如果井内长时间排水，会淘空四周地层中的砂及小粒径卵砾石，对沉井安全不利。

2. 沉井下至设计高程后，如设有深挖齿槽，为保证齿槽的顺利施工，应将井周刃脚部位封堵。齿槽可沿长度方向分段跳块开挖，分两个阶段开挖。第一阶段先开挖一至二块，立模先浇混凝土。第二阶段开挖其余部分，该阶段齿槽混凝土可与封底混凝土一起施工。齿槽开挖前槽口边沿应打插筋，齿槽开挖的边坡可采用喷射混凝土进行支护，若遇破碎层可用锚喷支护。

3. 井间齿槽可采用平洞法开挖，并回填混凝土至刃脚底面。

## （七）封底混凝土施工

1. 作为一般基础沉井，可用普通混凝土封底。

2. 若渗水量不大，封底可采用分期施工方法。第一期可采用预留集水坑，一边排水一边从一端向另一端封堵，最后撤出水泵封堵集水坑。

3. 若渗水量较大，无法采用排水法封堵，也可采用导管法浇筑水下混凝土封堵，将积水排出后采用普通混凝土浇筑。水下浇筑混凝土的强度等级应较混凝土设计强度提高一级。

4. 井底封堵后若要进行防渗处理，则井底可作为防渗处理的工作面。井底混凝土封堵后，应根据设计需要进行浇筑。

## （八）沉井施工新技术

随着现代工程技术的发展，传统沉井完全依靠井筒自重克服井壁与土层之间的摩阻力和刃脚下方土体抗力而下沉的施工方法，已不能满足工程高效可靠的时代要求。主要问题是前期准备时间长，对地层要求较高，下沉过程易倾斜，纠偏困难等。

1.SS 沉井工法

SS 沉井工法即刃脚改形卵砾填缝的自沉沉井工法。与纯自沉工法不同，SS 沉井刃脚钢靴呈八字形，其刃尖伸出井筒外壁面约 20cm。井筒下沉时井壁与地层之间留下一道间隙，卵砾石不断填入其中。通过卵砾石之间的滚动下沉，下沉过程较顺利。待下沉至设计高程后，通过向卵间隙内注入水泥砂浆，使井筒和地层紧密固结在一起。SS 沉井工法多应用于较小型的沉井施工当中。

2. 压沉沉井工法

压沉沉井工法是借助于地锚反力装置强行将沉井压入地基的施工方法。该工法具有下沉速度快、井筒状态易控制、对地基和邻近建筑物影响小的优点，前提是施工现场应具备为地锚提供有效反力的条件。

**3.自动化沉井工法**

自动化沉井工法又称 SOCS 工法。该法采用预制管片拼接井筒，自动挖土、排土，自动压沉，自动调整井筒姿态，是一种自动化、合理化及高技术化的较为先进的沉井施工方法。

**4.其他沉井施工工法**

通过工程实践，根据工程特性催生了很多新型工法，如自由扩缩系统自动化沉井工法、地表遥控无人挖掘工法、充气沉井工法、预制拼接沉井工法等诸多工法，这些工法的产生使沉井工法在更广阔的工程领域得到了应用，也为工程项目的顺利施工提供了较为有利的条件。

## （九）施工质量与安全

1.沉井施工的质量检查和竣工资料

（1）沉井施工的质量检查。在沉井的施工过程中应对下列工序或分项工程进行中间过程验收：

1）沉井始沉平台的设置；

2）每节沉井质量情况；

3）每节沉井下沉高程。

对于沉井下沉过程中的位置、偏差和基底的验收，各项检查验收工作应及时整理资料。

（2）竣工资料。沉井竣工时应提供下列资料：

1）工程竣工图；

2）测量记录；

3）中间验收记录；

4）设计变更及材料代用通知单；

5）混凝土试件试验报告；

6）钢筋焊接接头试验报告；

7）工程质量事故的处理资料等。

2.沉井施工的安全措施

沉井施工除应遵循土石方开挖、混凝土浇筑的安全操作规程外，还应采取以下措施：

（1）沉井施工场地应进行充分碾压，对形成的边坡应做相应的保护。施工机械尤其是大型吊运设备应建在坚实（或经过处理）的基础上。沉井下沉到一定深度后，井外邻近的地面可能出现下陷、开裂，应注意经常检查基础变形情况，及时调整加固起重机的道床。

（2）施工区内的地表水应排到施工场地以外，井内排出的渗水严禁返流到井下。

（3）井顶四周应设临时钢筋栏杆和挡板，以防坠物伤人。

（4）起重机械进行吊运作业时，施工人员应躲避到安全部位，指挥人员与司机应密切联系，井内井外指挥和联系信号要明确，严防事故发生。

（5）石方爆破时，起爆前应切断照明及动力电源，并妥善保护水泵。爆破后加强通风，排除粉尘和有害气体。

（6）施工电源（包括备用电源）应能保证沉井连续施工。水泵和照明电源尤应可靠，严防淹没事故发生。

（7）井内吊出的石渣应及时运到渣场，以免对沉井产生偏压，造成沉井下沉过程中的倾斜。

（8）装运石渣的容器及其吊具要经常检查其安全性，渣斗升降时井下人员应回避。

# 第四节　承台及系梁施工

1.承台施工

（1）围堰及开挖方式的选择

当承台处于干处时，一般直接采用明挖基坑法，并根据基坑状况采取一定措施后，在其上安装模板，浇筑承台混凝土。

当承台位于水中时，一般先设围堰（钢板桩围堰或吊箱围堰）将群桩围在堰内，然后在堰内河底灌注水下混凝土封底，凝结后，将水抽干，使各桩处于干处，再安装承台模板，在干处灌注承台混凝土。

对于位于河床以上的水中是承台底，应采用有底吊箱或其他方法在水中将承台模板支撑和固定，如利用桩基或临时支撑。承台模板安装完毕后抽水，堵漏，即可在干处灌注承台混凝土。

承台模板支承方式的选择应根据水深、承台的类型、现有的条件等因素综合考虑。

（2）承台底的处理

1）低桩承台。

当承台底层土质有足够的承载力，又无地下水或能排干水时，可按天然地基上修筑基础的施工方法进行施工。当承台底层土质为松软土，且能排干水施工时，可挖除松软土，换填 10~30 cm 厚沙砾土垫层，使其符合基底的设计标高并整平，即立模灌注承台混凝土。

2）高桩承台。

当承台底以下河床为松软土时，可在板桩围堰内填入沙砾至承台底面标高。填砂时视情况决定，可抽干水填入或静水填入，要求能承受灌注封底混凝土的质量。

（3）模板及钢筋

模板一般采用组合钢模，纵、横楞木采用型钢，在施工前必须进行详细的模板设计，以保证模板有足够的强度、刚度和稳定性，能可靠的承受施工过程中可能产生的各项荷载，保证结构各部形状、尺寸的准确。模板要求平整，接缝严密，拆装容易，操作方便。一般先拼成若干大块，再由吊车或浮吊（水中）安装就位，支撑牢固。钢筋的制作严格按技术规范及设计图纸的要求进行，墩身的预埋钢筋位置要准确、牢固。

（4）混凝土的浇筑

混凝土的配制除要满足技术规范及设计图纸的要求外，还要满足施工的要求，如泵送对坍落度的要求。为改善混凝土的性能，根据具体情况掺加合适的混凝土外加剂，如减水剂、缓凝剂、防冻剂等。

混凝土采用拌和站集中拌和，混凝土罐车通过便桥或船只运输到浇筑位置，采用流槽、漏斗或泵车浇筑。也可由混凝土地泵直接在岸上泵入。

混凝土浇筑时要分层，分层厚度要根据振捣器的功率确定，要满足技术规范的要求。

（5）混凝土养护和拆模

混凝土浇筑后要适时进行养护，在体积较大，气温较高时要尤其注意，防止混凝土开裂。混凝土强度达到拆模要求后再进行拆模。

2. 系梁施工

（1）施工工艺流程

测量放样→铺设底模→钢筋安装→模板安装→混凝土浇筑→养护→模板拆除。

（2）具体施工工艺方法

铺设底模：按墩身系梁位置进行底模铺设。

钢筋安装：钢筋在加工场地预制成型，运至施工现场，采用常规方法进行焊接、安装。

在进行主筋（水平筋）接头时，将预埋筋按单面焊的搭接长度进行搭接，并满足同一搭接长度区段内接头错开 500%，焊接标准执行施工规范的要求。安装时应注意预埋盖梁预埋钢筋。

模板安装：模板找正采用经纬仪跟踪测量，水平仪测量顶面高程的方法控制，模板支立前涂刷优质脱模剂，以保证混凝土外观质量及拆模便利。

混凝土浇筑：系梁混凝土采用集中搅拌站拌和，人工手持振捣棒分层浇筑振捣，塑料布覆盖洒水保湿养护的方法施工。

拆模：待混凝土强度达到设计规定强度再进行拆模，采用人工配合吊车扶模拆卸。拆模时应注意不能损坏台体混凝土。

# 第五章　桥梁结构施工

## 第一节　桥梁上部结构施工

桩是竖直或微倾斜的基础构件，它的截面尺寸比长度小得多。桩被设置在土中，把作用于上部结构的荷载和力传递给地基土。桩的长度与设置方法，以及桩的工作方式，都可以有很大变化，因此桩很容易适应于不同的情况和要求。桩基础是桥梁基础中的常用形式。

### 一、桩和桩基础的类型及特点

桩基础绝大多数采用钢筋混凝土桩，个别情况用木桩或钢桩等。桩的种类繁多，分类方法很多，常见的有如下几种：

1. 按材料分类

钢筋混凝土桩；预应力钢筋混凝土柱；高强度混凝土桩；钢管混凝土桩；钢桩；木桩；板桩。

2. 按受力条件分类

按桩与周围上的作用性质可分为摩擦桩与柱桩。

3. 按施工方法分类

（1）钻（挖）孔灌注桩：机械挖土成孔的全套筒桩；反循环钻孔桩；抓钻成孔桩；人工挖土桩；换土桩。

（2）打入桩、振动下沉桩及管柱基础

预应力混凝土桩；钢管桩；高强度混凝土桩（高压蒸气养护桩）；钢筋混凝土桩；混凝土桩，木桩。

其他桩基础：网状基础。

### 二、桩与桩基

1. 单桩与桩群

单桩有时也作为独立的基础，但一般是由两根或两根以上的桩组成桩群支撑桩顶的承台作桥梁基础的，桩与承台连接时必须牢固可靠。

2. 承台分低桩承台和高桩承台。

（1）低桩承台底面位于局部冲刷线以下，埋置深度符合规定要求，不承受水平力（被周围土压力抵消），仅承受轴向压力，无水平位移产生。

（2）高桩承台底面位于局部冲刷线以上，埋置深度小于规定要求，不仅承受轴向力，还承受弯矩和水平剪力，常发生水平位移，这对设置斜桩及稳定有利。

3. 基桩的排列主要有行列式和梅花式，在立面有竖直桩和斜桩。采用行列式时施工方便；梅花式可用于承台面积少，桩基根数多时，但施工不如行列式方便。

# 三、钻（挖）孔灌注桩基础的施工

钻（挖）孔灌注桩施工包括人工开挖或机械钻（挖）成孔，就地灌注混凝土或钢筋混凝土，使之成桩而构成桥梁基础。

## （一）挖孔灌注桩的施工

### 1. 挖孔桩的施工条件

挖孔桩适用于无水或少水的各种土层，地表陡峻，土中多漂石、块石的山区地带。挖孔桩基础施工具有开挖机具简单，不受地形限制，适应性强，形状、孔径和设备不受限制，容易保证质量，施工进度快，劳力耗费少，造价低等特点。但其作业面小，桩不宜过长，竖井不宜挖得过深，方桩的边长或圆柱形桩孔径不宜小于 1.4m，孔深不能大于 15m。

### 2. 开挖桩孔

开挖前，应整平桩位附近的地面，清除杂物、换填软土、夯打密实，在四周设置临时防护。若桩位于浅水区，可采用围堰开挖，并在孔周挖排水沟，搭雨棚提升设备，布置出渣道路，即将弃碴地点设在距桩孔 10m 以外，以免坍塌，堵塞孔道。

### 3. 灌注桩身

终孔后应立即对桩孔的净空尺寸、孔底地质情况进行检查，符合设计要求时，则可清洗孔底，放出桩轴线，灌注桩身。孔桩的配筋，可在孔内绑扎或孔外预扎，灌注用混凝土坍落度一般为 7~9cm，若用导管灌注时，可让混凝土从管中自由坠落，导管应对准桩心，孔底水深不得超过 5cm，灌注速度要快，使混凝土对孔壁压力尽快地大于渗水处的水压力，并要求一次连续灌完。在干燥无水或少水处，可采用一般灌筑的方法，可让混凝土沿串筒或导管流下。若桩孔底渗水量上升速度大于 6 mm/h，水难以排除，可采用水中灌注方法。当灌注至桩顶后，应将离析的拌合物和水泥浮浆清除干净。灌注时切忌拆除孔壁支护。若地质条件允许，可采用可拆式钢护筒（或钢筋混凝土护筒），在灌注和拆筒过程中，应始终使混凝土面比护筒底端最少高出 1.5~2.0m。

## （二）钻孔机具

钻孔机具主要有旋转钻机，冲击钻机和冲抓钻机三类，它们主要由钻头、抽渣筒、钻架及升降钻进工具组成，并通过护筒用卷筒的齿轮驱动钻机成孔。

1. 旋转式钻机

旋转式钻机适用于冲击层较厚的黏性土、砂性土、砂卵石等土层，还可钻进软岩或风化岩层，钻孔直径可达 1.5m。根据成孔时泥浆循环程序分为正循环和反循环钻机。

泵和钻具等组成。转盘上设有驱动钻杆的回转机构，钻头（钻具）用于正循环钻机的有回转式刺猬钻头，圆柱式和鱼尾，笼式，三翼式钻头等。

2. 冲击式钻机

冲击式钻机适用于各种土壤，黏砂土，砂黏土，沙砾和岩层。特别是对漂卵石和基岩钻孔比其他型号钻机效果更好。

3. 冲抓式钻机

冲抓式钻机适用于黏性土，砂黏土类碎石（夹粒径 50~100mm），含量在 40% 以内的卵石，软松而无地下水的地层不宜在大漂石和基岩中钻孔。它主要由冲抓锥，钻架，起吊设备等组成。

4. 人力推钻

人力推钻适用于软土、软塑或硬塑的黏土、砂性土（粉砂到粗砂）、沙砾和砂卵石等地层。可用简易的旋转钻头配置必要的钻架，钻杆，卷扬机和其他辅助设备作业。

### （三）钻孔桩施工工艺

1. 基本情况

销孔桩工艺适用性强，不受地质条件限制，能在松软地层和地下水严重发育地区施工，钻孔深度可达 100m 以上。按力学性能可分为摩擦桩和柱桩，按承台位置可分为高桩和低桩承台；按施工方法有冲击成孔、旋转成孔和冲抓成孔桩等。桩孔大都采用圆形，孔径大小根据钻头尺寸确定，常比钻头直径大 10~15cm。终孔后一般灌注水下混凝土成桩。

2. 钻孔的准备工作

钻孔前应做好布置场地，桩位测量，埋设护筒，安装钻机，准备和回收泥浆等项工作。

（1）布置钻孔场地浅水区可采用筑岛法钻孔；深水区，可搭设工作平台钻孔，平台应能牢固地支承钻机操作和方便进入和撤出。若水流平稳，钻机可在船上作业；若流速较大，河床可整理平顺时，则用钢筋混凝土薄壁围堰或沉井浮运就位灌水下沉落床，在堰内安护筒钻孔。场地布置应对施工用水泥浆供应、排防水、动力供应，桩身灌注、钢筋骨架的绑扎和吊运等作统一安排。

（2）埋设护筒。埋设方法由桩位处的地质和水文情况决定。在旱地，浅水和深水处可分别用挖埋法，筑岛法，平台沉入法等。埋设护筒的目的是固定桩位，保护桩孔口不坍塌；隔离地表水，保持孔内水位高出施工水位；维护孔壁及钻孔导向等。护筒按结构形式可分为拼合式和整节式；按材料又可分为钢护筒、木护筒和钢筋混凝土护筒。木护筒一般厚 3~5cm、重量轻、使用方便、易损坏、不宜在深水中作业；钢护筒厚 2~4mm，拼装和接长方便，适应性强，可多次使用；护筒应坚实，不漏水，能多次使用，内径应比桩孔直径大；应比机动冲击，冲抓和旋转钻的内径大 20~30cm，其高根据地质、地下水位和施工水位而定。旱地护筒应高出地面约 30cm；桩口处于水上，地质良好不易坍孔时，可高出施工水位 1.0~1.5m；桩口处于水上，地质不良，容易坍孔时，可高出 1.5~2.0m；当钻孔内有承压水时，护筒应高出稳定水位 1.5~2.0m；有潮水涨落时，应高出最高潮水位 1.0~1.5m。旱地或浅水区埋设护筒时，底部应埋入天然地基土层内，与四周接触一定范围内，应夯填黏土，防止漏水。若旱地土质紧密防漏，护筒可用挖埋法安设；浅水中用筑岛法埋设；在深水或河床松软覆盖土较厚处沉入的护筒，应先设导。

（3）泥浆工作。泥浆的作用是在钻孔时悬浮钻渣、加固孔壁、防止坍孔，起护壁作用。此外，还可以冷却钻头，防止钻头冲击时因摩擦产生高温而变形。泥浆用黏土制作，黏土应经严格挑选，不得含砂、石、石膏等杂物。优质的黏土干块、碎块放入水中不分解而只膨胀，用刀切开时应呈光滑、明亮的表面。亚黏土的塑性不得小于 15%，大于 0.1mm 的颗粒不得超过 6%。泥浆可用搅拌机或其他简易方法加水制作，并应尽快灌注到孔底。旋转钻孔泥浆需要量大，如在漂卵石地层中钻孔 1m³ 需黏土 500~700kg，因此应设法回收泥浆重复使用，这需准备泥浆槽，沉淀池等设施，以供净化后循环使用。

（4）安装钻机。安装前应对钻架和各种钻具进行检查与维修：利用自身的动力移动就位，可用千斤顶逐步移位来校正钻机中心与桩位中心。底座和顶端应平稳，不允许产生位移和偏沉，一般可用枕木垫平塞紧；桅杆螺丝要拧紧并用对称的浪风绳将钻架固定。

3. 钻孔

钻孔方法主要有旋转、冲击和冲抓成孔，其中以旋转钻机和冲击钻机的成孔用得最普遍。在有潮水处钻孔要采用虹吸管或连通管等措施稳定钻孔内水位，防止坍孔翻砂。在钻孔内外水位差应始终保持在 1.0~1.5m，使之在孔内形成静水压力，并起回壁作用。

（1）旋转式钻机成孔法

此法是利用钻头的旋转作用切削土层。成孔按泥浆循环程序分为正、反循环两种，在桥梁施工中用得最多是正循环钻机。

1）正循环钻机旋转成孔

在钻进中以泥浆护壁，排渣。泥浆由泵输进钻杆内腔，经钻头出浆口射出，带同钻渣沿孔上升到孔口溢出流入槽内，返回沉淀池中净化，再供钻进使用。

2）反循环钻机旋转成孔。反循环钻机与正循环钻机基本相同，仅在于正循环的钻头反循环的不同。反循环是利用真空泵将泥浆送入全孔内与渣混合，并从钻杆下口吸进，通过钻杆中心排泄到沉淀池内回收再用。初钻时，先启动泥浆泵和转盘，使之空转，待泥浆进入孔后才钻进。此时，应稍提吊起钻杆，控制钻进速度和垂度，同时进行孔壁支护，待成桩孔道有相当深度后，再按设计的尺度钻进。要控制钻进速度，在松软地层钻进过快会导致孔道偏斜；在坚硬地层钻进太快，会使钻机超荷而加大钻杆摇晃频率，则会造成钻头偏斜、停钻、损坏、扭断钻杆等事故。

（2）冲击式钻机成孔法

冲击成孔是钻机不停地迫使钢丝绳带动钻头一起落地冲击土层，把泥沙、石块挤向孔壁被打成碎渣，使之悬浮在孔底泥浆中，被抽渣筒抽出，并不断扩大桩孔直径成桩。钻前应检查钻锤直径。初始造孔时，应用小冲程间断钻进，使初孔坚实、竖直、圆顺，能起导向作用，且能防止孔口坍塌。钻头起落速度应均匀，不能突然加速，以免碰撞孔壁造成坍孔，深度超过钻锤的全高后则可另加冲程（为 3~4m）。坚硬的大漂卵石、岩石可用大冲程（不得超过 4~6m）；松散地层可用中、小冲程，每次松绳量应比冲程稍多，以防打空锤和大松绳。应经常检查各种钻具，若有不当之处，要及时修整、处理，并及时抽渣，添加黏土，使钻锤能冲击新鲜地层。冲打表面垫平后再冲钻。在抽渣、提钻、除土和中途停钻时，应随时检查并保持孔内规定的水位和泥浆稠度。钻孔时要注意安全，冲击钻锤起吊进出孔口处应严禁站人以防止钻锤撞击，发生伤亡事故。一旦发现钻头磨耗过大，要及时补焊。

（3）冲抓式钻机成孔法

冲抓成孔是靠钻机冲击土层并抓取钻渣。它由带离合器的动力装置通过钻架操纵钻锤冲抓土层或岩层，冲抓锤靠自重使锤上的抓土瓣锥尖张开插入土中，由动力提升锥头收拢抓土瓣将土抓出，弃于孔外。冲抓锥因起吊钢绳连接方式不同可分为单绳与双绳冲抓，作业时应以小冲程稳妥准确地进行，待锥具全部进入护筒后才能松锥。提锥应慢，冲击高度以 1.0~2.5m 为宜。对于坚硬地层可松开抓瓣，多次冲击，若无效果时再收紧抓瓣而改用冲击锥成孔。在钻渣被抽走后，应同时把护筒用泥浆或水灌满并注意防止钢丝绳互相扭花。

（4）斜桩成孔

钻斜桩孔一般采用旋转钻机，也不排斥用人工推钻或其他方法。为了防止钻杆扭断、绕曲而影响斜孔成桩的质量，钻杆的强度和刚度应比钻竖孔时更为可靠；为了保证斜桩的准确位置（斜度），护筒的形状要规则，其斜度应稍大 2~3cm，在两端 0.5m 处，可做成喇叭口，使钻锤易通过；埋设的护筒要牢固，不能因操作松动而影响桩位。每隔 10m 时，锥上部钻杆处应设导向筒一个，钻孔深度不到 10m 时也要设导向筒，筒直径与钻孔相等，长度不小于 1.5m，钻杆、卡口、护筒、导向筒的中心应在钻架同一斜度线上，该线应比设计斜度略大 1% ~3%，以抵销钻锥和钻杆因重力产生的误差，若设计中斜度较小，或桩较短，可采用低值，反之用高值。

钻斜孔桩，孔壁易坍塌，孔内水头、护壁用泥浆的比重、稠度都应比钻竖孔桩大。此外还可掺入适量的 $NaNO_3$ 以改善泥浆性能。钻架底部的锚固应可靠，顶部要用通风缆固定，以防倾覆、变形和位移。在作业中还应经常对孔径、斜度、形状、深度进行检查，并及时纠正失误。

4. 清孔

终孔经检验合格后应立即清孔。其用的是清除基底残渣和泥浆沉淀物以保证灌注混凝土质量和桥基承载力。清孔的方法可根据设计要求、钻孔方式、设备条件和土层情况决定。常用如下方法：

（1）抽浆清孔法。此法清孔比较彻底和干净,适用于摩擦桩或柱桩。可用空气吸泥机、水力吸泥机、真空吸泥泵、反循环钻机等作业。如采用空气吸泥机时,以风管将压缩空输进排泥管,使泥浆形成密度小的稀浆和空气的混合物,在水柱的压力下,沿排泥管向外排出泥浆和沉渣,同时水泵向孔内注水,直至喷出清水或沉淀厚度达到要求为止。

（2）换浆清孔法。利用正循环旋转钻机不进尺继续循环换浆清孔,直至达到清理泥浆的要求。它主要用于各类不同土质的摩擦桩。

（3）喷射清孔法。常配合其他方法清孔。在灌注桩孔前,用高压射水或射风的方式对孔底进行冲洗数分钟,使沉淀物漂浮后,即灌注水下混凝土。有时,也可在灌注的导管内用空气吸泥机将残渣吸出。清孔排碴均应注意保持孔内水位,提管吸泥应避免碰撞孔壁。

## （四）钻孔事故及处理方法

钻孔时常会因操作不当、机械磨损以及意外的因素而导致一些问题和事故,轻者影响施工进度,重者造成机械损坏人员伤亡。对钻孔中的事故应立即处理。一般以预防为主,处理为辅。

1. 预防措施

应根据施工条件和方法制定必要的技术措施,例如应有严格的作业规程等。注意钻进中每一微细环节,发现问题苗头应及时做出相应的处理,杜绝事故发生。在冲击钻孔时,应控制冲击速度和冲程。要做好交接班和停钻工作。停钻时应盖好井口,以免掉钻;应做好各种钻具的稳定工作;在施工中要始终贯彻勤检查、多分析、做好记录等工作。

检查的主要内容如下:(1)钻头升降时大绳是否可靠、夹具是否松动、安全套是否传动失灵;(2)钻杆和吊杆上是否有裂纹,钻头直径是否符合规格尺寸;(3)钻机是否有位移和偏沉;(4)钻机是否有故障;(5)孔径、孔形尺寸是否符合设计要求等。

2. 坍孔的处理

坍孔包括孔口坍塌、护筒倾斜、沉陷、钻孔深度突然变浅、水位下落等现象。其产生的原因主要有有以下几种:(1)操作不当,冲击、冲抓锥头和抽渣筒倾倒,碰撞孔壁,大绳太松,钻头摆动损坏孔壁;(2)护筒埋设不符合要求(如高度不够),回填的质量差;(3)泥浆稠度不够,比重小,不能形成坚硬的护壁;(4)泥浆水位高度不够;对孔壁压力小;(5)在向孔内加水时,因流速过大直接冲刷孔壁,造成冲击压力大于其极限强度;(6)在松软土层的钻速太快;(7)孔口排水差或因无接荐盘,抽出的浆碴四处漫流,使孔周的土壤处于饱和状态;(8)孔壁暴露过久或清孔时风量太大,延续时间过久等。坍孔的处理办法如下:(1)若护筒倾斜或下沉造成坍口,可用草袋或黏土回填阻止其继续发展,待沉淀密实后,重新埋设护筒钻孔。(2)若孔内水位不稳,水中含细水泡,钻头达不到应有的深度,可用黏土或黏土掺石子、片石分层回填至塌孔处以上 0.5m 后再重钻。(3)若坍孔不严重,可加大泥浆比重继续钻进或将桩孔回填到塌孔位置以上后再钻进。(4)若坍孔严重而影响钻机稳定,可用钢护筒沉至未塌处以上 1 m 处,周围用草袋装土填塞,固定护筒上端防止其偏斜下沉，护筒随钻进逐节加长（用小沉井方式处理）。

3. 漏水漏浆的处理

孔内漏水漏浆时则不能保持孔内外水位差和孔内水头压力。（1）漏水漏浆若是护筒造成时，可堵漏处，并用黏土将筒周夯实加固；（2）若很严重或因埋设不妥造成时，则应重新埋设；（3）因是孔壁松散、泥浆护壁较差造成时，应在孔内重新回填黏土，待沉淀密实一段时间后，再重新加强泥浆护壁，继续钻进。

4. 不规则孔形的处理

因操作不当，如大绳、钻杆在护筒内水面的位置偏移中心时，会出现不规则孔形，使桩孔在尺寸上达不到设计要求。若问题不严重时，可重新调整钻头和卡杆孔、继续钻进。若问题严重，应回填孔道重新钻孔。

（1）弯孔与斜孔钻孔若碰到倾斜不平的岩层或软硬不均地层时，用大冲程猛冲或因缆风绳松紧不一致，钻机不稳，产生位移和不均匀下沉。钻架安装不正，护筒埋置不合理等会产生弯孔和斜孔。一般可用片石回填至不规则孔段以上 0.5~1.0m 后，再小冲程钻进。

（2）扩孔和缩孔为孔径不规则地大于或小于孔桩直径的不良现象。扩孔是孔壁部分坍塌未做处理造成的，极易在堆积层、漂卵石层、块石层、卵石层中发现；缩孔是因钻头磨损和地层挤压造成的。处理此类孔形，一般应回填后重钻。扩孔要按塌口处理，缩孔要补焊钻头。若是因地层挤压造成的，应及时调整钻进速度和泥浆稠度。

（3）梅花孔与探头石梅花孔是钻头不适应地层的情况下冲打过甚，转向失灵；泥浆太稠而妨碍钻头转动、冲程太小、钻头得不到充分转动和大绳太松等原因造成的。探头石是在非均匀地层钻进时，孔壁出现的大直径卵石。一部分突出伸入孔径，另一部分埋在孔壁土层内。此时容易造成斜孔和卡钻。可用高于基岩和探头石强度的片石（或碎石）回填桩孔重钻等办法处理。

5. 卡钻和掉钻的处理

（1）卡钻。钻头被孔壁卡住不能提动。有两种情况，一种是钻头卡在距孔底一定距离处，提不上来，钻不下去，有时向下并有一定的活动余地，如梅花孔和探头石引起的卡钻，此为上卡。卡钻的原因很多，其与钻头直径磨损和具体地质土层有关。造成的主要原因如下：（1）在未经处理的不规则孔形中继续钻孔；（2）坍孔落下的石头或因失误掉进孔内的大工具卡住；（3）埋设过深的钢护筒倾斜，其下端被冲击变形；（4）更换钻头尺寸产生差异，补焊钻头的尺寸过大；（5）下钻太猛，大绳太长，使钻头的倾斜长伸入孔壁或孔底；（6）放绳太长或简易钻架承受大冲程。处理卡钻常有如下措施：（1）上下提动钻头，使之旋转，用撬棍配合左右摇晃，反复拨动大绳，使钻头能离开冲击、冲抓或旋转轨道，然后提出；（2）用小钻头冲击，提开钻头的障碍物，使之破碎或挤入孔壁，或用冲击厚锥使钻头松动后再吊起。

（2）掉钻。因钢绳（或连接装置）和钻杆磨损来不及更换造成的。在钻进中若发现缓冲弹簧突然不伸缩、大绳松弛等现象时，则表明钻头已落入孔中。掉钻后应及时了解情况，查明原因，采取措施防止泥浆、钻渣及坍孔埋钻，并立即用工具和捞叉、捞钩、打捞绳套等打捞。

# 第二节　桥梁下部结构施工

## 一、简支梁桥跨的制作

### （一）简支板的预制

1. 实心板的制作

实心板一般为矩形截面，制作比较简单，模板无特殊要求，常用卧式法灌筑。其钢筋骨架主要由受力钢筋和箍筋组成。板较高时，可在结构内适当配置架立钢筋，主筋为Ⅱ级，$\phi20$左右；箍筋为Ⅰ级，$\phi6 \sim \phi8$，钢筋成架时要注意板宽，常以1m为单元考虑。钢筋的规格、尺寸、数量和保护层，起吊用的预埋件应位置正确、锚固牢实，注意钢筋、箍筋的间距、边缘宽度，振捣混凝土时切忌触动板内钢筋。

2. 空心板的制作

空心板有多种形式，采用较多的是顶板呈拱形的空心板，其外模板一般由底板、侧板、顶板组成。内模用活动的四合式板形成拱形，并在底板浇筑后架立，顶上用临时支架固定，待浇筑高度达到内模的2/3时拆除。空心板截面为圆孔时，内模可用无缝钢管制作，底板完成后，可直接将刷油的钢管安放其上，灌筑混凝土，待到一定强度后，可拔出钢管成孔。灌筑时，应使底模和侧模很好固定，并在振捣时压住侧模，以免漏浆造成板厚薄不均。

3. 微弯板制作

微弯板是顶面上平下弯的变厚度板。板中为10cm左右，支承边为20cm左右，板跨1.4m，块件长约为2.745m，顶宽1.3m，底宽1.35m。每块板两端做有小肋，由于它将竖直荷载消化为水平推力传给两端，在制作时将其做成一个反扣的长方形盆。

### （二）简支梁的制作

1. 预制T梁

（1）T梁模板

常为箱形结构。在横隔板与主梁之间形成一个柜箱，用横挡和斜撑连接，柜箱内有两根横木用以安装附着式振捣器，主要由顶板、翼板、腹板和底板组成。腹板较薄但对强度要求高，振捣器可悬挂在侧模和底模板上。

（2）钢筋骨架主要由纵向主筋、斜筋、架立钢筋、纵向防裂钢筋和箍筋组成。主梁一般为两片钢筋骨架，其上为架立钢筋并可以增强受压区混凝土而成为受压主筋，一部分斜筋可用主筋弯起45°，另一部分斜筋可焊接在主筋与架立钢筋上，其直径可比主筋小些，但间距应密。每片骨架纵向主筋有一定数量，应按图纸安放，其竖直排焊总高度不应大于梁高的 3/4 或 50cm。在梁肋侧面布置主筋时，靠下缘应密，支座附近的箍筋宜适当加密或采用四肢箍筋（亦可在梁底部加设钢筋网）。

2. 工字形梁的制作

工字形梁的模板尺寸包括纵向长、梁宽、肋厚、梁高。钢筋骨架与 T 梁相似。在跨度相同时将工字形梁截面做成一样，常用间距为 20cm 的箍筋和架立钢筋伸出梁外与接缝中板的钢筋绑扎相接，然后用混凝土填充使板与板在工字形梁中连成整体。

### （三）预应力混凝土简支梁的制作

预应力简支梁可用先张法和后张法制作。先张法工艺主要用于制作组合箱梁，后张法工艺主要用于制作 T 梁、工字形梁及较大跨径的节段箱梁。

1. 先张法制作组合箱梁

先张法制作的预应力箱梁由空心板与槽形梁组成。操作时，将槽形梁与空心板分别制作，然后运到桥上拼装。

（1）槽形梁由顶板、底板和两个腹板（侧壁）组成。一般为变厚度梁，从跨中向支点逐渐加厚至 20cm。力筋为冷拉 N 级，混凝土为 C38，箍筋伸出上翼缘外与桥面铺装层的钢筋网和空心板伸出的钢筋连接。

（2）空心板

同普通空心板制作一样，先在台座上张拉冷拔低碳钢丝，后立模，灌筑 C38 混凝土而成。

（3）施加预应力力筋制作后用夹具固定在张拉台座上，用张拉机张拉后立模灌筑成型，待力筋基本与混凝土粘接牢固后放松力筋施加预应力。

2. 后张法制作简支 T 梁

后张法制作简支 T 梁时，其力筋布置较先张法复杂。

3. 按标准设计施工的基本情况

我国后张法预应力简支 T 梁适用于标准设计跨径的有 25m，30m，35m，40m 四种情况。标准图规定的截面尺寸有主梁间距（上翼缘宽度）1.8~2.3m。若桥面施加横向预应力时，可根据情况增减。

4. T 梁施工要点

后张法预应力简支 T 梁大跨径梁体可先在预制厂分段制作后，送往现场张拉、拼装；中、小跨径梁若运输困难时，可在桥头附近布置临时场地制作。T 梁模板一般采用分片拼装钢模或钢木结合模板，要做好底、侧、端模板、横隔板、腹板之间的接缝工作；振捣器要固定在底板或侧板上，预应力筋要在梁体灌筑制孔之后才穿束张拉，并应注意留出管孔的准确位置。扎筋主要是指梁肋、马蹄、横隔板、梁端、支座垫板和桥面板处的普通钢筋成架操作。每片骨架应按横隔板的间距自然分段，除封端钢筋不入模外，其余均要入模分段分片焊接成一个整体骨架。预埋管孔可用胶管和金属伸缩套管使之成型。制孔胶管在钢筋骨架安装后，侧模尚未安全之前，将外管沿梁的纵向有序穿越各定位钢筋的"井"字网眼，布置在梁体通长内，若制孔器沿梁体通长不够尺寸时，可在梁中部安装接头，并在此固定外管，然后从梁端沿各网眼穿入一根 φ5 的钢丝牵引外管让其穿过各网眼。外管应相互交错分布在 1m 左右的范围内，安装后穿入钢筋芯棒。对露在梁体外的胶管和芯棒要按孔道曲线的自然延长位置支撑稳妥。

张拉力筋一般采用钢质锥形锚具。预应力简支 T 梁的高约为跨径的 1/17，下翼缘厚度沿跨径方向不变；为适应力筋束弯起的需要，可在横截面下翼缘逐渐向腹板增厚；横隔梁采用开洞形式；在梁内除配有力筋外，尚有普通钢筋。弯起的力筋一般为圆弧线，水平面上无力筋弯曲，锚具及其下面的钢制支承垫板全部埋入 T 梁内。

## 二、起吊桥跨的基本机具

### （一）简单的起重器械和设备

起重器械和设备分为机械传动、液压传动、钢索传动和链传动四种。机械和液压传动是直接传动，如各类千斤顶。钢索和链为间接传动，如滑车、绞磨、卷扬机等。滑车分为单轮、双轮、三轮、四轮和多轮等；按轴和轮的接触方式又分为轴套式和无轴套式。电动钢索滑车通过两个小滚轮沿桁架的工字梁移动，故又叫桁车。其主要用于预制场起吊和近距离移运桥梁构件。手动式以链条滑车为代表，其上配有蜗轮减速器或齿条减速器，并有自锁作用，能保证构件自动停留在所需位置，其起重量小，速度很慢，仅适用小于型构件起吊。

绞车又叫手动卷扬机。其是在一个卷筒上配设几对齿轮及其他配件组成的简单机械。工作时，用手柄转动齿轮，带动滚筒转动，绞紧筒上的钢索使之带起物体。卷扬机由电力带动，工作原理与手摇绞车基本相同。分为单筒和双筒式或快速、中速和慢速式，这是桥梁工程中最常用的制动装置，尤以慢速式用得最多。

### （二）起重桅杆设备

起重桅杆主要是指扒杆。它由圆木或钢管等组成。上由牵缆和滑轮（分导向和起重用）等零件装配成起吊方便的动臂杆。常见的扒杆有单柱独脚式、人字式（分动臂和非动臂式）、三脚式和台灵架等。它们与一些简易机械配套可组成各种轻型起吊机。若将人字扒杆当作主柱，加上吊杆、支撑、底座和起重滑轮即可组成台灵架；用独脚扒杆、人字扒杆等可组成龙门扒杆、三脚扒杆等起重桅杆设备。

锚固装置用于锚固起重桅杆所用的牵绳、缆风绳、卷扬机和转向滑车等，可分为永久性和临时性两种。永久性锚固采用地锚，临时性锚固可用平衡重或埋插杆件等方式。

### （三）重型起吊机械

架桥用的重型起吊机械种类和型号很多，主要有桅杆起重机、回转起重机和缆索起重机。

1. 桅杆起重机

桅杆起重机有牵缆式、悬臂式和斜撑式三种，它们主要由起重臂、转盘、地锚、缆索或斜撑、各种滑轮与卷扬机组成。牵缆式起重机是目前用得最多的机具，是比较全面和完善的起重机械。我国生产有各种规格的定型产品。

2. 运行回转起重机

运行回转起重机主要有汽车式、履带式和轮胎式三种。汽车起重机灵活性大，运行速度可与铜类型汽车相比，便于远距离工作点之间的调动；履带起重机起重量大，履带着地面积宽，稳定性较好，工作可靠方便，可在崎岖不平和松散泥土地区行驶与工作。轮胎起重机不受汽车底盘限制，其轮距、轴距配合适当，稳定性好，转弯平径小。

3. 缆索起重机

缆索起重机又称施工索道或缆索吊装装置。

## 三、简支梁的起吊和移运方法

### （一）简易吊运法

梁的吊运方法很多，一般分纵向和横向吊运两种。现场施工时可根据实际情况采用。

1. 吊装是起吊简支梁须待其强度达到设计等级 70% 以后，并选择好正确的吊点布置和绑扎方法。若预制梁已按图纸规定预埋好吊孔、吊钩和吊环时，则无须选择。若预制梁没有设吊点应通过计算找出吊点。细长构件要按设计图上受力情况而定，切勿选择在易产生裂缝和断裂处。梁和板一般采用两点起吊，吊点常设在桥跨支点不远处，以免操作时产生过大的负弯矩。绑扎的方式应符合迅速、安全和脱钩方便的要求。

2. 简支起吊用较简单的机械，起重桅杆或滑轮组合，可将梁从底座移出。但此种简易提升机构的起吊能力小、速度慢，不宜用于大件起吊，仅做大型吊车的辅助工具。

### （二）重型机具起吊法

1. 汽车起重机、服带式起重机、轮胎式起重机、缆索起重机的直接吊移。

2. 龙门吊机吊运、桥式类型起重机是综合性的起吊装置，其典型代表为各种龙门吊机。此空间结构可垂直运送预制梁并在特定空间内做一定距离的水平移动。它主要由门架运行机构、起吊行车等组成。支架底部安有车轮可沿轨道移动，起吊行车可在铺有轨道的桁架上弦来回移动，起吊和移动工作由电机带动。

## 四、简支梁的架设方法

### （一）正确选择架梁的方法

1. 架梁方法的分类

简支梁架设的方法很多，可根据起吊机械、导梁的方法，落梁的位置、方向和方式等划分。各种架梁法均应在前后左右（水平方向）和上下（垂直方向）六个方位准确就位。

2. 架梁方法的选择

城市中架桥，应根据机械化施工的特点、现场具体情况、梁体最重和多方面因素综合选择。由于汽车起重机起吊能力大，常被优先考虑。主梁一般在工地附近临时预制场制作，运至桥位处架设。各种架梁法因采用的机具和桥位处的条件不同而各具特点，并不是每一种架梁法都适合在同一处架桥，也不是所有的架梁法都适合架同一种梁；而是根据施工单位的技术力量、设备以及桥位条件仔细分析各具体架梁法，做出正确选择。

架梁法确定后，要制订出妥善的安装方案；设计出受力部分的设备；计算出受力杆件的内力。预制梁有安装方案说明时，要遵循安装程序、必要的辅助起吊点、支柱和支撑等进行工作。应先将支座安置好后才架梁。

### （二）主要架梁法的特点及适用范围

1. 起重机架梁法的特点

各类起重机随机械和其他工业的发展，在最近有新的改进和发展，具有更大的架设能力：

（1）起重性能大力提高，机械更加大型化、自动化，已能用于架设更大跨度和重量的梁，特别是汽车起重机已成为城市桥梁施工的主要工具之一。

（2）无须任何准备工作即可直接架梁并在短期内完成，能缩短工期，提前交付使用，促进了城市交通事业的发展。

（3）无须增加其他辅助设施和动力装置。

（4）减少劳力和减轻劳动强度，施工可靠。

（5）受施工现场道路的限制。

浮吊架梁除具有以上特点外，还具有比其他起重机更大的架梁能力。但在使用浮吊时应考虑使用区域内水位涨落、波浪、船舶通行等影响。

2. 架桥机架梁的特点

（1）多孔桥的连续作业；

（2）架设方便容易，需用劳力小；

（3）受桥墩高度影响大；

（4）受场地的制约不好开展工作，特别是龙门吊机。

3.导梁法架梁的特点

（1）不受桩墩高度和河流状况的影响；

（2）在无施工便道、便桥的条件下，也可用纵移法架梁；

（3）不受地基等下部结构的条件约束；

（4）施工操作较复杂；

（5）导梁的运输、拼装、拆除费用高；

（6）架设速度慢；

（7）单跨或短跨梁采用此法不经济。

4.塔架法架梁的特点

（1）不受桥墩高度和河流状况等的影响；

（2）在无辅助道路、施工便道和便桥的条件下，可用纵移法架梁；

（3）不受地基的影响；

（4）适合多孔桥的连续架设；

（5）需做安装和拆卸等辅助工作；

（6）施工较困难，装拆和运输塔架复杂麻烦。

5.支架法架梁（移动支架）的特点

（1）在条件具备时，尽管架梁的重量受到限制，但施工容易和方便；

（2）若墩矮而行走的地基良好时，能较经济架设重量大的梁；

（3）安装跨内必须设置支架的移动设备。

## （三）架梁工艺

1.起重机架设法

起重机架梁是最方便的方法之一。塔式起重机因提升能力小，只宜用于架设较轻的构件和跨径小的梁；大型轨道起重机因活动受限制一般只做梁的移运和用于特殊情况，如龙门吊机架设旱桥尤为理想；浮吊只适用于水上作业，它在海洋、湖泊、大江河中，架设长大桥梁比较方便；汽车起重机在城市桥中要求梁下净空大，立交桥的桥头有足够的空间，交通运输方便，预制梁容易运到处。用其架设浮吊架梁极为方便，其吊装能力在250t以上。可用双台以上起重机同时作业。在条件允许时，还可用起吊能力更大的履带和轮胎起重机操作。

2.架桥机架梁

架桥机是起吊和移运的复合架梁机具，主要由各式吊桥和简易的起吊工具（如千斤顶、卷扬机、导梁、扒杆、托架，各种承重构件（桁架梁、型钢和工字梁）和运梁跑车等）组成。种类繁多，按其力学图式区分主要有悬臂式、单梁式和双梁式等。现介绍几种架桥机如下：

（1）蝴蝶架势架桥机又叫联合架桥机，主要由龙门吊机、导梁与蝴蝶架组成。龙门架用工字形钢梁架设，在架上安放两台吊车，架的接头处和上、下缘用钢板加固，主柱为拐脚式，横梁的标高由两根预制梁的叠高加上平板车的高度和起吊设备的高度决定。蝴蝶架是专供托运龙门吊机在轨道上移走的支架，它形如蝴蝶，用角钢拼成，上设有供升降用的千斤顶。导梁用钢桁架拼成，以横向框架连接，其上铺钢轨供运梁行走。架梁时，先设导梁和轨道，用绞车将导梁拖移就位后，把蝴蝶架用平板小车推上轨道，将龙门吊机托运至墩上，再用千斤顶将吊机降落在墩顶，并用螺栓固定在墩的支承垫块上予以锚固，用平直将梁运到两墩之间，由吊机起吊，横移，下落就位。待全跨梁就位后铺设轨道，用蝴蝶架把吊机移至下一跨架梁。

（2）穿巷式架桥机又叫外抱式架设机。以两组穿式导梁为主体，在其上安装起重台车，用绞车悬吊预制梁使之穿过桥跨，再行落梁，横移就位。此类架桥机分宽巷式和窄巷式两种。

（3）跨墩架桥机可用于城市的立交桥、坡旱桥或水深不过 5m，水流平缓（或在河滩上架梁），不通航的中、小河流上架设桥梁。这种机具主要由龙门吊机、运梁平车和供平车行走的轨道组成。安装时把龙门吊机的柱脚跨过桥面，支承在沿桥长铺设的钢轨上，把简支梁从侧面运至龙门吊机下，起吊架设。

3. 支架法

（1）固定支架法

固定支架法是传统的古老架梁法。在桥跨内设置脚手架，在架上铺设拖梁用的轨道。把预制梁纵向滚移至支架轨道上，横移就位后，用千斤顶落梁。

（2）移动支架法。在引道或架好的预制梁上铺设轨道，拖拉出要架设的另一片预制梁的前端，将它支承在轨道已拼装好的移动支架上，使支架沿轨道纵向移动，把梁架设在预定位置。移动支架用型钢和万能杆件等拼装成桁架形式，其上设有自由行走和起吊装置。架梁时，支架也可在导梁轨道上移动。

4. 简易机具的组合架梁法

（1）钓鱼法。钓鱼法又叫拖拉架梁法，这是用较简单的设备靠人力借助牵引机具，纵拉横拖地将预制梁架设在桥孔上。利用设在一岸的扒杆牵引梁体，扒杆上设复滑车，梁后端用制动绞车控制。吊梁时，在梁的前端用吊钩系牢，在另一岸或前方桥墩设立的扒杆上，梁的拖拉端用绞车拖至桥跨位置，就位后用扒杆落梁。若在前方墩或彼岸架设扒杆有困难时，也可用千斤顶落梁。

（2）扒杆导梁法。用扒杆、导梁配合运输平车和横移设备作业的架梁方法。它适合起吊高度小、水平位移不大的梁（板）架设。操作时，在桥孔两端各设人字杆一套，待平车将梁运至桥孔后，用扒杆将梁吊起，梁后端用绞车控制，前端用牵引绞车沿导梁铺设的轨道拖至桥跨上，最后让扒杆与横移设备落梁就位。

（3）龙门架导梁法。在扒杆导梁法中将扒杆改为龙门架，于梁的架设端各设置龙门吊机一台，用绞车将梁牵引至导梁的轨道上后起吊、横移、落梁就位。这样可架设跨度大的梁体。

（4）千斤顶导梁法。在扒杆导梁法中取消扒杆代之以千斤顶，与导梁配合运梁小车和横移装置架梁。利用此法架梁可不受河水影响，设备简单，起吊能力大，并可架设大型梁体。

（5）摆动法。以排架作为摆动支点，用牵引绞车将梁拖住，梁的前端用排架支承，缓缓向前摆动使之前进，并在梁的后端用制动绞车控制前进速度，待摆动到桥跨位置后用千斤顶落梁就位。但此法架梁不太可靠，仅适用于架设小跨度的板和梁。

5. 塔架架梁

若梁体较轻时可安塔架吊装。在桥岸或墩上竖立两个塔架，以双吊式为宜，用架上的吊索架梁。塔架吊梁需用钢索甚多，其配置和制作复杂，安装技术要求高，塔架拆卸均费工费事，故很少采用。

## 五、简支梁桥的拼装工艺

### （一）板桥的连接施工

板桥的横向连接常用企口铰、钢板接头和螺栓等形式。板与板之间的连接应可靠牢固，在自重和动力荷载反复作用下不松动、不解体。

1. 企口铰接头，在相邻两板块的纵缝上设置圆形、棱形、漏斗形或其他形式的铰。在铰内填塞混凝土，有的铰可从板中伸出钢筋相互绑扎再填塞混凝土加固。

2. 钢板接头分为两种情况，一种为焊接钢板的铰接形式，另一种为用螺栓连接的铰接形式。钢板铰接是用一块钢板焊在相邻两块预埋钢板上，螺栓连接是用螺栓孔将钢板相互连接，沿桥纵向每隔 80~150cm 设置一个接头，桥跨中间密、两端疏。

3. 螺栓接头，可用于有竖肋的板桥连接。构造简单，操作方便，但螺栓不能经受长期震动荷载作用，容易松动。由于这种板桥已被淘汰，此种接头已基本被遗弃。

### （二）简支梁桥的连接施工

简支梁桥的横向连接分有、无横隔板两种情况予以考虑。

1. 有横隔板的连接

有横隔板的连接接头设在横隔板上，翼板可不予考虑，并依靠板的刚度将荷载分布给各梁，在翼板挑出较长或对横向刚度有较高要求时，也可将翼板连接起来。此类接头主要有扣环式、焊接式和螺栓连接等。

（1）扣环式

在横隔板接缝处伸出钢筋扣环，使两片 T 梁的扣环相对形成圆环并插入钢筋以固定，然后现浇混凝土封闭接缝。

（2）焊接钢板

在 T 梁横隔板接缝处的下端两侧表面和顶部表面，各预先焊接一块钢板在横隔板的钢筋上，另用一块钢板搭焊在两 T 梁对应的钢板上，并在接缝处灌筑水泥砂浆封闭。

（3）螺栓接头不用电焊，而用螺栓把预埋钢板连接起来用水泥砂浆封闭。但在事先应在预埋钢板钻制检孔，它有拼装迅速、螺栓易松动和挠曲较大等缺点。

2. 无横隔板的连接

无横隔板的装配式 T 梁现已很少采用，但它的连接方式还可在其他桥型上用到。

（1）企口混凝土铰接，把翼板顶层的钢筋伸入企口内，弯转套在一根通长的钢筋上，形成纵向铰，然后用混凝土封闭。接缝处的铺装层内安放单层钢筋网，计算时不考虑铺装层受力。

（2）钢筋网铺装层的刚性连接，用钢筋网铺装层混凝土做成两片 T 梁的刚性连接，并要考虑铺装层承受活载。应按计算设置钢筋，通过钢筋混凝土把梁在横向连成整体。因各主梁共同受力，并依靠翼板传递剪力和弯矩，故称为刚性连接。直接在翼板上铺设钢筋网后，浇筑 8~15cm 厚的混凝土铺装层即可。

（3）钢板及钢筋网的连接

在 T 梁接缝处放上、下层钢筋网，翼板用钢板焊接或由板内伸出钢筋互相焊牢。也可将钢板和钢筋网做成铰接形式，操作上基本与刚性连接相仿。不同之处在于接缝处只设置单层短钢筋网，此时它只承受剪力不承受弯矩，翼板钢板仍可焊接。

### （三）连接和结点的操作事宜

1. 梁间或板间连接处的缺口填充前应清理干净，结点处应湿润。

2. 填充的混凝土和水泥浆应特别注意质量。在寒冷季节，要防止在较薄的接缝或小截面连接处填料时热量的损失，应采取保温和蒸气养护等措施以保证硬化。在热天，要防止填料干燥太快、粘固不牢以致裂缝。

3. 结点处有预应力力筋束穿过时，应保证现浇混凝土不致压扁和损坏力筋套管。套管的内冲洗应在接缝灌筑后才进行。

4. 若接缝处很薄（5 mm 左右），可用灰浆泵灌入纯水泥浆。

5. 钢材及其他金属连接件在预埋或使用前应采取防腐措施，如刷油漆或涂料等，也可用耐腐蚀材料制造预埋连接件。

6. 焊接时，应检查所用钢材的可焊性，并挑选熟练焊工施焊。

7. 用塑料黏合剂或塑料胶泥作为连接或密封材料时，施工单位应与设计部门密切联系。

## 六、就地灌注简支梁桥的施工

### （一）就地灌注钢筋混凝土简支梁桥的特点

1. 不需架梁机械与设备，可利用桥梁下部工程的机具设备灌注桥跨工程；

2. 能减少长途运输预制梁的费用，避免损伤梁体；

3. 桥跨整体性好，无须做梁间或节间的连接工作；

4. 需要大量的辅助结构和必要的附属设施；

5. 劳动生产率低，施工质量难以控制；

6.受季节性气候（如冬、雨季）影响施工，冬季灌注时，应设法解决保温问题。

## （二）施工要点

就地灌注钢筋混凝土简支梁桥需要大批模板和牢固的支架，内模应根据梁的形状，横隔板位置分节拼装，为了便于扎筋，横隔板的内模应最后安装，外模加工精度要求较高并应照图纸尺寸立放。立底模要留出预拱度的位置，并应注意桥面系预埋铁件如泄水管、栏杆、灯柱等的位置。若桥面较窄可分段灌筑，较宽可分段分块灌筑。为了防止和减少梁体裂缝，应从支座向桥跨中心水平分层对称连续作业。灌注的速度要快，尽量在全桥灌注完后，使其最先的灌注层仍具有随支架沉降或变形的可塑性。

# 七、箱形梁的制作

## （一）箱梁的结构形式

### 1.截面与外形

箱梁截面因桥宽、墩台构造型式及施工要求而异。在多种形式中，从用料和受力角度考虑以单箱截面较好。若桥面较宽采用悬臂施工时，分离的多箱截面可使施工简化，且活载对每个箱的偏心距较小，其外形的高度相比差距过大，而使箱梁受力有利。

### 2.箱梁的构造

箱梁主要由顶板、底板、梁肋、加劲肋、隔板和施工缝等组成。

就地灌筑长跨箱梁时，为使脚手架和模板能重复使用，在灌筑梁体时可设置施工缝。预制箱梁时，为保证拼装平面和立面位置的准确性，可把肋板、顶板做成齿形缝，以传递接缝处剪力。施工缝有竖向和水平两种。处理竖缝可用设置剪力铰的方法，至于水平缝中是否设置剪力铰尚待研究。

## （二）箱梁的预制工艺

### 1.预制箱梁的方法

预制箱梁主要有固定底座法和活动底座法。

（1）固定底座法是在预制台上固定每个箱梁块件的灌筑位置，模板则沿着预制台座移动。箱梁节段和预留拱度的下缘曲线（或直线）应准确，跨径较大时，需要支架的数量较多。箱梁的模板一般设计成沿桥纵轴线方向移动的形式，台座可做成一根梁或半根梁长（视场地大小而论）。箱梁块件浇筑的位置固定后，模板仅在预制台座上移动。浇筑的顺序按间隔浇筑法或分区连续浇筑法。在灌筑好的箱梁块件上要精确测出它们的相对标高，接缝处应做出衔接标志，或在相邻块件间预埋定位器，作为拼装控制块件相对位置之用，以保证分块拼装的箱梁仍如预制时那样接缝密贴、外形准确。

（2）活动底座法

活动底座法又叫单元预制法。它是将所有的梁段在一个固定的模板内预制。先固定模板，后将可移动已浇筑好的箱梁块件连同可调整高度的底模从浇筑处前移到待铙筑块件相衔接处，以预制好的块件端面作为后浇块件的端模，然后立其他模板（并保证各接缝处准确密贴），再浇筑混凝土。外侧模板和挡壁为固定的，内模和底模为活动的，其中内模为可拆式、底模为装配式。为适应箱梁各截面高度变化，可将挡壁撤出，留出安装钢筋骨架和预留管孔的空间，活动底座及模板的支承系统要牢固可靠，以免影响操作时箱梁成型的质量。

2. 预制场地与工作平台

（1）预制场地的布置是否合理将直接影响到施工的效果。现以顶推法为例，预制场地主要由过渡孔和工作平台组成。

（2）工作平台

由临时墩、贝雷桁架、升降设备和活动底座板等组成。其总下沉量不超过 5 mm，底模应有较好的平整度，梁底滑道位差值不超过 ±1 mm，其他部分不超过 5mm，顶升底模时要用精密水准仪控制；平台底座的连接应牢固可靠，整体性好，受力均匀并能避免多次升降而受的破坏；底座重量应大于底模与梁底混凝土的黏着力，以便支点下降时，底模自由脱离，从而避免因敲出模板而损坏梁体，影响底部的平整度。

（3）平台的静载试压是确保预制，顶推梁段可靠性措施之一。通过对平台的静载试压可检查出工作平台的拼装质量，消除残余变形，测取弹性变形数据，确定平台各支点的预留高度，控制总下沉量。按计算提供的试验荷载值，采用分点施加集中等代荷载的方法，在中、边支点和其他有代表性的点加载，平台下缘采用精密水准仪观测。木楔、节点和贝雷桁架的压缩和挠曲可用百分表观测，将测点布置和观测结果用图和表记录，以便汇集资料。

3. 箱梁的模板

箱梁模板按施工方法的需要加工制作。就地灌筑时除在支架或桥头安装模板外，还可在悬吊移动模架上安装模板。

（1）底模，安放在预制平台铺设的枕木或檩条上。一般以胶合板为底模，安装时要预留孔洞和照明装置。浇筑底板混凝土完工后，才能安装其他模板。

（2）侧模和内模

为防止外侧模位移，可在顶部和底部用钢筋与法兰螺栓拉紧。外侧模安置后，应架立并固定底板、腹板内的钢筋和预留力筋束孔道。然后才立内模，内模分上、下两层制作。两层间的立柱可用铁夹板与螺栓（也可用角钢）拼成框架，然后整体吊装就位。

（3）顶板

顶模板应在底板和腹板混凝土灌筑完成后才能立放。

4. 箱梁制作的其他工序说明

（1）钢筋工作包括力筋束与钢筋骨架的制作。预应力筋束制作主要有质量检验、调直、下料及编束；钢筋骨架成型主要用绑扎和焊接方法。

（2）预留管孔常采用抽拔管成孔法。在模板上标明管孔中线后，为了保证管位准确，避免金属或橡胶管操作时走形，可在横向钢筋上沿各管孔中线的位置，每隔1m处，焊放"U"形固定卡。

（3）灌筑成型若灌筑量大时，可采用底板、梁肋、顶板分层灌筑并设置施工缝的办法处理；或将底板和腹板做一次灌筑，然后再完成顶板；若灌筑量小时，应一次灌完。水平施工缝设在腹板和顶板交接处较合理。灌筑时应注意分层间的黏合工作。

（4）拔管、请孔与穿束拔管主要掌握时间，一般应选择在天气好和温度较高的日子。此外，也与混凝土的组成与灌筑质量有关，为了更好地掌握火候，可做试拔观察。要在抽拔出的胶管上黏着的水泥呈灰色时即可；若抽出的胶管上有较多砂浆呈深灰色时，则不宜立即拔管。

（5）张拉钢束箱梁达到设计强度80%后即可施加预应力。张拉前，应将损伤或削弱处整修好，对准并斜直预埋孔管的中线，穿束、点焊锚环、检查张拉设备。严格按后张法工艺操作。滑丝根数应控制在规定范围内，锚塞的内缩量应小于3 mm。

（6）封锚与压浆斩断力筋束用水泥浆封闭管时只留一个进浆口以便下一步压浆。在斩断钢丝前，先用浸湿的石棉或棉纱缠住锚头，以防锚具因突然升温而造成滑丝。钢丝切断时切勿用电。管内压浆应使力筋束与混凝土粘成整体，使箱梁形成整体。

### （三）分段箱梁桥的梁体制作

特大跨径的桥因箱梁截面又长又重，预制与安装有困难时，可采取在纵向分段制作拼装的施工方法。用分段方法预制安装而成的箱梁桥叫分段式箱梁桥。其截面由少量腹板组成，顶板为变高度，最外侧腹板间的底板不一定完全连续，除在设铰处外，其他位置均不设中横隔板。

1. 卡线法制作分段箱梁。在固定式混凝土底模上分段灌筑梁体，一段紧靠一段作业。为使操作方便，内、外模可采用滑模，使之沿底模移动。模板要求用精度高的钢模；灌筑要保证组拼后梁体的顺直。

2. 先灌筑桥墩段上的分节梁体，其次灌筑紧靠桥墩梁体的第一个悬臂节段，并在此之前开始预制第二个悬臂段和拆除桥墩段箱梁底模。

3. 灌筑工序分段灌筑箱梁的工序。第一段完成后，在相对位置安装下一段模板，并注意分段制作需要符合完成后梁体的相对位置。新的一段要对准已灌筑完的一段，以保证后一段安装时能与前一段完全弥合。应在已浇筑的1段梁体有一定强度后，才能在其项上浇筑第2段梁体。

### （四）箱梁接缝的施工

1. 铰的设置

在大跨径连续箱梁桥中，纵向温度、混凝土收缩和徐变等产生的变形和位移一般都不会集中于某一点，而在桥台上较为集中。此装置设得过多会增加造价和施工工序，因此应尽量将铰或伸缩缝控制在最小范围内。铰的位置一般设在反弯点附近,对于接近等跨的桥,可设在 1/5~1/4 跨内,铰和伸缩缝仅为适应温差、徐变和收缩等变化而设置,没有考虑地震力的影响,是桥梁中承受地震力最薄弱处。

2. 铰的形式与制作

(1)弹性垫板式。由两块背靠背的角钢做水平滑动面,并垫以薄层石棉、铅或其他合适的材料来润滑表面和促进滑移。在使用时因灰浆渗漏或施工的不规则性,往往会趋向"固定"且不能移动而失去铰的部分作用(对位移的阻碍很少,但仍能调节旋转)。此种铰无法检查和更换弹性垫板,若不采取可靠办法排除桥面污物与水,也会被污物等固结,致使不能正常工作。

(2)改良的弹性垫板铰

为了克服弹性垫板铰的不足,把两边的混凝土枕块与横隔板灌筑在一起,使之成为弹性垫板,摆动支座或其他合适的支座形式用以传递竖向荷载和调节铰两边的纵向位移。在预应力箱梁中,可使枕块偏离梁肋而避免锚头之间的干扰。

(3)钢吊板和钢梁组成的铰,用钢吊板把两相邻钢梁的端部连接成铰。竖向荷载由铰的一边通过轴承传递到另一边。轴承用吊板连在梁上,而钢梁分别埋在两相邻箱梁的端部。它可借助于悬臂底板开洞口以及横隔板和梁肋上增加的洞口检查。我国在箱梁桥中用连接的铰。

# 八、连续梁桥的顶推法施工

## (一)顶推法的特点

顶推法架桥早就为人们熟知。如架设钢桥时,在梁的前端铺设导梁做脚手架,以此拖拉架设桥跨。通过实践、总结和提高,顶推架梁现已成为各种桥梁施工使用最广泛的方法之一。

顶推法施工是预先在桥台后面的路堤或引道上逐段拼装或浇筑桥跨结构,待达到预定的设计强度后,安装临时预应力索,用顶推装置逐段通过滑移装置将梁段顶出,安放一段,顶推一段,直至桥跨全部就位。顶推法原有两种方法,第一种是在河岸一侧桥台路堤或引道上逐段拼装和顶推,第二种是从两岸桥台后面同时拼装与顶推。最近又由单点或两点顶推发展到多点顶推,不仅在桥台后面,还可在桥墩上顶推。顶推法施工大致有如下特点:

1. 是建筑城市大型桥梁、立体交叉等很方便的一种方法。无须搭设脚手架,不影响市内交通或拆迁过多的建筑物,有利于大型机具交叉流水作业、行人安全,对环境污染程度减少。

2. 主要以千斤顶为动力,采用新型的滑移材料和设备。在台后路堤上分段制造和顶推梁体,使梁在已建成的墩台顶部或辅助的临时支墩上滑移就位。桥跨的制作可与墩台基础平行施工,能加快施工进度,可做到工厂化、机械化施工。因其以较小的动力设备架设较重的桥梁，无须大型起吊设备，没有高空作业；施工平稳，安全可靠，架梁作业简单，而节约劳力，减轻劳动强度。由于顶推工作是有步骤、有规律地周期性循环，有节奏地进行，能在城镇住房密集区内架桥时减少公害，降低工程费用。

3. 由于桥跨块件在台后制作和拼装，使施工精确，设备和人力集中，减小了操作场地工作面，投资和管理环节，缩短了运输距离。预制时，以前一块端面为模板，一块贴着一块，这样灌筑混凝土时减少了拼缝，质量能得到保证。

4. 顶推法在某些方面受到限制。

（1）工作面最多只有两个，使推进速度受到限制；

（2）若将箱梁截面分几段组成时，必须待全桥就位后才能完成。

（3）拆除临时预应力索，安装永久性拉索或将临时力筋束转换成永久性力筋束等施工方法较为困难。

（4）特大长桥的多墩中常会出现个别基础有较大沉降的现象，而在墩上的桥跨需配置较多的临时预应力筋。

（5）对变坡度、变高度的大跨度连续梁桥和夹有平曲线或竖曲线较长的桥均无法适应。

（6）在高的柔性墩上顶推较困难，即使在每个高墩上安装一套千斤顶，也要对其稳定性采取临时或永久性保障措施。

### （二）顶推法的分类

顶推施工法的分类方式很多，一般可按下述方法划分：

1. 按台后制作箱梁的方法

（1）逐段浇筑，逐段顶推的方法；

（2）逐段拼装，用预应力索依次连接顶推；

（3）依次灌筑，逐段顶推，待全桥完成后再用预应力筋穿束主梁施加预应力的方法。

2. 按顶推时减小内力的方法

（1）顶推前端使用导梁；

（2）在架设孔跨设置临时支墩；

（3）导梁和临时支墩并用；

（4）两端同时顶推至跨中接合；

（5）在梁上设吊索架，支点处立塔，用斜拉杆顶推。

3. 顶推装置的形式

（1）竖向荷载支承箱梁顶推；

（2）滑动的方式；

（3）水平推力的方式；

（4）按导向装置的分类。

4. 按顶推施力的方式分类

（1）集中式施力

集中张拉法，支承装置（用混凝土做临时设施）设在墩顶部，用聚四氟乙烯和橡胶组合钢板反复插入做滑动方式，施力时将千斤顶集中锚固于某一处；顶推完毕，支承装置拆除后即埋在墩内。

利用自身支座的集中式，施力的支承装置即为自身的支座。在其上设置滑动的不锈钢板，然后用聚四氟乙烯和橡胶复合板等反复插在支座顶面和箱梁之间，将千斤顶集中在一处施力。顶推后，取出支承钢板，再将梁与支座固定。

（2）分散式施力

1）分散顶推法，支承装置（用钢材制作）设置在墩顶，在各墩上设置千斤顶，分散由各点施力，用装在一定设施内的四氟乙烯板前后滑动，顶推后拆除。

2）利用本身支座的分散式，基本原理与集中式施力一样。不同之处为分散在各处施力。

## （三）顶推装置

1. 顶推设备的技术要求

（1）顶推起重能力要比设计的大 25%~30%；

（2）构造应平稳、使用时无跳动和扭曲，梁体被推移时，速度应控制在能更换和安装整个装置、滑道和其他零件的水平上；

（3）要设有保险装置；

（4）要有一定的操作场地或工作室。

我国常用的顶推装置主要有由水平—垂直千斤顶组成和由带拉杆千斤顶组成两种形式。

2. 水平—垂直千斤顶的顶推装置

主要由水平和垂直的千斤顶组成，它用于桥台承载力比牵引力大时。一般设在紧靠箱梁节段预制场地的桥台引道或拼装台座的梁底处。其滑块可用钢材或强度等级高的钢筋混凝土制成，顶部嵌有铸铁块，并设有摩擦系数大的氯丁橡胶片，顶推时均匀分布在滑块上，使梁体因滑块受力而随之前进。滑块底面嵌有聚四氟乙烯板，滑道长约 2 m，用光洁度较高的不锈钢板或铬钢板制成，并被固定在桥台或支架上。

3. 带拉杆的水平液压千斤顶顶推装置

水平液压千斤顶布置在桥台前端，底座紧靠桥台，让千斤顶发挥牵引作用，并用拉杆与千斤顶连接。拉杆用楔形夹具固定在梁底板或箱侧壁的锚头设备中。锚头借助专门的液压设备固定在被顶推的桥跨结构板上。千斤顶回程时，固定在油缸上的刚性拉杆便在楔形夹具上松开，在锚头中滑动，随后重复下一循环。

4. 固定在桥台上的顶推装置

国外曾推荐使用的固定装置，可将其布置和固定在桥台上或路基高于 10~12m 时，直接安放在路基本体上最为合适。

## （四）滑移装置

滑移装置可起铰支座的作用，主要由滑道和滑动支承组成。桥跨上的垂直和水平反力传递到墩台后并不妨碍梁体转角的变化，常用四氟乙烯与不锈钢板等滑移材料来实现。支承截面的转角是依靠在滑动设备底层中橡胶垫板的偏心压缩改变的。

1. 普通的滑移装置

（1）滑道用不锈钢板或冷压钢板制作，能让耐摩擦的滑动支承在其上移动。滑道坐落在支座垫石的砂浆层中，其前段为平面，后段为倾斜面，平面与斜面衔接为圆弧。钢板表面沿顶推方向精制加工而成。

（2）动支承实际上为一个支座，主要由混凝土块、不锈钢板和在其上顺次滑移的聚四氟乙烯板组成。

2. 起循环作用的滑移装置

起循环作用的滑移装置主要由滚移钢板、四氟乙烯板、钢圈、橡胶垫层和钢盖等组成。顶推时，滑动支承与桥跨一起移动，移动的长度等于滑道长度。在箱梁抬起后，滑移装置又返回到原来的位置，这样不断循环。

3. 导向装置

箱梁被顶推时因两台水平千斤顶的操作不能同步，而各支承点的阻力也不相同，往往偏离中轴线，此时需用横向导向装置进行调整和校正，使顶推方向符合设计位置。导向装置有多种形式，它主要由滑板、千斤顶和滚动装置等组成。

4. 临时支承

（1）施工托架

施工托架有斜撑式、门式和斜拉式三种，主要是钢塔架。施工托架可设置在箱梁前端第一个支点处，以代替在跨中无法设置临时支墩时做支承。它用塔顶的钢索拉住梁体的前后，并用若干斜撑加强，以做辅助顶推时的支承。

（2）临时支墩顶推大跨径箱梁时一般采用支墩作为施工的临时支承，主要由预应力筋、横梁、千斤顶、锚固螺栓、千斤顶承台墩柱和基础等组成。它可设在跨中或桥墩两侧，以减少顶推跨径；支承施工荷载；调整梁体受力后的下挠。一旦全桥顶推完工，即可拆除。

5. 其他辅助设施

（1）导梁作为铺设滑道和卸载的设备，利用它辅助顶推可降低安装内力，在其上制作，各种辅助设备可提供很多方便。其造价低，可重复使用，并能以装配成型或单个扩大安装块件的形式运往工地。其长一般为单孔桥跨的 60% 左右。

（2）辅助杆

作为加强施工可靠性的杆件，辅助杆能调整顶推梁体的内力，并具有类似于导梁的卸载效果。

### （五）顶推法工艺

顶推法主要包括箱梁的预制和拼装、安装顶推装置和滑移装置、顶推梁体落梁就位、施加预应力等。

**1.施工工艺流程**

顶推法工艺流程以桥头预制箱梁为例。

**2.台后灌筑与拼装**

（1）台后灌筑应按要求的箱梁外模由两个刚性块件组成，并使之能围绕底部的铰旋转，内模由两侧板和一块顶板组成。立模时，应使底板和腹板适应桥跨结构厚度的变化要求。中、端横隔板可在节段端部就地制作，底板也可在场外浇筑好后与已完成的节段在现场拼成整体，此时，当箱梁滑移出一节后，已浇筑好的底板也随之推移至箱梁的两外侧模间，在此部分预制好的底板下设中间支柱，以承受腹板和顶板的重量。

（2）预制箱梁的拼装。拼装场地应根据桥台引道或路堤的地形、地质、建筑物及梁体结构的形状、施工设备和条件布置。台后拼装工序大致如下：1）在顶推轴线上把单个块件或分段式箱梁组拼成第一个顶推节段；2）梁段间的接头处理；3）施加预应力；4）顶推第一节段至桥跨并在空出的台座上紧靠第一节段的末端组拼第二节段并做接头处理，待接头达到要求后把各节段连接起来施加预应力；5）顶推前两节段箱梁，做第三节的拼装→不断重复拼装→顶装→拼装→顶推的循环工序直至箱梁全部就位。然后用多台千斤顶同时将连续箱梁顶起，拆除滑移装置，安装正式支座，落梁正位。

**3.安装顶推与滑移装置**

顶推及滑移装置根据桥跨的大小、箱梁节段的重量与尺寸、施工条件及设备制作等选择决定。滑移设备的支承要布置在具有与顶推坡度相等的桥墩上，并有与顶推梁体相反方向的偏心和留出安装千斤顶的位置。为了避免梁体在抗扭和抗弯时出现的附加应力，应控制滑移装置的高程和位置。滑移装置之间的高差应控制在设计允许值内。为了保证顶推时2%的横坡严重，应把铰支座布置在墩上的横隔板下，使其在每根梁的轴平面内为一水平线。在各墩中设置千斤顶及供其转动的设施，把梁调整到设计高程。若梁的扭转刚度很大时，转动要在所有的桥墩上同时进行，因为铰支座对转动的阻力大，而又要求同轴转动。通过梁的转动可将坡度调整到应有限值。安装顶推设备时，要考虑能使所有墩上的千斤顶同时起步，一起顶推梁体。为了使操作顺利，还要考虑减小安装内力的措施和增加一些辅助构造以减少摩阻力，提高箱梁最大应力截面处的刚度，同时设置能控制顶推速度的装备。

**4.顶推作业**

顶推作业分单向和双向，各向又分单点和多点。作业主要注意顶推速度和摩擦因数的选择。

（1）单向顶推

在桥轴线一个方向从一岸向彼岸顶推箱梁，分单点与多点作业，适用于架设等跨且孔数不多的单向坡度直线的连续梁桥。

1）单点顶推。在桥轴线上集中于一点整体拼装（或灌筑）箱梁并顶推的方法。在使用的临时支承处应设置滑动支座，以减少摩阻力。支座垫石上应设置光洁度较大的不锈钢板或镀铬钢板，其后端表面常做成 4% 的坡度，以便用聚四氟乙烯塑料做成的滑板插入。若磨损较大时，应按桥梁的大小准备足够备用的滑板，台后拼装用的台座也可作为顶推轨道。此外，轨道一般可采用钢轨或带木板的混凝土肋条组成，梁体拼装好后即可用千斤顶推出。

2）多点顶推。多点顶推是在各墩台上设置一套小吨位的水平千斤顶用以代替在单点顶推的大吨位千斤顶，将集中一处的顶推力分散到各墩，利用千斤顶传给墩的反力以平衡梁体滑移时在墩顶产生的摩阻力，使墩在顶推中能承受允许的水平力，这样可减少墩的体积，也不需采取加强措施。

（2）双向顶推

双向顶推，是从桥的两岸拼装（或灌筑）箱梁后同时向河中顶推至桥跨某处（或跨中）合拢。以两岸向跨中预制（或拼装）顶推箱梁的工序大致如下：1）输流进行引道工程的施工（或是先左后右，或是先右后左），在两岸引道上分别拼装（或灌筑）半跨箱梁；2）修筑中墩、桥台基础、其他桥墩、安装滑移和顶推装置；3）同时从两岸向跨中顶推出已拼装好的节段梁体至河中合拢。为平衡箱梁被顶推出后的悬臂重，可在台后用混凝土块件或其他平衡重压住梁端。为使箱梁在跨中连接，可用设置在中墩上的液压千斤顶校正梁端高度，在底板平面设计补充钢束，灌筑接合部位的混凝土。

（3）顶推工序。

顶推工序因设备不同而各有所异。现以水平—垂直千斤顶与滑块、滑架、滑台组成的顶推装置为例，说明顶推操作过程。把梁体用垂直千斤顶支承在水平千斤顶前端滑块上，并将梁顶起后用水平千斤顶推出。操作时，开动油泵，让水平千斤顶进油，使活塞推动滑块。利用梁底混凝土与橡胶板的摩阻力大于聚四氟乙烯与不锈钢板的原理，带动桥跨前移至最大行程后停止；升起千斤顶，使桥跨升高并脱离滑块；再开动油泵，向水平千斤顶小缸送油，活塞后退使滑块退回原处；然后再用垂直千斤顶落下，将后一段桥跨支撑在滑块上，继续顶进。这样重复作业直至顶推完毕。

# 第三节　桥梁墩台施工

桥梁墩台按建筑材料可分为圬工墩台、混凝土、钢筋混凝土、预应力混凝土等多种形式。按施工方法可分为就地灌注式和预制装配式两种。就地灌注式是在现场用支模、灌注混凝土的方法修筑墩台；装配式是在工厂或预制场把墩台分成若干块、预制成砌块或构件，运至桥位处用拼装或砌筑的方法装配成墩台。

墩台施工应按图纸将各种形式的墩台构筑物建筑在准确位置上。在尺寸、形状、可靠度等方面均应符合设计要求，使之能有效地将桥跨上的全部荷载传递给基础，再传给地基。墩台施工要精确地测定位置，制造和安装模板，选择合格的材料，严格执行各种操作规程，确保工程质量。装配式桥墩竣工后不应有缺边掉角现象，它与基础的连接处必须严密、牢固，灌筑混凝土接缝应密实，强度要符合设计标准，外露的铁件必须做防锈处理。

# 一、石砌墩（台）的施工

石砌墩（台）施工主要包括定位放样、材料运输、圬工砌筑、养护和勾缝等工序。

## （一）定位放样

根据施工测量定出的墩台轴线放出砌筑石块的轮廓线，并在墩台转角处设置标杆和挂线作为石砌的准绳。墩台放样定位的方法较多，常见的有垂线法，线架法和瞄准法等。可根据实际情况采用。

## （二）材料运输

施工时材料需水平与垂直运送。水平运输主要靠车辆或人工担抬，垂直运输靠机械和脚手架提吊。施工用脚手架除吊运材料外，尚可供工人上下和操作，主要有固定式、梯子式、螺旋升高滑动式和简易活动式多种。施工用石料和砂浆在数量小、重量轻时，可用马凳跳板直接运送；距地面较高时，可采用各种扒杆或绳索吊机和铁链、吊筐、夹石钳等捆装工具运送，也可用井架、固定式动臂吊机或桅杆式吊机吊运。石砌材料主要是片石、块石、粗料石或混凝土砌块和水泥砂浆。若在漂流物或冲积物多的河中砌筑墩台，其表面应选择坚硬石料或强度等级高的混凝土 $R \geq C23$ 预制块镶面，在低温或温差大的地区更要选用好料。因此在选料时不仅要注意强度、耐久性和经济价值，而且要考虑石料吊运、安砌就位是否方便。

## （三）圬工砌筑

基础竣工后，经检查平面位置与标高符合设计要求即可清基、定位、放线、砌筑墩台。各种砖、石、混凝土砌块在使用前必须浇水湿润，表面的泥土、水锈要除掉，片石、块石强度不得小于 29400kPa；粗料石强度不得小于 39200kPa；混凝土砌块强度不得小于 C13 砂浆的和易性。强度和耐久性均要满足使用要求。

砌筑墩台一般采用浆砌配合挤浆法分层分段砌筑，表面用块石、粗料石或混凝土砌块镶面，内部用片石填充。石料按圬工砌筑方式排列，使之整体连接牢固。第一层砌块若遇到基底为土层时，可在砌石侧面铺刮砂浆不需坐浆。若是岩层和混凝土基底，除润湿凿毛外，还应坐浆砌筑。浆砌片石时，石块应交错排列坐实挤紧，尖锐凸出部分要敲掉，并掌握好砌筑厚度，不应高低差太大。浆砌块石时，可先在已砌石块平面上铺 4~5cm 厚一层砂浆，使石块放置安砌平稳，砂浆保持 2cm 厚挤满砌缝，竖缝上下层错开。浆砌料石时，应严格控制平面位置和高度，砌缝应横平竖直。浆砌混凝土预制块应从角石开始，竖缝应用厚度较灰缝略小的铁皮控制，安砌后立即用扁铲捣实砂浆，斜面应逐层收坡以保证规定的斜度。分段分层砌筑时，两相邻工作段的砌筑高差不得超过 1.2m，分段位置宜尽量设置在沉降缝或伸缩缝处。砌筑的顺序应由下而上，方向由上游至下游，先砌四转角石，然后挂线砌筑边部表层，最后填筑腹部。

### （四）勾缝与养护

为了美观和防止水从砌缝中渗入墩台内部，表面砌缝靠外露面处要另行勾缝，靠掩蔽面则随砌随刮，但也应保证砌缝质量。石块与预制块均应以砂浆粘接，砌块间要求有一定厚度的砌缝，在任何情况下不允许相互间直接接触。浆砌规则块材如料石、混凝土砌块时可用凹缝，浆砌片石或块石用平缝或凸缝。勾缝砂浆强度等级在主体工程中不低于 M10；在附属工程中不低于 M7.5。勾缝在砌筑完工后从上至下进行，以保证墩台整齐干净。墩台砌筑完工后，必须用浸湿的草帘（袋）等物覆盖，根据气温变化浇水养护 1~7 天。

## 二、就地灌筑混凝土墩台

### （一）墩台的模板

1. 墩台模板的基本要求

钢筋混凝土墩台对模板的基本要求与钢筋混凝土受压构件相同。其轮廓尺寸的准确性由制模和立模来保证。墩台模板形式复杂、数量多、消耗大，对桥梁工程的质量、进度、经济技术的可靠性均有直接影响。它应能保证墩台的设计尺寸；有足够的可靠度承受灌筑的混凝土重量、侧压力和其他施工荷载，并保证受力后不变形、不位移；其接缝紧密不漏浆，内侧光滑平整；结构简单，制造、安装和拆卸方便。

2. 模板的类型和构造

（1）固定式模板位置固定，可在现场加工制作和安装，又称为零拼模板。主要由壳板、肋木、立柱、撑木、拉条（或钢箍）、枕梁与铁件等组成。墩身模板由斜面和圆锥体曲面组成，骨架的立柱安放在基础枕梁上，肋木固定在立柱上，木模的壳板竖直布置在肋木上，立柱两端用钢拉杆拉紧并加强连接，以保证模板的刚度及不发生位移。若桥墩较高时，要加设斜撑、横撑式抗风拉索等。各种桥台的模板要比桥墩复杂，多了背墙、侧墙等构造，但基本形式大同小异。

（2）镶板式模板又叫整体吊装模板，它是将固定式模板改成可以拆移活动的模板。在灌筑多个同类型墩台时，按一定的尺寸拼装一个分块装配式模板重复使用，可以节约许多工料。此种模板由螺栓连接，整体吊装，在拆装时应尽量不受损坏。常用钢板和型钢加工而成。

（3）拼装式模板又称盾状模板。这是将墩台模板划分为若干尺寸相同的小块，在工厂按规定尺寸加工而成的大小相同块件，然后运到桥位处拼装的模板。它适用于高大桥墩或在同类墩台较多时，待混凝土达到拆模强度，可以整块拆下来后，直接或略加修整，就可周转使用。此类模板可用钢材或木材加工制作。木料加工制作较为方便简单；钢材需铸造、刨光等，机械加工不方便。木模板的制作基本上与固定式模板相同。钢模用 2~3mm 厚的薄钢板与型钢为骨架。此种模板可重复使用，装拆方便，节约材料，降低成本，无须吊装，缩短工期。

3. 模板的制作与安装

画线、下料、加工和拼缝均要符合设计要求。安装要先确定顺序，预留孔（件）、接触面、可靠度均要符合有关的规定。

## （二）墩（台）的混凝土灌筑

灌筑混凝土墩（台）要遵循混凝土操作的一般规定，要控制灌筑质量，处理好墩身与墩帽的连接，注意施工节奏和安全。

1. 质量控制

灌筑混凝土的质量应从准备工作、拌和材料、操作技术这三方面来控制。滑模灌筑应选用低流动度的或半硬性的混凝土拌和料，分层分段对称灌筑，并应同时灌完一层。各段的灌筑应到距模板上缘 10~15cm 处为止；采用插入式振捣器时伸入深度不应超过 5cm；拌制混凝土时应掺加早强剂。要防止千斤顶和油管接头在混凝土和钢筋上漏油，要连续操作，中途因故停止时应按施工缝处理；脱模后若表面不平整或有其他缺陷要予以修整。在明挖基础上灌筑墩台第一层混凝土时，要防止水分被基底吸收或基底水分渗入混凝土中而降低强度。要注意对非黏土和干土基底的润湿。若土太湿时，应在基底以下填石料夯实或灌筑强度等级较低的混凝土垫层。若基底为岩石时，也应先润湿后，铺一层 2~3cm 厚的水泥砂浆，在其初凝前灌筑。

2. 灌筑节奏

为确保质量和工期，要注意灌筑节奏。若墩台截面积不大时，应连续一次完成，以保其整体性；若墩台截面积太大时，如有 100m²，可分段分块灌筑。大体积圬工所用片石数量不得多于整个混凝土体积的 20%，最大粒径不得超过填放石块处最小尺寸的 1/4。一节灌筑完后，间歇一段时间才能立模，继续灌筑下一节。应充分利用劳力和设备，采用流水作业线，在各墩上同时立模，灌筑能收到显著效果。

3. 墩帽与台顶施工

顶帽是用来支持桥跨结构的，桥梁支座就设在其上，墩（台）顶帽的形状、尺寸和各种预埋孔道要求十分精细。因此要特别重视这部分的施工操作。它主要包括放线、立模、安埋锚栓孔和灌筑等工作。当墩身距顶帽以下 40cm 时，应停止灌筑，在此预埋接榫在墩身平面上定出纵横中心线，放出顶帽轮廓线，竖立顶帽模板，其下的拉杆可用顶帽下层的分布钢筋代替，安装锚栓孔模板用以埋设支座锚栓，扎好顶帽钢筋，支承垫石的模板挂装在上部的木拉杆上。对有托盘的顶帽作业时，可把托盘与顶帽模板做一整体安装。

## 三、装配式桥墩的施工

　　装配式桥墩主要采用拼装法施工。它用于预应力混凝土薄壁空心墩和一些钢筋混凝土轻型桥墩，拼装式桥墩主要由就地灌筑实体部分墩身、拼装部分墩身和基础组成。实体墩身与基础施工可就地灌筑而成，但是在灌筑实体墩身时应考虑与拼装部分的连接、抵御洪水和漂流物的冲击，锚固预应力筋、调节拼装墩身的高度等问题。装配部分墩身由基本构件、隔板、顶板和顶帽四部分组成，在工厂制作，运到桥位处拼装成墩。装配部分墩身的分块，要根据桥墩的结构形式、吊装、起重和运输能力决定。要尽可能使分块大、接缝小，根据设计要求定型批量生产为宜。加工制作出来的拼装块件要质量可靠、尺寸准确、内外壁光洁度高。拼装要根据施工现场的地形、水文、土质、运输条件，墩的高度、起吊设备等进行。决定拼装方法时应注意预埋件的位置，接缝处理要牢固密实，预留孔道要畅通。

# 第六章　公路路基养护与维修

## 第一节　路基养护的内容及基本要求

### 一、工作任务

路基是公路的重要组成部分，是路面的基础，与路面共同承担车辆荷载。路基的强度和稳定性是保证路面平整度强度和稳定性的重要条件之一。所以，为保证公路的正常使用性能，必须对路基进行周期性、预防性、科学合理的养护，使其经常处于良好的技术状态，不发生较大的变形和其他病害。

### 二、相关知识

路基工程的基本技术指标有路基高度、路基宽度、路基边坡及排水系统等，所以路基的养护工作也是紧紧围绕这几方面进行的。

1.路基养护的工作内容

为保证路基的坚实和稳定，保证排水性能良好，使各部分尺寸和坡度符合规定，及时消除不稳定的因素，并尽可能地提高路基的技术状况，必须对路基进行及时、经常地养护、维修与改善。

路基养护工作的主要内容包括以下几个方面：

（1）维修、加固路肩及边坡。

（2）疏通、改善、铺砌排水系统。对边沟、截水沟、排水沟及暗沟（管）等排水设施，应及时排除堵塞，疏导水流保持畅通，并结合地形、地质纵坡、流速等情况，综合考虑铺砌加固程度。

（3）维护、修理各种防护构造物及透水路堤，管理保护好公路两旁用地。公路沿线的防护构造物包括护坡、护面墙、植物、铺草皮、丁坝、顺坝及各种类型的挡土墙等，要保证这些构造物完整无损，发挥其路基的防护与加固作用。

（4）清除塌方、积雪，处理塌陷，检查险情，预防水毁。

（5）观察、预防、处理滑坡、翻浆、泥石流、崩塌、塌方及其他路基病害，及时检查各种路基的险情并向上级报告，加强水毁的预防与治理。

（6）有计划地局部加宽、加高路基及改善急弯、陡坡和视距，以逐步提高其技术标准和服务水平。

2. 路基养护的基本要求

路基养护的基本要求是通过日常和定期的检查，发现问题，分析原因，采取养护、维修措施。路基养护的基本要求如表 6-1 所示，公路路基养护应符合如下要求：

（1）通过日常巡查，发现病害及时处治，使路基保持良好稳定的技术状况。

（2）路肩无病害，边坡稳定。

（3）排水设施无淤塞、无损坏，排水畅通。

（4）挡土墙等附属设施良好。

（5）加强不良地质中期边坡崩塌、滑坡、泥石流等灾（病）害的巡查、防治、抢修工作。

**表 6-1 路基养护的基本要求**

| 项目 | 基本要求 | 备注 |
|---|---|---|
| 路肩 | 1. 横坡适度、边缘顺直；<br>2. 表面平整、清洁、无杂物；<br>3. 保持无车辙、坑槽、隆起、沉陷、缺口。 | — |
| 边坡 | 1. 边坡稳定；<br>2. 平顺无冲沟；<br>3. 坡度合乎规定。 | — |
| 排水系统 | 1. 保持无杂草、无淤泥；<br>2. 纵坡适度，水流畅通；<br>3. 进出口良好。 | 包括边沟、截水沟、排水沟及暗沟等 |
| 防护构造物 | 1. 保持构造物完整无损；<br>2. 砌体伸缩缝填料良好；<br>3. 泄水孔无堵塞。 | 包括挡土墙、护坡及防冲刷、防雪、防沙设施等 |
| 路基病害 | 1. 对翻浆路段应及时处理，并尽快修复；<br>2. 对塌方、滑坡、水毁、泥石流、沉陷等，做好防护抢修，尽量缩短阻车时间 | — |

# 第二节　路基工程的日常养护与维修

## 一、工作任务

路基日常养护是根据路基养护的基本要求和内容，对路基各部分进行经常性的维修保养工作，以保持路基各部分的完整和功能完好。

## 二、相关知识

路基日常养护的业务主要包括下列内容：维修、加固路肩和边坡，清除路肩杂草杂物，保持路容整洁；疏通改善排水设施，保持排水系统通畅；维修、处理各种防护构造物；消除塌方、积雪，处理塌陷，检查险情，防止水毁；观察、预防和处理翻浆、滑坡、泥石流等病害；有计划、有针对性地加宽、加高局部路基，改善急弯、陡坡和视距不良地段，使之逐步达到所要求的技术标准；对护栏、路缘石进行处理刷白工作，以保持其使用效果。

1. 路肩的养护

路肩位于行车道外缘至路基边缘地带，由外侧路缘带、硬路肩和保护土路肩组成。路肩的功能：一是保护路面；二是停置临时发生故障、事故的车辆；三是提供侧向余宽，显示行车道外侧边缘、引导视线、增加行车的安全舒适性；四是增加挖方弯道地段的视距；五是为设置交通安全设施（标志、防护栅等）或埋设地下管线及养护作业提供场地。

（1）养护要求

1）路肩应保持干净、清洁、无杂物。

2）路肩的横坡应平整顺适，横坡与路面横坡一致。

3）路肩上严禁堆放任何杂物，改善工程及修补路肩坑槽所需的砂石材料如需堆置放在路肩上时，应选择在较宽的路段顺一边堆放，但在桥头引道、弯道内侧及陡坡等处不得堆放。料堆内边离路面边缘应至少保持 30 cm，每隔 10~20 m 必须留出不小于 1 m 的空隙，以利于排水。

（2）日常养护维修

1）路肩清扫。

路肩清扫包括机械清扫和人工清扫，进行路面清扫、保洁时，必须同时对硬路肩进行清扫和人工保洁；雨后路肩如有积水，应及时排除。

2）护栏、路肩边缘的杂草修剪、清理。

应经常进行护栏、路肩边缘的杂草修剪、清理工作，主要清理路面与硬路肩接缝、硬路肩与土路肩接缝、硬路肩与桥台搭板接缝之间的杂草。杂草清理后应及时用 M7.5 砂浆或沥青灌缝料予以填筑、灌注，防止雨水渗入。

3）路肩与路面边缘产生裂缝。

清理裂缝。保持裂缝干净无杂质，用 M7.5 砂浆或沥青灌封料灌注裂缝，防止雨水渗入。

4）硬路肩病害的维修。

硬路肩如出现沉陷、缺口、车辙、坑槽、横坡不够等病害，应尽快组织维修。高速公路路肩应根据设计要求铺沥青混凝土或水泥混凝土面层，并铺筑路肩边缘带，此时，路肩的养护工作将转变成同类型路面的养护工作。

5）路肩水的处理。

路肩松软，多因水的影响，所以路肩的养护与维修工作的重点就是减少或消除水对路肩的危害。路面范围的地表水通过路肩排出，因此必须经常保持路肩的横坡平整顺适。高速公路路肩与路面横坡相同。路肩过高妨碍路面排水时，应刨铣整平，达到规定要求。

2. 边坡的养护

（1）养护要求

1）边坡坡面应保持平顺、坚实、无裂缝。

2）及时清理边坡滑塌部分，避免堵塞路面、边沟。

3）对边坡加固的各种设施应经常检查、维护，以保证其完整性良好。

4）严禁在边坡上及路堤坡脚、护坡道上挖土取料、种植农作物或修建其他建筑物。

5）土质边坡出现裂缝时，可用黏性土填塞捣实，以防表层水渗入路基体内。如出现潜流涌水，可开沟截断水源，将潜水引向路基外排出。

6）填土路堤边坡处时，应将边坡面挖成阶梯形，然后分层填筑夯实，并应与原坡面衔接平顺。

（2）日常养护维修

1）边坡清理、修整。

边坡清理工作包括边坡的可视垃圾、路堑边坡上的高大树木等。边坡垃圾的清理工作应经常进行，清理的垃圾应集中收集并运往指定地点，禁止焚烧。路堑边坡上的高大树木因雨水冲刷、台风等原因会倾倒在路面上，影响行车安全，应根据实际情况及时砍伐，砍伐时可只砍伐树干，保留树根。如因倾倒或砍伐在边坡形成空洞，应及时培土夯实并植草。人工铲平高出路堑边坡的土体，并使其与周围的边坡坡度协调，铲平后喷撒草籽或铺草皮进行绿化。

2）边坡裂缝的修补。

路基上边坡、碎落台、坡顶、坡脚等出现宽度小于 0.5 cm 的裂缝时，应及时用土进行填塞，应采用钢钎等细长工具分次进行填塞。路基上边坡、碎落台、坡顶、坡脚等出现的裂缝超过 0.5m 时，应及时进行处理，以防雨水渗入。处理时先沿裂缝挖宽挖深，宽度以人工、机械方便操作为限，深度以挖到看不见裂缝为止。如裂缝较深，则至少挖深 1.0 m，开挖的沟槽需坚实、平整。回填时需采用黏土，分层夯实，每层的松铺厚度不超过 25cm，并在顶部做成鱼背形。

3. 排水设施的养护

（1）养护要求

1）各种排水设施应设置合理，保证功能完好。

2）汛前应对各种排水设施进行全面疏浚，及时维修发现的病害。雨天必须上路巡查，及时排除堵塞，保持水流通畅，以防水流集中冲坏路基。下暴雨时，对新建公路应专门检查排水设施，检查出水口是否平顺、排水是否通畅、有无冲刷、排水设施是否完整、功能是否满足要求等。

3）暴雨后应对排水设施进行重点检查，如有冲刷、损坏，需及时修复加固；如有堵塞应立即清除。

4）拦水带的设置应合理，保证路面雨水及时排出；出水口设置不合理或排水不畅的拦水带，应及时进行改造。

（2）日常养护维修

1）地表排水设施清理、疏通养护。

地表排水设施每年安排在雨季前全面清理一次，雨季后对堵塞、淤塞的地表排水设施进行一次清理。清理的淤泥、杂草应运至指定的地点堆放，如在水沟边缘堆放，应距离水沟边缘 1.0 m 以外，且不能影响排水及景观功能，并保证四周码放整齐、表面平整，每隔 1~2 m 留 50~100cm 的间隙。清理的垃圾物品应集中后运往指定的地点堆放，严禁抛撒或现场焚烧，以免造成环境污染、影响安全行车或造成火灾。清理地面排水设施时，应固定松动的石块，并安排处理。

2）地下排水设施的清理、疏通养护。

地下排水设施的清理、疏通，每年安排全面清理一次。清理、疏通地下排水设施时，清除沟口的杂草，对沟口堵塞的部位，应用水进行冲洗或剔除较小颗粒的砂石，补充大颗粒碎（砾）石，以保持空隙，便于排水。

3）中央分隔带排水设施的清理、疏通。

应经常检查，雨季前应进行清理工作，雨季应加强巡查，如发现损坏，应及时修补。如排水不及时或位置设置不当，应根据情况进行改善或另行修建。

4）排水设施悬空处理。

由于冲刷、基础沉降等原因造成排水设施出现悬空的情况时，如不及时处理，会造成排水设施的损坏。处理时应先将冲刷面清理成规则断面，以便于机械或人工施工；如果悬空深度较高，应分段进行清理和回填，必要时应临时支撑加固。清理完成后，用黏土分层回填夯实，沟底不能垂直夯实的部分，从侧面分层夯实。夯实时，避免振动过大或直接对排水设施造成冲击。回填完成后，应使流水坡面与水沟连接平顺、排水顺畅，并及时补种草木以防水土流失。

5）拦水带的日常养护。

拦水带的出水口应经常保持平顺，出水口的泥沙、杂草应及时清理。拦水带的裂缝、变形、损坏应及时进行维修。拦水带出水口与急流槽相接处如出现裂缝，应及时用水泥砂浆封堵。如出水口附近坡度不顺，雨后经常积水，应对出水口进行维修。如因路肩原因造成积水或出水口设置不当，应对路肩进行维修。如重新布置出水口，应设置急流槽。

# 第三节 路基变形的维护

## 一、工作任务

路基是公路的主体和路面的基础，它应为路面提供一个平整层，并在承受路面传递下来的荷载和水、气温等自然因素的反复作用下，具有足够的强度和整体稳定性，满足设计与使用要求。

## 二、相关知识

路基裸露在大气中，经受着土体自重、行车荷载和各种自然因素的作用，路基的各个部位将产生变形。路基的变形分为可恢复变形和不可恢复变形两种情况。路基的不可恢复变形将引起路基标高和边坡坡度、形状的改变，严重时会造成土体位移，危及路基的整体性和稳定性，甚至导致路基破坏。

路基变形、破坏的形式主要有路基沉陷，边坡滑塌剥落、碎落、崩塌，路基沿山坡滑动。下面主要介绍路基崩塌和滑坡的维护。

1. 崩塌的维护

公路边坡崩塌是较常见的病害，危害严重，且经常阻断交通。崩塌是岩体突然而猛烈地从陡峻的斜坡上崩离、翻滚跳跃而下的现象。崩塌可发生在高峻的自然山坡上，也可发生在高陡的人工路堑边坡上。发生崩塌的物体一般为岩石，但某些土坡也会发生崩塌。

崩塌的规模有大有小，由于岩体风化、破碎比较严重，边坡上经常发生小块岩体坠落，这种现象称为碎落；一些较大岩块的零星崩落称为落石；规模巨大的崩塌也称山崩。

崩塌与滑坡的明显区别：崩塌发生急促，破坏体散开，并有倾倒、翻滚现象；而滑坡体一般总是沿着固定滑动面整体地缓慢地向下滑动。

公路路堑开挖过深，边坡过陡，或由于切坡使软弱结构面暴露，都会使边坡上的岩体失去支撑，在水流冲刷或地震作用下引起崩塌。崩塌按形成机制可划分为三类。

（1）滑移式崩塌

这类崩塌的形成机理是崩塌首先沿已有的层面或其他结构面产生滑移，一旦崩塌体重心滑出坡外，这类崩塌就会发生。

（2）倾倒式崩塌

这类崩塌的形体多是柱状和板状岩体，其形成机理是岩体在失稳时绕根部一点发生转动性倾倒，一旦岩体重心偏离到坡外，岩体就会突然崩塌。此类不稳定岩体在强烈震动下或者遇有长时间暴雨时，容易失稳发生倾倒式崩塌。

（3）错断式崩塌

这类崩塌多为直立柱状或板状岩体，在失稳时不是发生倾倒，而是在自重作用下，下部与稳定岩体没完全断开的部分可能沿发生错段。不稳定岩体是否会发生崩塌，关键在于没有断开的部分在自重作用下最大剪应力是否大于岩石容许的抗剪强度，一旦最大剪应力大于岩石的容许抗剪强度，错断式崩塌就会突然发生。长期风化作用、强烈的振动及特大暴雨的动静水压力都会促使和诱发这类崩塌的发生。

防治崩塌的措施主要有以下五种：

（1）路基上方的危岩及危石应及时清除，特别在雨季前要细致检查。如有威胁行车安全的路段，可根据地形和岩层情况，采用嵌补、支顶的方法予以加固。

（2）在小型崩塌或落石地段，应尽量采取全部清除的方法；在基岩破坏严重及崩塌、落石的物质来源丰富的地段，则宜修建落石平台、落石槽等拦截结构物。

（3）由于存在软弱结构面而易引起崩塌的高边坡，可根据情况采用支挡墙或支护墙等措施，以支撑边坡，并防止软弱结构面张开或扩大。

（4）对边坡坡脚因受河水冲刷而易形成崩塌的地段，河岸要做防护工程。

（5）在可能发生崩塌的地段，必须做好地面排水设施。

2. 滑坡的维护

滑坡的类型很多，且成因复杂，在防治和处理滑坡时，要针对不同情况采取不同的防治措施。公路上的滑坡多发生于路基边坡，这是因为修筑公路破坏了地貌自然的平衡。因此，防治滑坡的措施应以排水疏导为主，再配合抗滑支撑或上部减重措施，维持边坡平衡。其主要方法有以下几种：

（1）地面排水

滑坡体以外的地表水，应拦截引离；滑坡体上的地表水要注意防渗并尽快汇集引出。

（2）地下排水

排除滑坡地下水的工程措施，应用较多的各式渗沟有以下三种：

1）支撑渗沟。用以支撑不稳定的滑坡体，兼起排除和疏于滑坡体内地下水的作用，适用深度（高度）为 2~10 m。

支撑渗沟有主干和分支两种。主干平行于滑动方向，布置在地下水露头处或土中水形成坍塌的地方，支沟应根据坡面汇水情况合理布置，可与滑坡移动方向成 30°~45° 夹角，并可伸展到滑坡范围以外，以起挡截地下水的作用。

2）边坡渗沟。当滑坡前缘的路基边坡有地下水均匀分布或坡面大片潮湿时，可修建边坡渗沟，以疏于和支撑边坡，同时也能起到截阻坡面径流和减轻坡面冲刷的作用。

边坡渗沟的平面形状有垂直、分支及拱形三种形状。分支渗沟的主沟主要起支撑作用，而支沟则起疏于作用。分支渗沟可以互相连接成网状。

3）截水渗沟。当有丰富的深层地下水进入滑坡体时，可在垂直地下水流的方向上设置截水渗沟，以拦截地下水，并排出滑坡体外。

（3）减重

减重就是在滑坡体后缘挖出一定数量滑坡体面，使滑坡稳定下来。这种措施适用于推动式滑坡，一般滑动面不深，滑床上陡下缓，滑坡后壁或两侧有岩层外露或土体稳定不可能再发展的滑坡。减重主要是减小滑体的下滑力，不能改变其下滑趋势，所以减重常与其他措施配合使用。

（4）支挡工程

支挡工程分如下三类。

1）抗滑垛。一般用于滑体不大、自然坡度平缓、滑动面位于路基附近或坡脚下部较前处的滑坡。片石垛可用片石干砌或石笼堆成，主要是依靠片石垛的自重，以增加抗滑力的一种简易抗滑措施。

2）抗滑挡土墙。在滑坡下部修建抗滑挡土墙，是整治滑坡常用的有效措施之一。对大型滑坡，常作为排水、减重等综合措施的一部分；对中、小型滑坡，常与支撑渗沟联合使用。优点是山体破坏少，稳定滑坡收效快。抗滑挡土墙多采用重力式结构，其尺寸经计算确定。

3）抗滑桩。抗滑桩是一种用桩的支撑作用稳定滑坡的有效抗滑措施，一般适用于非塑性体层和中厚度滑坡前缘，以及使用于重力式支撑建筑物圬工量过大、施工困难的场合。

抗滑桩按制作材料分为混凝土桩、钢筋混凝土桩，按施工方法分为打入法、钻孔法、挖孔法等。

# 第四节　路基防护与支挡工程的养护

1.坡面防护工程养护

（1）植物防护

植物防护的方法有种草、铺草皮和植树。采用植物覆盖层对坡面进行防护，供需简单、效果较好。它可以减缓地面水流速度，调节表层水温状况，且植物根系深入土层在一定程度上对表层土起到固结作用。植物防护适用于具有适宜植物生长的土质边坡。

1）种草

土质路堤、路堑有利于草类生长的边坡，或河面较宽、主流固定、流速小、路线与水流向接近平行、路堤边坡段受季节性浸水或冲刷轻微、土质适于草类生长的，均可种草。坡面上的土质不宜种草时，可铺一层 5~10 cm 厚的种植土，然后再种草。经常浸水或长期浸水的路堤边坡，不宜采用种草防护的方法。边坡上的防护种草已扎根时，可以允许暂时性的缓慢流水（0.4~0.6 m/s 的流速）的作用。

草籽的选用，应根据当地的土壤和气候条件，选用易于生长、根系发达、叶茎低矮或有匍匐茎的多年生的草籽为宜。最好采用几种草籽混合播种，以利用植物优胜劣汰的办法促使草的生长。

2）铺草皮

铺草皮前，应将边坡表层土挖松整平，在不适于草类生长的土质边坡上，应铺一层6~10 cm 厚的种植土，然后再铺设。铺草皮工作宜在春、秋季或雨季进行，不宜在冬季施工。如在气候干燥的季节铺草皮，草皮铺后，应及时浇水至草皮扎根为止。当边坡上有地下水流出时，应注意使铺设的草皮不阻塞地下水的出口，以免影响边坡稳定。

3）植树

在路基斜坡上和沿河堤之外的河漫滩上植树，能加固路基和河岸，并使水流速度降低，防止和减少水流对路基或河岸的冲刷。林带既可以防风、防沙和防雪，还可以美化路容、调节气候。植树的形式可以是带状或条形的，也可以是连续的，即将树植满整个防护区域。树种的选择，宜选用适合当地土质、气候并生长迅速、根系发达、枝叶茂盛、成活率高的乔木类或不怕水淹的灌木类。植树宜在春、秋季或雨季进行，如在干燥季节植树，要经常浇水，直至树长活为止，并应检查植树成活的情况，如有缺株，需及时补种。

（2）坡面处治

易风化的软质岩石或破碎岩石路堑边坡常受自然条件的影响剥落而破坏，采用植树防护比较困难，可选用抹面、喷浆、勾缝、灌浆和嵌补等方法进行处治，以保证路基稳定。

1）抹面

抹面防护适用于易风化而表面较完整、尚未剥落的岩石边坡，选用混合材料涂抹坡面，防止表层岩石风化的进一步发展。但必须注意，抹面仅起到防护层作用，不能承受荷载，故边坡必须是稳定的。施工时要注意：抹面前，对被处治坡面进行清理，并将坡面上的坑洼用小石块嵌补填平，然后用水洒湿坡面，使灰浆与坡面结合良好。抹面应均匀，待灰浆稍干即进行夯拍，直至表面出浆为止，并应洒水养护。

2）喷浆

喷浆防护是将灰浆均匀地喷射在岩层表面，使之形成一个保护层，是防治坡面风化破坏的一种措施，适用于易风化而仍较完整的岩石路堑边坡。这种方法施工简便、效果较好，但水泥用量较大。

通常采用的方法为重心喷浆法，即将浆桶置于高处，接近桶底处开一小洞接胶皮管，借助重力作用喷出，所用的机具设备较简单。施工要点是：喷浆前应对坡面进行清理，并用水冲洗干净；喷浆材料可用纯水泥浆或水泥砂浆，也可用水泥石灰砂浆；喷浆厚度视坡面岩石风化程度而定，一般为 2cm 左右，需较厚者可以分层喷射，喷浆后应洒水养护。

3）勾缝

勾缝防护适用于较坚硬、不易风化、节理裂缝多而细的岩石路堑边坡，用以防止雨水沿裂缝侵入岩层内部造成病害。

4）灌浆

灌浆防护适用于较坚硬、裂缝较大且较深的岩石路堑边坡，借砂浆的黏结力把裂开的岩石黏结为一体，维护边坡稳定。

5）嵌补

嵌补防护可用浆砌片石或水泥混凝土嵌补，适用于补平岩石坡面中较深的局部凹坑，以防坡面继续破损碎落，维护边坡稳定。

6）锚固

锚固防护适用于岩石边坡的层理或构造面倾向于路基并有可能顺层面下滑的情况。这种方法是垂直于岩面坡面钻洞，将钢筋直穿至稳定基岩内，然后向洞内灌入水泥砂浆，使钢筋串联岩层，阻止岩层下滑。

（3）护面墙

护面墙适用于边坡较陡的情况，常在软质岩层节理裂缝较发育、易于风化的路堑边坡上设置。护面墙一般不承受墙后土体的侧压力，所防护的岩面边坡应无滑动或滑塌现象，路堑应符合边坡稳定的要求。

1）坡面清理。

在铺砌前应对坡面进行清理，清除松动的石块。

2）基础。

护面墙的基础应置于坚固地基之上，并埋入冰冻线以下 0.25 m 处。如果地基承载力不足，应进行加固，或采用拱形结构跨过。

3）墙身。

为增加护面墙的稳定性，根据坡面岩石的状况，每 6~10 m 高设宽度不小于 1 m 的平台；墙背每 4~6m 高设置一宽度为 0.5~1.0m 的锚台。

护面墙的厚度随边坡轮廓而变化，底厚度要稍大于顶宽，并应设伸缩缝与泄水孔。顶部需用厚土夯实或砂浆抹平，以防水浸入。

2. 冲刷防护工程养护

沿河路堤和桥头引道，直接受到水流的冲刷和掏空，为维护路基坚固、稳定，必须采取措施予以防护。冲刷防护有两种类型：一种是直接防护，以加固岸坡为主要措施；另一种是间接防护，以改变水流方向、降低流速为主要措施。

直接防护除植物防护、坡面防护外，还有砌石，抛石、石笼、浸水挡土墙等防护方法。间接防护包括各种导流与调治构造物，如丁坝、顺坝及拦河坝等，也可以将河沟改道，引导水流排至路基之外。

（1）石砌护坡

石砌护坡用于因水流冲刷的河岸和路基，可分为干砌和浆砌两种。

（2）抛石防护

抛石防护主要用于防护水下部分的边坡和坡脚，避免或减少水流对护坡的冲刷及淘刷，也可用于防止河床冲刷。

（3）石笼防护

石笼防护用于防护河岸或路堤边坡，同时也可作为加陡边坡、减少路基占地宽度以及加固河床、减少淘刷的措施。在缺少大块石料时，用较小石块（5~20 cm）填塞于铁丝笼或竹木笼内，一般可适用于流速为 4~5 m/s 的水流中。有冲击的河流不宜采用石笼防护，因为铁丝易被磨坏。

3. 挡土墙的养护

挡土墙是用来支撑天然边坡或人工填土边坡，以保持土体稳定的建筑物。在公路工程中，它广泛应用于支撑路堤或路堑边坡、隧道洞口、桥梁及河流岸壁等。挡土墙的日常养护除经常检查其有否损坏外，每年应在春秋两季各进行一次定期检查，北方冰冻严重地区尤应注意，主要检查挡土墙在冰冻融化后墙身及基础的变化情况，以及冰冻前所采取的防护措施的效果。另外，在反常气候、地震或重型车辆通过等特殊情况后应进行及时检查，发现裂缝、断裂、倾斜、鼓肚、滑动、下沉或表面风化、泄水孔堵塞、墙后积水、周围地基锚台、空隙等情况，应查明原因，并观察其发展情况，采取相应的修理、加固等措施。对检查，修理和加固情况，应做好工作记录，设立技术档案备查。

当挡土墙发生裂缝、断裂并且已停止发展时，可将缝隙凿毛，清除碎渣和杂物，然后用水泥砂浆堵塞。水泥混凝土或钢筋混凝土挡土墙的裂缝也可用环氧树脂黏合。挡土墙发生倾斜、鼓肚、滑动或下沉，可选用下列加固措施。

（1）锚固法。适用于水泥混凝土或钢筋混凝土挡墙。采用高强度钢筋做锚杆，穿入预先钻好的孔内，用水泥砂浆灌满锚杆插入岩体部位，固定锚杆，待砂浆达到一定强度后，对锚杆进行张拉操作，然后用锚头固紧。

（2）套墙加固法。在原墙外侧加宽基础，加厚墙身。施工时，应挖出一部分墙后填土，减小土压力，同时应注意新旧基础和墙身的接合。方法是凿毛旧基础和旧墙身，必要时设置钢筋锚栓或石榫，以增强连接。墙后回填土必须分层填筑并夯实。

（3）增建支撑墙加固法。在挡墙外侧，每隔一定间距，增建支撑墙。支撑墙的基础埋置深度、尺寸和间距应通过计算确定。

（4）拆除重建。原挡土墙损坏严重，采用以上加固方法不能达到设计强度要求时，则应考虑将损坏部分拆除重建。为防止不均匀沉降，新旧挡土墙之间应设置沉降缝，并应注意新旧挡土墙接头协调。

挡土墙的泄水孔应保持畅通。如有堵塞，应及时疏通；如无法疏通，应另行选择适当位置增设泄水孔，或在墙后沿挡墙增加墙后排水设施。一般可增设盲沟将水引出路基之外，以防止墙后积水，引起土压力增加或冻胀。

挡土墙表面出现风化剥落时，应将风化表层凿除，喷涂水泥砂浆保护层。当风化剥落严重时，应将风化部分拆除并重砌。

锚杆式及加筋挡土墙应经常注意是否变形、倾斜或肋柱以及挡板是否损坏、断裂。如有损坏，应及时修理、加固或更换。对暴露的锚头、螺母、垫圈应定期涂刷防锈漆，同时应经常检查锚头螺母是否松动、脱落，如有松动、脱落，应及时紧固和补充。

浸水挡土墙除平时经常检查其有否损坏外，应在洪水前后详细观察、检查。汛前检查的目的是确定其作用、效果以及结构是否完整稳定，能否承受洪水的袭击，以便采取防护、加固措施；汛后检查的目的是观察其是否损坏，如有损坏，应及时修理和加固。

浸水挡土墙受洪水冲刷，出现基础被掏空但未危及挡土墙本身时，可采取抛石加固或用块（片）石将掏空部分塞实并灌浆的措施。当挡墙本身出现损坏，如松动、下沉、倒塌、开裂等，应按原样修复。

# 第五节　路基排水设施的维护

## 一、工作任务

水是造成路基及沿线设施产生病害以致破坏的一项重要影响因素。路基排水系统能否正常工作，直接影响到路基的稳定性。因此，必须对排水设施进行经常性、预防性的养护和维修确保其功能完好、排水顺畅。同时根据实际使用情况，要不断改善路基排水条件。

## 二、相关知识

对路基有危害的水分为地表水和地下水两大类。地表水主要包括降水（包括雨水、雪水）形成的地面径流及大小河沟溪水等，这是路基排水的主要方面，也是对路基造成危害的主要水源。同时，路面上的水如不能及时排出，会给行车带来很大的安全隐患。地下水包括上层滞水、潜水及层间水等。暴雨径流、冰雪融水、上层滞水、潜水、泉水及路旁积水均能软化、冲刷甚至毁坏路基，造成路基边坡滑塌、道路翻浆等病害的产生。在公路养护过程中，要保持路基排水设施完好无缺，应根据实际情况，补充完善排水设施，并与沿线桥涵配合设置良好的排水系统，以保证路基的强度及边坡的稳定。

1.路基排水设施的作用

路基排水设施的主要作用是将路基范围内的土基湿度降低到一定限度以内，保持路基常年处于干燥状态，确保路面具有足够的强度和稳定性。路基排水设施分为地面排水设施和地下排水设施。地面排水设施通常有边沟、泄水槽、排水沟、跌水及急流槽、拦水带等；地下排水设施有明沟、暗沟、盲沟、管渗沟、洞式渗沟及防水隔离层等。

2.排水设施的维护

在春融前，特别是汛期前，应对各种排水设施进行全面检查疏浚。雨天必须上路巡查，及时排除堵塞，保持水流畅通，防止水流集中冲坏路基。暴雨后应重点检查：如有冲刷、损坏，需要及时修复加固；如有堵塞，应及时清除。

对暗沟应经常进行检查，如发现堵塞、淤泥，应冲洗清除。特别是雨水季节，应保持暗沟的流水通畅。如发现渗沟洞口堵塞、长草，应及时进行冲洗和清理；如碎石层淤塞不通时，应翻修，并剔除颗粒较小的砂石；如位置不当，应根据情况另行修建。

排水沟渠的加固措施应结合当地地形、地质、纵坡和流速条件，因地制宜、就地取材，且应简便易行、经济实用。

（1）增设排水设施

1）增设边沟。

2）增设截水沟。

3）增设排水沟。

4）增设跌水槽与急流槽。

（2）排水设施的加固

1）土沟表面夯实。

2）用三合土或四合土捶面的方法加固。

3）单层干砌片石加固。

4）单层浆砌卵石加固。

5）浆砌片石加固。

6）混凝土预制板加固。

加固板的接缝除按照操作规程选料和施工外，在沟渠的使用中应密切注意接缝料，如有脱落或裂隙，应随时修补，修补时应将原接缝料清理干净。混凝土板损坏后，应及时更换。

# 第六节　特殊地区路基的维护

## 一、工作任务

特殊地区的路基工程包括黄土地区路基、沙漠地区路基、多年冻土路基和盐渍土地区路基，以及泥石流、泥沼及软土地区路基等。

## 二、相关配套知识

1.黄土地区路基工程养护

黄土主要分布于昆仑山、秦岭、山东半岛以北的干旱和半干旱地区，其中以黄土高原的黄土沉积最为典型。

（1）常见病害

黄土具有疏松、湿陷、遇水崩解、膨胀等特性，常见的病害有如下几种。

1）坡面在多次干湿循环后，出现裂缝、小块剥落、小型塌方、大小沟、陷穴。

2）边沟被水冲深、蚀宽，使路肩、边坡脚受到破坏。

3）边坡土体受积水浸润后发生滑塌，或在地下水及地表水的综合作用下形成泥流。

（2）病害的治理

下面将有关黄土边坡防护与加固的措施，以表格形式汇总于表 6-2。

**表 6-2 黄土边坡防护措施**

| 措施名称 | 说明 |
|---|---|
| 边坡坡面拍实 | 1. 适用于土质疏松的边坡；<br>2. 用三棱板拍打密实，或用小轻碾自坡顶沿坡面碾实 |
| 种草和铺草皮 | 1. 适用于边坡缓于 1:1，草坪能就地取材，且雨量多，适宜草类生长的地区；<br>2. 阴雨天施工为宜 |
| 草泥抹面 | 1. 适用于年降用量较小，冲刷不太严重的地区，边坡缓于 1:1；<br>2. 采用较黏的土，其配合比为每立方米黏土掺入切碎的草 10~12 kg；<br>3. 为增强草泥与边坡连接，应在边坡上打入一些木楔，其间距为 30~40 cm |
| 三合土、四合土抹面 | 1. 适用于雨雪量大的任何坡度边坡；<br>2. 材料配合比（重量比），三合土：石灰：细砂：黄土 =1:2:5，四合土：石灰：黄土：细砂：炉渣 =1:3:5:9 |
| 土护墙 | 1. 适用于坡脚已破坏路段；<br>2. 修筑方法同挡土墙 |
| 浆砌片石护墙 | 适用于坡脚易被水冲刷、坡面剥落严重、坡脚已破坏、边坡含有夹砂层的路段 |
| 格状防护 | 1. 适用于土质疏松及多雨地区，边坡缓于 1:1.5；<br>2. 木桩应垂直坡面打入 |
| 腰岘土桥 | 1. 设置在两侧冲沟的沟头之间；<br>2. 无水流，不需设泄水构造物；<br>3. 施工比较简单，工程量少；<br>4. 当有被冲沟溯流侵蚀的危险时，需对冲沟头进行处理，如修堤坝、种草、植树等 |
| 跨越冲沟土桥 | 1. 设在冲沟的中上游，沟窄而浅，无不良地质现象；<br>2. 底部有水流通过时，则需设置泄水孔或泄水构造物，如石拱涵砖拱涵等 |
| 半土桥 | 可作为道路养护补路基缺口之用 |

2. 沙漠地区路基工程养护

我国沙漠地区主要分布在北方干旱、半干旱地区。这些地区由于气候比较干燥、雨量稀少、风沙大以及地表植被均稀疏、低矮，容易发生边坡或路肩被风蚀，或整个路基被风积沙掩埋等病害。沙漠地区路基的养护往往需要大量的防护材料，因此，要在养护中做好备料工作。

（1）沙漠路基病害的防治措施

1）路基两侧原有的沙障、石笼、风力加速堤或用黏土覆盖的植被、防沙栅栏及防沙设置的一切设施，如有被淹埋倾倒、损坏和失效的情况，应拔高、扶正或修理补充。

2）路基的砌石护坡或草格防沙设施如有塌方破坏，应及时修理，保持完好状态。

3）必须维护路基两侧现有植物的正常生长，并有计划地补植防沙树木和防护林。

4）路基边坡上出现的风蚀、空洞，应予以填实并加强护坡防护能力。

5）路肩上严禁堆置任何材料或杂物，以免形成沙丘。对公路上的积沙，应及时清除并运到路基下风侧 20 m 以外的地形宽阔处并摊撒、平顺。

（2）沙质路基的防护措施

1）柴草类防护。

2）土类防护。

3）砾、卵石防护。

4）沥青防护。

3．多年冻土地区路基工程养护

在兴安岭和青藏高原的高寒地区分布有成片的多年冻土，天山、阿尔泰山及祁连山等地区有零星分布。冻结状态保持两年或两年以上的土（岩），称为多年冻土。多年冻土往往含有大量水分或夹有冰层，并有一些不良的物理地质现象，易引起的路基病害主要有：路堑边坡坍塌；路基底发生不均与沉陷；由于水分向路基上部集聚而引起冻胀、翻浆；路基底的冰丘、冰堆往往使路基鼓胀，引起路基、路面的开裂与变形，且融化后发生不均匀沉陷。针对其病害的不同情况，可以采取以下措施。

（1）防雪设施应维护原状态，对捣毁残损的设施，应修理、加固或补充，使其发挥防雪作用。

（2）多年冻土地区地表水无法下渗，容易造成地表潮湿或积水，宜将积水引向路基以外排出，避免危害路基。

（3）疏浚边沟、排水沟，且要防止破坏冻层。若导致冻土融化，将产生边坡坍塌。

养护用土或砂石材料，不宜在路堤坡脚或路堑坡顶 20 m 以内采掘，防止破坏冻土，影响路基稳定。

（4）治理冰冻方法。

将路基上侧的泉水及夹层、透水层的渗水，从保温暗沟导流出路基外。如含水层尚有不冻结的下层含水层，可将上层水导入下层含水层中排出。

在多年冻土区，可在公路上侧远处开挖与路线相平行的深沟，以截断活动层泉流。在冬季时，应使延流冰聚集在公路较远处，保障公路不受涎流冰的影响。

4．盐渍土地区路基工程养护

（1）盐渍土地区路基常见病害

当距离地表 1 m 内含有容易溶解的盐类，如 $NaCl$、$MgCl_2$，$CaCl_2$、$Na_2SO_4$、$MgSO_4$、$Na_2CO_3$、$NaHCO_3$、（碳酸氢钠）等，其含量超过 0.3%，即属盐渍土。我国西北、东北的干旱地区及沿海平原地区分布着大面积的盐渍土，其含量通常是 5%~20%，有的甚至高达60%~70%。由于土中含有易溶盐，所以土的物理、力学上的筑路性质发生变化，将引起许多路基病害。盐渍土在干旱季节和干旱地区，因盐类的胶结和吸湿、保湿作用，有利于路基稳定。但一旦受到雨水、冰雪融化的淋溶，含水量急增，则会出现湿化坍塌、路基发软，致使路基强度降低，丧失稳定，甚至失去承载力，导致路基容易出现下列病害。如道路泥泞；加重路基翻浆及冻胀病害；受水浸时，强度显著下降，发生沉陷；硫酸盐发生盐胀作用，使土体表面结构破坏和疏松，以至发生路面被拱裂及路肩、边坡被剥蚀等。

（2）盐渍土地区路基养护主要技术措施

1）排水沟要保持 0.5%~1% 的纵坡；在低矮平坦、排水困难的地段，应加宽、加深边沟或在边沟外增设横向排水沟，其间距不宜大于 500m，沟底应有向外倾斜 2%~3% 的横坡。

2）加深、加宽边沟形成的弃土，可堆筑在边沟外缘，形成护堤，以保护路基不被水淹。

3）在盐湖地区用盐晶块修筑的路基表面，原来没有覆盖层或有而失散的，宜用砂土混合料进行覆盖和恢复。

4）秋季或春融时期，路肩容易出现盐胀隆起，甚至翻浆。隆起部位应铲去，以使地表水及时排出。

5）边坡经受雨水或化雪冲融后出现的沟槽、溶洞、松散等，可采用盐壳平铺或黏土掺砾铺上，防止疏松。

6）防止边坡水土流失，应结合当地植物生长情况，种植一些耐盐性的树木或草本植物以增强边坡稳定。

7）在过盐边坡地区，对高等级的道路，为防止路基吹蚀、泥泞以及防止水分从路肩部分下渗而造成路面沉陷，其路肩可考虑采用下列加固措施。用粗粒渗水材料掺在当地土内封闭路肩表层；用沥青材料封闭路肩；就地取材，用 15cm 厚的盐壳加固。

8）对硫酸盐渍土路基，为处治边坡疏松、风蚀和人畜踩踏而造成的破坏，可根据需要和可能，采取用卵石、砾石、黏土或盐壳平铺在路堤边坡上等措施。

5.其他特殊地区路基工程养护

（1）泥石流地段路基工程养护

泥石流是一种突然爆发的含大量泥沙石块的洪流。其对路基的危害主要是通过堵塞、淤埋、冲刷、撞击等造成的；也可通过压缩、堵塞河道时水温骤升，以致淹没上游沿河路基，或者迫使主河槽改道、冲刷，造成间接水毁。

（2）透水路堤的养护

透水路堤的边坡应保持稳定和完好，若发现有冲塌缺陷，应选用与原来相同的材料填补加固。透水路堤伸出路基坡脚以外的部分，应经常清理，保持原有的宽度，防止边坡土塌落，淤塞石缝。透水路堤上游的路基护坡，应保持高出洪水位 1 m，如雨季后检查出高度不足时，应采取补救加固措施。上游护底的铺砌，必须保持平顺、密实、无淤积，如发现松动变形，需及时修补。

透水路堤顶面与路基之间所铺的隔离层，是防止毛细水上升的措施，如路基出现发软变形，则证明隔离层失去作用，应进行返修恢复工作。透水路堤在养护加固中，如遇不能清除淤塞阻水的情况，则应改建为桥梁或涵洞，以利宣泄。

6. 土工织物在路基工程养护中的作用

土工织物指土工建筑物中的合成纤维制品。土工织物与土工薄膜同为合成纤维，但前者在构造上是透水的，而后者在设计上的要求使其渗透性尽量得小或者不透水。两者可以结合使用，也可独立使用，以满足使用要求为原则。

（1）土工织物的分类

土工织物的类型有：编织型，纺织型，无纺型（包括化学黏合型、热黏合型、针织机缝合型），专用土工织物，包括带状织物、席垫、网织品、土工格栅、成型塑料片（块），组合型人工织物等。

（2）土工织物的特性与功能

1）特性。了解特性是正确选用织物的关键。

2）功能。了解功能是正确选用织物的关键。

土工织物的功能主要有：隔离作用；排水反滤作用；加筋作用；防冲作用；模板作用。

# 第七章 公路路面与桥梁的养护与维修

## 第一节 公路沥青路面养护与维修

### 一、沥青路面养护的基本要求

1. 沥青路面必须强化预防性、经常性和周期性养护，加强路况日常巡视，随时掌握路面的使用状况，根据路面的实际情况制定日常小修保养和经常性、周期性养护工程计划。对较大范围路面的维修和超龄路面的维修，应及时安排大、中修工程和改建工程。

2. 沥青路面的养护必须依靠科技进步，加强养护技术管理，采用先进的检测仪器设备采集路况资料，应用路面管理系统，正确评价路况，提出科学的养护对策；必须积极推广应用新技术、新材料、新工艺，发展现代化沥青路面的养护技术；必须以机械化养护为主，保证养护工程质量。

3. 沥青路面的养护必须加强计划及施工管理，根据计划做好进度安排、人员组织、物资设备供应，确保养护工作按计划实施；同时，必须加强沥青路面的养护经济核算和成本分析，提高经济效益。

4. 沥青路面的养护必须贯彻安全生产的方针，制订技术安全措施，加强安全教育，严格执行安全操作规程，确保安全生产、文明施工、交通畅通、保护环境。

### 二、沥青路面养护工作内容

1. 养护工作内容

沥青路面的养护可分为日常巡视与检查、小修保养、中修、大修、改建和专项养护工程等，各类养护工作的内容如下。

（1）日常巡视与检查

为及时掌握路面的技术状况，必须对路面进行经常性的检查与巡视。日常巡视与检查内容如下。

1）路面上是否有明显的坑槽、裂缝、沉陷、松散、泛油、波浪、麻面、冻胀、翻浆等病害，以及其危害程度和趋势。

2）路面上是否有可能损坏路面或妨碍交通的堆积物等。

（2）小修保养

小修保养是指对沥青路面进行的预防性养护和轻微损坏部分的维修工作。小修保养又可分为日常保养和小修。

（3）中修工程

对沥青路面的一般性磨损和局部损坏进行修理、加固或局部改善，中修工程的内容有：整段（500m 以上）铺装、更换路缘石；沥青路面整段（500m 以上）罩面或封面（稀浆封层）；沥青路面严重病害处理。

（4）大修工程

大修工程是指对沥青路面较大范围内的损坏部分进行综合性的修理工作，以全面恢复原设计标准或原技术等级。大修工程的内容包括路面的翻修、补强等。

2.改建工程

改建工程是对原有沥青路面因不适应现有交通要求而进行的翻修、加固补强、局部改线等较大的工程项目，主要包括以下内容。

（1）翻修。沥青路面出现大面积病害造成破损严重时，应采用机械设备刨铣或挖除后，重新铺筑沥青面层。

（2）补强。沥青路面强度不足，应在原有路面上进行补强，以提高路面技术状况，改善路面的使用性能。

（3）局部改线。对不适合交通要求，不符合路线标准的路段，通过局部改线提高公路等级，使其符合技术标准要求。

3.专项养护工程

沥青路面因遭受突然的自然灾害，而需要申请专款修复受损害路段的工程项目。

4.养护工程要求

专项养护工程是沥青路面养护及大、中修和改建工程、专项养护工程的实施要求如下。

（1）应及时对路面进行经常性的保养和维修，防止路面松散、裂缝等各种病害的产生和发展。

（2）通过对路面的养护及小修保养，保持路面的平整度和抗滑能力，从而确保路面具有安全、舒适的行驶性能。

（3）应通过对路面的大、中修和改建工程，保持和提高路面的平整度、抗滑能力和路面的强度，从而确保路面的使用性能和耐久性能。

（4）应避免因路面损坏和养护操作污染沿线环境。

5.周期性养护

通过路况的调查，分析路面技术状况的变化，确保合理的路面使用周期，安排周期性养护工作计划。

6.冬季除雪与路面排水

（1）为确保行车安全，路面积雪应予以清除，冬季扫雪工作应符合以下规定。

高速公路、一级公路和二级公路应及时清除路面积雪，并排除到路肩以外，同时可适当在行车范围内撒融雪材料。

三级公路、四级公路应及时清除路面积雪，路肩积雪在解冻前一次清除。交通量小于100辆/昼夜的路线（段），如除雪有困难，可将积雪压实、整平以维持通车，在陡坡、急弯、平交道口等处撒布防滑砂石材料。

（2）沥青路面养护应重视路面排水，及时修补沥青路面的坑槽和裂缝，防止地表水渗入基层；对已渗入基层的积水，应设纵、横向盲沟排水；地下水位较高的，在排水沟下面设置腹式盲沟。路面排水设施应加强养护工作，保持良好的排水功能。路面应保持横坡适度，以利排水。

## 三、沥青路面养护质量标准

沥青路面在使用过程中，在行车荷载和自然因素的反复作用下，路面将产生各种各样的破损。对于半刚性基层的沥青路面，由于行车压密和半刚性基层材料强度和刚度在使用初期（1~2年）呈增长趋势，表现在整体回弹弯沉的降低，此后由于路面材料的逐渐疲劳，其强度和刚度逐年降低。而沥青路面的表面破损、平整度、车辙和抗滑性能，则至路面投入运营以后呈逐年衰减趋势。

路面的破损对车辆的行驶速度、荷载能力、机械磨损、燃油消耗、行车舒适性、交通安全以及环境保护会造成较大的影响，因此路面的养护与维修就成为保证其服务质量和使用寿命的重要手段。对路面进行预防性的、经常性的、及时性的、周期性的保养维修，使其保持平整完好、横坡适度、排水畅通，具有足够的强度和抗滑性能。同时对路面的养护应避免对高速公路和沿线设施的污染，做到干净整洁，达到高等级公路路面养护的质量标准，以适应交通运输的发展需求。

## 四、一般公路沥青路面日常养护

1.初期养护规定

（1）热拌沥青混合料路面的初期养护

1）摊铺、压实后的热拌沥青混合料路面，待摊铺层自然冷却，混合料表面温度低于50℃后方可开放交通。

2）纵横向的施工接缝是沥青路面的薄弱环节，应加强初期养护，随时用三米直尺查找暴露出来的轻微不平，铲高补低，经拉毛后，用混合料垫平、压实。

（2）沥青贯入式路面的初期养护

1）路面竣工后，开放交通时，行驶车辆限速在15km/h以下，根据表面成型情况，逐步提高到 20 km/h。

2）设专人指挥交通或设置临时路标，按先两边、后中间控制车辆易辙行驶，做到全面压实。

3）应随时将行车驱散的嵌缝料回扫、压实，以形成平整密实的上封层。当路面泛油后，要及时补撒与施工最后一层矿料相同的嵌缝料，同时控制车速行车碾压。

（3）沥青表面处治路面的初期养护

1）层铺法施工的沥青表面处治路面的初期养护与贯入式路面的要求基本相同。

2）拌和法施工的沥青表面处治路面的初期养护与热拌沥青混合料的要求基本相同。

（4）乳化沥青路面的初期养护

乳化沥青路面的初期稳定性差，压实后的路面应做好初期养护，设专人管理，按实际破乳情况，封闭交通 2~6 h；在未破乳的路段上，严禁一切车辆、人、畜通过；开放交通初期，应控制车速不超过 20km/h，并不得制动和调头。路面有损坏时，应及时修补。

2. 沥青路面日常养护规定

（1）加强路况巡查，及时发现病害，研究分析病害产生的原因，并有针对性地、及时地对病害进行维修处理。

（2）路面清扫应按如下规定进行。

1）巡查过程中，发现路面上有杂物，需及时清扫，保持路面清洁。

2）沥青路面的日常清扫，应根据实际情况，采用机械或人工的方法进行清扫。

3）沥青路面的清扫作业频率应根据路面污染程度、交通量的大小及其组成、气候和环境条件等因素而定，长、大隧道内和桥梁上沥青路面的清扫频率应适当增加。

4）为防止清扫路面时产生扬尘而污染环境、危及行车安全，机械清扫时宜配备洒水装置，并根据路面的扬尘程度确定适当的洒水量。

（3）严禁履带车和铁轮车在沥青路面上直接行驶，如必须行驶，应采取相应措施。

（4）雨后路面有积水的地方要及时排除。

（5）排水设施的养护。在春融期，特别是汛前，应对排水设施进行全面检查并疏通。雨天必须上路巡查，及时排除堵塞并疏通，防止水流直接冲刷路基、路面及路肩。暴雨过后应重点检查，如有冲刷、损坏应及时修补。

（6）除雪防滑。

1）当降雪影响正常通行时，应组织人员与机械清除路面积雪，对重要道路要争取地方政府组织沿线人员和设备除雪。

2）在冬季降雪或下雨后，路面出现结冰时，应在桥面、陡坡、急弯，桥头引道铺一层防滑料。在环保允许的情况下，也可撒布融雪材料（氯化钙、氧化钠等）。

（7）路肩养护。

1）路肩上应保持适当的横坡，坡度应平整顺适，硬路肩横坡坡度可与路面横坡相同或略大，植草路肩应比路面横坡度大 1%~2%。当路肩的横坡过大或过小时，应及时整修。

2）堆料台应设置在路肩以外，堆料应距离适当、排列规整。

3）路肩应经常保持平整坚实，对出现的坑槽、车辙、缺口应及时修补。

4）雨天积水、淤泥应及时排除和清理，铲除的淤泥、土石及杂物不得堆放在边沟内或边坡上。

5）宜结合公路标准化美化工程，用块石、水泥混凝土预制块铺砌路肩外侧边缘带。应加强养护边缘带，由于路表水冲刷及车辆碾压造成的松动、破损，应及时修复或更换。

6）可在路肩上种植（或保留）草皮，并要经常修整，草高不宜超过 15 cm，并以不影响路面排水为原则，保护路肩不被冲刷。

（8）边坡养护。

1）路基边坡的坡面应保持平顺、坚实、无冲沟，其坡度应符合设计规定。应经常检查路堑，特别是深路堑边坡的稳定情况。如发现有危岩、浮石等，应及时清除，避免坍落危及行车、行人安全和堵塞边沟。当土路堑边坡出现冲沟时，应及时用黏土填塞捣实；如出现潜流涌水，可开集水沟，将水引向路基以外。

2）填土路堤边坡因雨水冲刷，易出现冲沟和缺口，应及时用黏结性良好的土修补拍实。修理较大的冲沟和缺口时，应将原边坡开挖成台阶形，然后分层填筑夯实，并注意与原坡面衔接平顺，另增加植被防护。

3）边坡、碎落台、护坡道、沿河路堤等受水流冲刷及浸淹，出现缺口、冲沟、沉陷、塌落滑坡时，应根据水流、地质、边坡坡度等情况，选用种草、铺草皮、栽灌木丛、投放石笼、干砌或浆砌片石护坡等防治措施。

3. 季节性预防养护

沥青路面对气温比较敏感，应根据各地不同季节的气候特点和水温度变化规律，按照"预防为主、防治结合"的原则，结合本地区成功经验，针对如下所列不同季节的病害根源，因地制宜，采取有效的技术措施，做好预防性养护工作。

（1）春季

春季气温较暖，路基内的水分开始转移，是各种病害集中暴露的季节。养护中应抓住时机，及时防治路面病害。

1）随着解冻，路基含水量较大的路段路基强度减弱，面层在行车作用下容易出现裂缝病害；含水量已达饱和且强度和稳定性差的路段，经车辆碾压容易出现翻浆。

2）施工质量差的路面，在气温回升时容易变软，矿料经碾压产生松动，油层不稳定，容易出现拥包、波浪等。

3）秋末冬初低温施工路段，随着温度上升，容易出现泛油。

4）春融季节路面出现网裂后，如不及时处理，容易发展为坑槽。

（2）夏季

夏季气候炎热，地面水分蒸发快，是沥青路面各种病害全面发展的季节。养护中要充分利用夏季气温高、操作方便的条件，及时消灭病害。

1）新铺的沥青路面在高温作用下容易出现泛油。

2）基层含水量较大或质量差的路段，路面在行车作用下容易发软、产生车辙。

3）沥青用量过多，矿料过细或沥青黏度差的沥青路面容易出现拥包、波浪、发软等病害。

（3）秋季

秋季气温逐渐降低，且雨水较多，应及时处理病害，为冬季沥青路面的正常使用打下基础。

1）秋季雨水较多，容易积水的路面，如果有裂缝和基层不密实的情况，易出现坑槽。

2）强度不够的路肩受雨水侵蚀或积水影响，在行车碾压下，易产生啃边。

3）基层含水量较大、强度不够，或地基受水泡而发软的路段，路面稳定受到影响，在行车碾压下易出现网裂。

（4）冬季

冬季气候寒冷，路基路面冻结，是沥青路面比较稳定的季节，但是也要注意沥青路面的养护。

1）路面在低温下发生不同方向的收缩，容易产生横向、纵向裂缝。

2）积雪地区做好除雪防滑工作。

# 五、高速公路沥青路面日常养护

1. 一般规定

（1）高速公路沥青路面应进行经常性和预防性的日常养护，以保证路面经常处于良好的技术状态。

（2）高速公路沥青路面日常养护的工作程序应符合下列要求。

1）建立完善的巡视检查制度和技术检测系统，建立完善的信息网络。及时、准确地掌握路面状况及相关信息，科学、客观地评定路面使用品质，有依据、有计划、有针对性地安排养护项目。

2）树立高度的交通服务意识和安全意识，在路面养护作业中，应满足正常行车的需要，尽量避免完全封闭交通。

3）严格按照有关技术规范和标准进行养护作业，宜采取机械化养护作业方式，迅速、优质、高效地处理各类路面损害和障碍，确保运行质量。

4）不断地探索和应用新材料、新设备、新技术、新工艺，提高养护作业的时效性、机动性、安全性和可靠性。

（3）对高速公路沥青路面上出现的各类病害，必须及时、快速地处理。当发现直接危及正常交通和行车安全的病害，应立即修复或采取临时过渡措施，再按有关要求进行修复。

（4）路面的日常养护，应根据实际需要配置适用的机具设备，建立适当的材料储备，并组织可靠的养护材料供应网络，以确保路面养护作业正常进行。

（5）在高速公路上进行路面养护作业的人员，必须事前接受专门的安全教育和养护作业规程的培训。

2. 巡查和检测

（1）高速公路沥青路面的日常养护，应坚持巡视检查制度，及时发现路面及其附属设施的损坏情况和可能影响交通的路障，以便养护部门及时、合理地安排维修和清理，尽快恢复路面正常使用状态。

1）巡视检查分为日常巡查、定期巡查、特殊巡查和专项巡查，各类巡查的内容、频率、方法、装备按有关规定执行。

2）巡查作业中，巡查人员应强化自身保护意识，按规定穿戴安全标志服。巡查车速一般控制在 40~50km/h，并按规定开启示警灯。如遇到需要停车检查的情况，应停在紧急停车带上。

如必须停在行车道上时，应开启巡查车的危险报警闪光灯，并采取必要的安全措施，巡查人员应在巡查车的前方迅速完成检查或测量作业。

3）巡查作业中，应由专人记录巡查情况，巡查结束后应尽快整理、汇总巡查记录，并通知有关部门采取相应的养护措施。

（2）路面的日常养护中，应注意采集、利用气象信息和交通信息等相关信息。

1）应每天记录当地的天气预报和实际天气情况。在多风、多雨、多雾、多雪、多冰冻季节，应随时注意天气的变化，必要时应与当地气象台（站）保持联系，随时获取最新气象信息，以便及时采取相应措施。

2）应按规定进行交通量调查。

（3）高速公路沥青路面应进行路面破损、强度、平整度和抗滑性能检测以及必要的专项技术检测。

（4）各项巡视检查、专项调查和技术检测的结果，均应及时地进行整理和初步分析，并输入公路路面管理系统，由该系统每年对路面的技术状况和使用品质进行一次综合评价，作为制订下一年度养护工作计划的依据。当在各类巡查或专项检测中发现路面某一方面的技术状况和使用品质明显下降时，应及时通过该系统做出阶段性评价，以便及时地采取相应的养护对策。

（5）对修建于软土地基的高速公路沥青路面应定期进行路面高程测量。。

3. 清扫和排水

（1）对尘土、落叶、杂物等造成的路面污染，应进行日常清扫，保持高速公路良好的运行环境。

日常清扫应以机械作业为主，机械清扫沿路面右侧或左侧进行，并应尽量避免在中间行车道进行清扫作业及变换车道进行清扫作业。对清扫机械无法扫及的路面死角，应人工辅助清扫。

日常清扫的作业频率应根据路面污染程度而定，一般为每日一次全程清扫，清扫时间应尽量避开车流量高峰时段。

清扫机械必须配备洒水装置，机械清扫作业时，应根据路面的扬尘程度确定适当的洒水量。

路面清扫后的垃圾不得随意倾倒，应运至指定地点或垃圾场妥善处理。

桥面、隧道内沥青路面及收费广场的日常清扫作业按以上要求进行，但隧道内沥青路面及收费广场的清扫频率应适当加大。

（2）除定期的日常清扫作业外，还应根据路面污染的特殊情况，及时进行不定期的特殊清扫保洁作业。

当发现路面上有妨碍正常交通的杂物时，应立即清除。

当意外事件、事故等因素造成路面污染时，应及时清扫。

当沥青路面被油类物质或化学物品污染时，应先撒砂、木屑或用化学中和剂处理，然后进行清扫，必要时再用水冲洗干净。

（3）高速公路沥青路面应保持排水畅通，路面无积水。

对中央分隔带集水井、横向排水管、路侧拦水缘石及泄水槽、桥面泄水孔等路面排水系统，应经常进行清理和疏通，发现损坏部位应及时修复。

应经常检查沥青路面的排水情况，检查时间一般以在雨间或雨后 1~2h 为宜。发现路面明显积水的部位，应分析原因，分别采取下列不同措施：对虽未破损，但造成雨后明显积水的行车道路面局部沉陷部位，应及时清扫并予以整平；对设置有路侧拦水带及泄水槽的路段，如因拦水带开口及泄水通道的位置不安而造成路面积水时，应及时调整；对因横坡不适而造成积水的路段，应采取临时措施，尽量减少行车道部位的积水，并在罩面及翻修工程中彻底调整解决。

在雨季到来之前，应对全部路面排水系统及路堤边沟、涵管、泵站、集水井、沉淀池等所有排水设施进行全面检查和疏通，修复损坏部位，处理水毁隐患，清除路肩和边坡高草，确保雨季排水畅通。应加强雨季排水能力，及时处理路面水毁部位，减轻水害损失。

4. 排障和清理

（1）为及时处理并尽量减轻因不可抗拒因素和突发事件所造成的损害，高速公路管理机构应建立完善的应急抢险机制，全天候不间断地值班，随时掌握、分析各类有关信息，做好各种应急抢险准备工作，一旦发生险情，快速做出反应，指挥应急抢险工作。

（2）应根据实际需要配置必要的排障、抢险、救援设备和可靠的通讯指挥设施，对排障、抢险、救援人员应进行专门的业务培训，并预先制定排障、抢险、救援作业程序。一旦出现妨碍正常交通、危及行车安全的路面险情和障碍物，应急抢险指挥中心应立即组织人员、设备，按程序进行排障、抢险、救援工作，迅速排除路障和路面险情，恢复正常交通。必要时可请求当地政府和当地驻军支援。

排障作业结束后，应按有关规定，尽快清理现场，发现路面及附属设施受到损害时，应尽快修复。

5.除雪和防冻

（1）严寒地区的除雪和防冻是路面冬季养护的重点，应根据当地历年气象记录资料、气象预测资料、路面结构、沿线条件等，事先制定切合实际情况的除雪和防冻工作计划，制定适用于各种不同的气温、降雪量和积雪深度条件下的除雪和防冻作业规程，落实相应的除雪、防冻作业人员和机具设备，并按实际需要储备防冻、防滑材料。

在严寒降雪季节到来后，应随时监测气象变化情况，一旦降温、降雪，立即按计划部署相应的除雪和防冻作业，特别注意桥面、坡道、弯道、匝道、收费广场等重点区段，尽量减轻积雪和冰冻对行车安全造成的危害，缩短影响正常交通的时间。

（2）路面除雪应以机械作业为主，人工作业为辅。在降雪过程中，当路面积雪厚度超过 1 cm 时，即可开始除雪作业。一般以铲为主，除雪机械的作业方向宜与正常行车方向相同，行驶速度为 30~50 km/h，且从路面左侧向右侧依次进行。当降雪量较大、难以在降雪过程中清除全部积雪时，应在雪停后及时清除路面全部积雪。

（3）当路面上的压实雪、融化的雪水、未及时排除的雨水可能形成冰冻层时，应及时采取防冻、防滑措施。当气温低于 0℃ 时，在大、中型桥面、桥头引道纵坡大于 2.5% 的路段或平面曲线半径小于 500m 的匝道范围内，应撒布盐、盐水、盐砂混合料或其他融雪剂等防冻防滑材料。撒布的时间和频率宜与除雪作业同步。待雪停后，应将残留在路面上的防冻防滑材料与积雪一并清除干净。

（4）除雪和防冻作业应不分昼夜快速进行，作业现场必须实行统一指挥，并落实与作业形式相适应的安全作业措施和交通控制措施。

# 六、沥青路面罩面维修技术

## （一）一般规定

1.罩面类型

沥青路面罩面按其使用功能划分为普通型罩面（简称罩面）、防水型罩面（简称封层）和抗滑层罩面（简称抗滑层）三种。

2.适用范围

（1）罩面主要适用于消除破损、完全或部分恢复原有路面平整度、改善路面性能的修复工作。

（2）封层主要适用于提高原有路面的防水性能、平整度和抗滑性能的修复工作。

（3）抗滑层主要适用于提高路面抗滑能力的修复工作。

3.材料要求

（1）罩面

罩面的结合料宜使用性能较好的黏稠型道路石油沥青、乳化石油沥青、改性乳化沥青、改性沥青。

（2）封层

封层的结合料宜采用乳化石油沥青、改性乳化石油沥青。

矿料宜选用耐磨、强度高的石料。

高速公路、一级公路可采用沥青稀浆封层养护，但宜使用粗粒式改性乳化沥青混合料。

其他等级公路可采用乳化沥青混合料。

（3）抗滑层。

抗滑层应选用适合铺筑抗滑表层的材料和沥青混合料。

高速公路、一级公路宜选用重交通道路石油沥青、改性石油沥青、改性乳化石油沥青作为结合料。

4.厚度要求

（1）罩面

罩面厚度应根据所在路段的交通量、公路等级、路面状况、使用功能等综合考虑确定。

当路面状况指数、行驶质量指数在中、良等级，路面仅有轻度网裂时，可采用较薄的罩面层厚。

当路面破损、平整度、抗滑三项指标都在中等以下，又要求恢复到优、良等级时，应采用较厚的罩面层厚。

（2）封层

交通量较大、重型车较多的路段宜采用厚约 1.0cm 封层。

中等交通量路段宜采用厚约 0.7 cm 封层。

交通量小、重型车少的路段宜采用厚约 0.3cm 封层。

（3）抗滑层

用于高速公路、一级公路时宜采用不小于 4.0 cm 的厚度。

用于二级公路宜用中粒、细粒式沥青混凝土结构，也可采用热拌沥青碎石或沥青表面处治结构，厚度不得小于最小施工层厚度。

用于三、四级公路时，可采用乳化沥青封层结构，厚度可为 0.5~1.0 cm。

## （二）罩面施工

1.沥青路面罩面的施工。

（1）对确定罩面的路段，在罩面前必须完成翻浆、坑槽、严重裂缝、沉陷、拥包、松散、车辙等病害的修复工作，并清除路面上的泥土杂物。

（2）根据施工气温、旧沥青路面状况等因素采取相应施工工艺措施，罩面前必须喷洒黏层沥青，确保新老沥青层结合，沥青用量为 0.3~0.5kg/m²，裂缝及老化严重时，沥青用量宜为 0.5~0.7kg/m²。有条件时，在喷洒黏层沥青前，最好用机械打毛处理。

（3）罩面不应铺在逐年加厚的软沥青层上，也不应铺在和原沥青路面结合不好、即将脱皮的沥青罩面薄层上，应将其铲除，整平后，再进行罩面。

（4）当气温低于10℃或路面潮湿时，不得浇洒黏层沥青，不得摊铺沥青罩面层。

2.采用乳化沥青稀浆封层时应按如下要求进行：采用乳化沥青稀浆封层时，必须有固定的专业人员、固定的专业乳液生产和施工（撒布、摊铺）设备、专职的检测试验人员，并按有关规定标准进行检测和质量控制。稀浆封层撒布机在使用前，应根据稀浆混合料配合比设计，对骨料、乳液、填料、加水量进行认真调试，调试稳定后，方可正式摊铺。

# 第二节　公路水泥混凝土路面养护与维修

水泥混凝土路面使用性能随着使用年限的增长而逐渐衰退，养护部门应定期组织专业技术人员和检测设备对路面进行调查数据采集，对路面使用状况进行评定，以判断路面现时服务能力，在此基础上，提出路段相应的日常养护、修补、加铺和改建措施。

## 一、水泥混凝土路面的日常性养护

### （一）一般规定

1.水泥混凝土路面日常养护应做好预防性、经常性养护，通过经常的巡视检查，及早发现缺陷，查清原因，采取适当措施，清除障碍物，保持路面状况良好。

2.同一横断面上由水泥混凝土路面与其他类型路面组成时，水泥混凝土路面按本规范执行，其他路面按相应的规范要求执行。

### （二）清扫保洁

1.水泥混凝土路面必须定期清扫泥土和污物；与其他不同类型路面平面连接处及平交道口应勤加清扫；路面上出现的小石块等坚硬物应予以清除；中央分隔带内的杂物应定期清除，保持路容整洁。

2.路面清扫频率应根据公路状况、交通量大小及其组成、环境条件等确定。路面清扫宜采用机械作业。机械清扫留下的死角，应用人工清除干净。

3.路面清扫时，应尽量减少清扫作业产生灰尘，以免污染环境，危及行业安全。清扫作业宜避开交通量高峰时段进行。

4.路面清扫后的垃圾应运至指定地点进行处理，不得随意倾倒。

5.当路面被油类物质或化学药品污染时，应清洗干净，必要时用中和剂或其他材料处理后再用水冲洗。

6.交通标志、标牌、示警桩、轮廓标以及防撞栏等交通安全设施应定期擦拭，交通标志及标线受到污染后应及时清扫（洗），保持整洁、醒目。

7.应保持交通标志标牌、标线示警桩、轮廓标的完整，发生局部脱落、破损时应用原材料进行修复或更换。

## （三）接缝保养及填缝料更换

1.应对接缝进行适时的保养，保持接缝完好，表面平顺。

（1）填缝料凸出板面，公路、一级公路超出3mm，其他等级公路超过5mm时应铲平。

（2）填缝料外溢流淌到接缝两侧面板，影响路面平整度和路容时应予清除。

（3）杂物嵌入接缝时应予清除，若杂物系小石块及其他坚硬物时，应及时剔除。

2.应对填缝料进行周期性或日常性的更换。

（1）填缝料的更换周期一般为2~3年。

（2）填缝料局部脱落时应进行灌缝填补；填缝料脱落缺失大于1/3缝长或填缝料老化、接缝渗水严重时应立即进行整条接缝的填缝料更换。

3.填缝料的更换应做到饱满、密实、粘接牢固。清缝、灌缝宜使用专用机具。

（1）更换填缝料前应将原填缝料及掉入缝槽内的砂石物清除干净，并保持缝槽干燥、清洁。

（2）填缝料灌注深度宜为3~4cm。当缝深过大时，缝的下部可填2.5~3.0cm高的多孔柔性垫底材料或泡沫塑料支撑条。

（3）填缝料的灌注高度夏天宜与面板平齐，冬天宜稍低于面板2mm。多余的或溅到面板上的填缝料应予以清除。

（4）填缝料更换宜选在春秋两季，或宜在当地年气温居中且较干燥的季节进行。

## （四）排水设施养护

1.必须对路面、路肩、中央分隔带、边沟、边坡、挡土墙以及所有排水构造物进行妥善的日常维护，保持系统的排水功能。当排水系统整体功能不能满足要求时，应通过改善或改建工程进行完善提高。

2.对路面排水设施，应采取经常性的巡查并与重点检查相结合，发现损坏应及时安排修复，发现堵塞必须立即疏通，路段积水应及时排出。

3.雨天应重点检查超高路段的中央分隔带的纵向排水沟、横向排水管、雨水井、集水井等的排水状况，出现堵塞、积水应及时排出。

4.排水构造物及路肩修复宜采用与原构造物相同的材料。

5.保持路面横坡及路面平整度。当快车道是水泥混凝土路面，慢车道或非机动车道是沥青路面时，应保持沥青路面横坡大于水泥混凝土路面横坡。

6.保持路肩横坡大于路面横坡，路肩横坡应顺适，并及时修复路肩缺口。

7.路面板裂缝应按本规定要求进行缝隙封闭。

8.路面接缝、路肩接缝及路缘石与路面接缝出现接缝变窄宽渗水时应进行填缝处理。

9.定期修整路肩植物、清除路肩杂物，疏通路肩排水设施和中央分隔带排水设施，常年保持路面排水顺畅。

（1）及时清除路肩堆积物、杂草、污物。

（2）定期疏通路肩边沟、集水井、排水管、集水槽（由拦水带和路肩构成）、泄水口、急流槽等路肩排水设施。

（3）定期疏通中央分隔带的进水口、纵向排水沟、雨水井、集水井、横向排水管、渗沟等，同时定期清除雨水井集水井污物。

### （五）冬季养护

1.冰雪地区路段水泥混凝土路面冬季养护的重点是除雪、除冰、防滑；作业的重点是桥面、坡道、弯道、垭口及其他严重危害行车安全的路段。

2.除雪、除冰、防滑要根据气象资料、沿线条件、降雪量、积雪深度、危害交通范围等确定作业计划，并做好机驾人员培训，机械设备、作业工具、防冻防滑材料的准备。

3.除雪作业以清除新雪为主。化雪时应及时清除雪水和薄冰。除冰困难的路段应以防滑措施为主，除冰为辅。除冰作业应防止破坏路面。

4.路面防冻防滑的主要措施：

（1）使用盐或其他融雪剂降低路面上的结冰点。

（2）使用砂等防滑材料或与盐掺和作用，加大轮胎与路面间的摩擦因数。

（3）防冻、防滑料施撒时间，主要根据气象条件（降雪、风速、气温）、路面状况等来确定。一般可在刚开始下雪时就撒布融雪剂与防滑料掺和撒布，或者估计在路面出现冻结前1~2h撒布。

（4）防止路面结冻时，通常撒布，一次防冻料即可，除雪作业时，撒布次数可以和除雪作业频率一致。

（5）在冻融前，应将积雪及时清除路肩之外，以免雪水渗入路肩。冰雪消融后，应清除路面上的残留物。

（6）禁止将含盐的积雪堆积于绿化带。

### （六）坑洞修补

水泥混凝土路面坑洞的产生，主要由粗集料脱落或局部振捣不密实等原因所致。发生坑洞面积不等，有的在一块板或多块板上出现。坑洞尽管对行车影响不大，但对路面的外观和表面功能都有较大影响，因此，应根据实际情况采取相应措施进行修补。

1.对个别的坑洞，应清除洞内杂物，用水泥砂浆等材料填充，达到平整密实。

2.对较多坑洞且连成一片的，应采取薄层修补方法进行修补。

（1）画出与路中心线平行或垂直的修补区域图形。

（2）用切割机沿修补图形切槽，切割深度应在6 cm以上，用风镐清除槽内混凝土，使槽底平面达到基本平整，并将切割面内的光滑面凿毛。

（3）用压缩空气吹净槽内的混凝土碎屑和灰尘。

（4）按原混凝土配比设计配制混凝土，宜掺加早强剂。混凝土拌和物填入槽内，振捣密实，并保持与原混凝土面板齐平。宜喷洒养护剂养护。

（5）待混凝土达到通车强度后，方可开放交通。

3.低等级公路对面积较大、深度在3cm以内、成片的坑洞，可用沥青混凝土进行修补。

（1）用风镐凿除一个处治区，其图形边线应与路中心线平行或垂直。

（2）凿除深度以2~3 cm为宜，并清除混凝土碎屑。

（3）沥青混凝土应碾压密实平整。

（4）待沥青混凝土冷却后，控制车速通车。

## （七）接缝维修

水泥混凝土路面的接缝，包括纵向施工缝、纵向缩缝、横向施工缝、横向缩缝、横向胀缝等。接缝是水泥混凝土路面的薄弱环节，最易引起破坏，水、砂子等物也最容易从接缝进入，导致面板的唧泥、脱空、断板、沉陷等病害的产生，因此对接缝必须加强养护维修，以减少路面病害的产生。

1.接缝填缝料损坏维修，应符合下列规定。

（1）接缝中的旧填缝料和杂物应予清除，并将缝内灰尘吹净。

（2）在胀缝修理时，应先将热沥青涂刷缝壁，再将接缝板压入缝内。对接缝板接头及接缝板与传力杆之间的间隙，必须用沥青或其他填缝料填实抹平。上部用嵌缝条的，应及时嵌入嵌缝条。

（3）用加热式填缝料修补时，必须将填缝料加热至灌入温度。宜用嵌缝机填灌，填缝料应与缝壁黏结良好和填灌饱满。在气温较低季节施工时，应先用喷灯将接缝预热。

（4）用常温式填缝料修补时，除无须加热外，其施工方法与加热式填缝料相同。

（5）填缝料的技术要求与施工质量验收标准，应符合有关规范的规定。

2.纵向接缝张开维修，应符合下列规定。

（1）当相邻车道面板横向位移、纵向接缝张开宽度在10mm以下时，宜采取聚氯乙烯胶泥、焦油类填缝料和橡胶沥青等加热施工式填缝料，其方法参照上述（1）条执行。

（2）当相邻车道面板横向位移、纵向接缝张口宽度在10mm以上时，宜采取聚氨酯类常温施工式填缝料进行维修。维修前应清除缝内杂物和灰尘。应按材料配比配制填缝料。宜采用挤压枪注入填缝料。填缝料固化后，方可开放交通。

（3）当纵向接缝张口宽度在15mm以上时，采用沥青砂填缝。

3.接缝出现碎裂时，接缝维修应符合下列规定。

（1）在破碎部位外缘，应切割成规则图形，其周围切割面应垂直于面板，底面宜为平面。

（2）应清除混凝土碎块，吹净灰尘杂物，并保持干燥状态。

（3）宜用高模量补强材料进行填充维修。

（4）修补材料达到通车强度后，方可开放交通。

### （八）表面起皮（剥落、露骨）处治

表面起皮（剥落、露骨）处治应根据公路等级和表面破损程度，采取不同的材料和施工方法进行，对局部板块的表面起皮应进行罩面。

1. 一般公路水泥混凝土面板表面起皮（剥落、露骨）宜采用稀浆封层加以处治。

2. 高速公路水泥混凝土面板表面起皮（剥落、露骨）宜采用改性沥青稀浆封层或沥青混凝土加以处治。

3. 较大面积的水泥混凝土面板表面起皮（剥落、露骨），宜采取稀浆封层及沥青混凝土罩面加以处治。

## 二、水泥混凝土路面修复与表面功能恢复

### （一）整块面板翻修

1. 旧版凿除应注意对相邻板块的影响，尽可能保留原有拉杆。宜用液压镐凿除破碎混凝土板，应及时清运混凝土碎块。

2. 基层损坏部分应予清除，并将基层整平、压实。

（1）个别板块基层宜用 C15 贫混凝土将路面基层补强，其补强混凝土顶面标高应与旧路面基层顶面标高相同。

（2）宜在混凝土路面板接缝处的基层上涂刷一道宽 20cm 的沥青带。

3. 在进行路面板翻修时，在路面排水不良地带，路面板边缘及路肩应设置路基纵、横向排水系统。

（1）单一边板块翻修时应在路面板接缝处设置横向盲沟。

（2）较长路段翻修时宜设纵横向盲沟，并应在纵坡底部设置横向盲沟。

4. 混凝土配合比及所选用的材料，应根据路面通车时间的要求选用快速修补材料。

（1）混凝土拌和机宜设置在施工现场附近。

（2）可采用翻斗车运送混合料，人工摊铺，宜用插入式振捣器振捣，振动梁刮平提浆，人工抹平，按原路面纹理对混凝土表面进行处理。

（3）宜采用养护剂进行养护。

（4）相邻板块的接缝宜用切缝机切至 1/4 板块深度。

（5）清除缝内杂质，灌接缝材料。

### （二）部分路段修复

1. 旧水泥混凝土板破碎，宜采用配备液压镐的混凝土破碎机，液压镐落点间距为40cm。

（1）应及时清除混凝土碎块。

（2）整平基层，采用压路机压实。压路机上下路床应设置三角导木。

2. 基层强度不足时，可采用水稳性较好的材料进行处理。

3. 应结合路面维修，设置纵横向排水系统。排水系统设置应按本规范规定执行。

4. 混凝土施工前应在路面基层上做沥青下封层，沥青用量为 1.0kg/m²。

5. 新老水泥混凝土板交接处应设传力杆。

（1）在新旧路面板交接处，在旧面板 1/2 板厚处，每隔 30cm 钻一直径为 28mm，深 22.5cm 的水平孔。

（2）用压缩空气清除孔内混凝土碎屑。

（3）向孔内灌入高强砂浆。

（4）在旧混凝土板侧向涂刷沥青，将 Φ25mm，长 45cm 的光圆钢筋，插入老混凝土面板中。

（5）对损坏的拉杆要修复，可在原拉杆位置附近，打直径为 18mm，深 35cm 的拉杆孔，用压缩空气清孔，灌高强砂浆，将 Φ14mm 长 70cm 的螺纹钢筋插入老混凝土面板中 35cm。

6. 水泥混凝土路面的材料要求、施工工艺应按照公路水泥混凝土路面有关施工规范执行。

7. 水泥在混凝土板块接缝处，用切缝机切 1/4 板厚深的缝。

## （三）旧水泥混凝土路面再生利用

1. 对水泥混凝土板的大面积破坏，可对旧混凝土进行再生利用。混凝土再生利用主要用作水泥混凝土面层粗集料、基层集料和碎块底基层。

2. 旧水泥混凝土板块强度达到石料二级标准时，可作为再生混凝土集料用。

3. 旧水泥混凝土板再生利用时，应符合下列要求：

（1）在旧水泥混凝土板破碎前，应标明涵洞、地下管道、排水管位置。在有沥青罩面层处应先用铣刨机清除沥青层。在地下构造物、涵洞、地下管道位置，以及破碎板与保留板连接处的第一块旧混凝土板，应用液压镐破碎。全幅路面板破碎可用落锤式破碎机进行施工。

（2）将旧水泥混凝土碎块装运到料场进行加工。在旧混凝土板破碎、装运、输送的过程中应将钢筋剔除。旧混凝土集料的最大粒径应为 40mm，小于 20mm 的粒料不再作为集料。

（3）做水泥混凝土配合比设计时，粒径小于 20mm 的集料宜采用新的碎石，掺加减水剂和二级干粉煤灰。

4. 旧水泥混凝土板块强度达到三级标准可作为基层集料。

（1）宜采用石灰、粉煤灰结旧混凝土集料基层。

（2）混凝土基层集料含量宜为 80%~85%。

（3）石灰、粉煤灰比例宜为 1:4。

5.水泥混凝土路面破损状况属差级时，应将混凝土板破碎作为底基层使用。

（1）在水泥混凝土路面两侧挖纵横向排水沟，排除积水。

（2）旧水泥混凝土板破碎按施工规范执行。落锤点间距为 30cm，宜交错布置，混凝土板碎块最大尺寸不超过 30cm。

（3）用灌浆设备将 M5 水泥砂浆灌入板块缝内。

（4）用 25T 振动压路机进行振碾，碾压速度为 2.5km/h，往返碾压 6 次，要求基层稳定，灌浆饱满。

（5）对软弱松动碎块应予清除，并用 C15 混凝土填补。

## （四）水泥混凝土路面表面功能恢复

1.水泥混凝土路面整条路段出现较大面积的磨损、露骨时，应铺设沥青磨耗层；弯道、陡坡局部路段出现路面磨光时，应采取机械刻槽的方法，以恢复水泥混凝土路面的表面平整度和摩擦因数。

2.对水泥混凝土路面面板较大范围的磨损和露骨可铺设沥青磨耗层。

（1）沥青磨耗层铺筑前应对混凝土面板进行修整和处理，应使水泥混凝土路面干燥清洁，不得有尘土、杂物或油污。

（2）水泥混凝土路面表面应喷洒 0.4~0.6kg/m² 的黏层沥青，宜采用快裂型乳化沥青。

（3）黏层沥青宜用沥青洒布车进行喷洒，在路缘石、雨水进水口、检查井等局部位置与沥青面层接触处用人工涂刷。

（4）喷洒黏层沥青应符合下列要求：黏层沥青应均匀洒布或涂刷，喷洒过量处应予刮除；当气温低于 10℃或路面潮湿时，不得喷洒黏层沥青；喷洒黏层沥青后，除沥青混合料运输车辆外严禁其他车辆、行人通过。

（5）黏层沥青洒布后，应立即铺筑沥青层，乳化沥青应待破乳后铺筑。

3.改性沥青稀浆封层。

（1）采用改性沥青稀浆封层时，其施工程序与普通稀浆封层基本相同，但必须使用改性稀浆封层机，采用慢裂快凝型乳化沥青。

（2）采用慢裂快凝型乳化沥青，一般 1h 后可开放交通。

（3）在 25℃的标准气温下，混合料拌和时间应不少于 120s；当气温为 30℃时，拌和时间应不少于 180s。拌和好的混合料应均匀、无花白料，在手中用力攥紧，能攥出水并黏成球体，落地后不散。

（4）由于现场气候与原材料尤其是矿料可能存在的差异，以及室内外条件的差异，所以在施工阶段应对室内选定的配合比数据结合施工现场情况进行适当调整，确定现场最适合的配比，同时应注意气候变化对配比的影响。

4.路面磨光时，可采用刻槽法进行处治。混凝土板刻槽宜采用自行式刻槽机，应在指定的线路上安置导向轨，并将导向轮扣在导向轨上，刻槽深度为 3~5 mm，槽宽为 3~5

mm，缝距为 10~20mm。刻槽时宜由高向低逐步推进。

5. 对局部板块出现的露骨，可采用快速修补混凝土进行薄层水泥混凝土罩面。实施时首先需凿除水泥混凝土面板表面，凿除深度一般为 1~5cm，用高压水冲洗板块毛面，用压缩空气清除板块表面水分，应在混凝土毛面上涂一层界面黏结剂，界面黏结剂应具有较好的黏结性能和一定的黏结强度。然后在现浇混凝土板边立模，配制快速修补混凝土，使其满足坍落度、凝结时间、泌水率和强度的要求，采用强制式搅拌机拌和 60~90s，采用人工摊铺、平板振捣器振捣密实、振动找平、人工抹面、压纹。修补混凝土摊铺后 2 h，对其进行保湿养护 24 h。

## 三、水泥混凝土路面加铺与加宽

### （一）水泥混凝土加铺层

1. 选择加铺方式

在旧水泥混凝土路面上，加铺的水泥混凝土路面面层有接合式、分离式及直接式三种。

加铺方式应根据原有路面的损坏情况、接缝类型和布置及原路面的路拱坡度和加铺路面的路拱坡度等条件来选择。当加铺层与原有路面坡度基本一致时，可采用接合式或直接式加铺。

当原有路面结构损坏严重、板块裂缝多、不易修复，或原有路面接缝不合理、新旧路面坡度不一致时，应采用分离式加铺层。

（1）接合式加铺层作业时，首先对原路面进行凿毛并清洗干净，涂以黏结剂，随即浇筑加铺层，使加铺层与旧路面黏结为一个整体，共同发挥结构的整体强度作用。可用等刚度法按接合式进行应力计算与厚度设计。接合式加铺层厚度不小于 10 cm。

（2）分离式加铺层是在旧路和加铺层之间设置隔离层，各层混凝土独立地发挥其强度作用。

当隔离层为油毡时，其隔离层厚度很小，引起的垂直变形忽略不计，可以直接进行加厚层的应力分析与厚度设计。分离式加铺层厚度不小于 18 cm。

（3）直接式加铺层是在清洗干净的原路面上，不涂黏结剂，也不凿毛，直接浇筑水泥混凝土。

由于新旧路面之间的摩擦阻力作用，因而具有一定的结构整体性。层间接合能力介于接合式与分离式之间。直接式加铺层厚度不小于 14 cm。

2. 选择加铺结构

选择加铺结构时，对大交通量、重载交通道路水泥混凝土路面加铺，应采取连续配筋或钢筋混凝土加铺层。对地面高程受到限制的路面、桥面铺装，可采取钢纤维混凝土加铺层。钢纤维混凝土的弯拉强度为普通混凝土的 1.5~2.0 倍。采用钢纤维混凝土加铺层时，接合式加铺层厚度不小于 5cm，直接式加铺层厚度不小于 12cm，分离式加铺层厚度不小于 14 cm。

3. 各类加铺层适用的技术条件

（1）当旧混凝土路面状况评定为"优"时，混凝土路面板块基本完好，板块的平面尺寸和接缝布置合理，新旧路面路拱坡度基本一致，接缝基本对齐，为提高水泥路面的承载能力，宜采用接合式加铺层。

（2）当旧水泥路面状况评定为"良""中"时，路拱坡度基本符合要求，板块的平面尺寸和接缝布置合理，为提高水泥混凝土路面的承载能力，加铺层铺筑前，应首先对路面的结构性损坏进行修复，对旧混凝土路面表面仔细清洗，清除旧混凝土表面剥落碎块及接缝中的杂物，并重新封缝。

（3）当旧水泥路面状况为"次"，或新旧混凝土路面的尺寸不同，或新旧路面路拱坡度不一致，或路面要进行拓宽时，为提高路面通行能力，应采用分离式加铺层。加铺层铺筑前，应对旧路面严重破碎、脱空、裂缝继续发展的板块进行破碎、清除，用混凝土补平。隔离层材料应采用油毡、沥青砂及细粒式沥青混凝土等稳定性较好的材料。

（4）当旧水泥路面状况为"差"时，应将旧水泥路面破碎、灌浆、碾压稳定以作为垫层使用，在垫层上铺筑一层半刚性基层，半刚性基层的最小厚度不小于15cm，然后再铺筑水泥混凝土加铺层。

4. 加铺前的技术调查

在对旧水泥混凝土路面进行加铺前，应对原有水泥混凝土路面做技术调查，调查的项目有年平均交通量、交通组成及增长率、公路修建与养护的技术资料、原有路面结构、宽度、厚度及路拱情况、原有路面状况的评定、路基的填土高度、地下水位、多年平均最大冻深、排水与积水状况等，旧混凝土的弯拉强度与弯拉弹性模量、旧混凝土路面面板的厚度、基层顶面的当量回弹模量。

5. 旧路面的处理

（1）对旧混凝土路面进行调查，分板块逐一编号，绘制病害平面图。

（2）按设计要求对病害面板进行处理。

（3）板底脱空可采用板下封堵的方法进行压浆处理。

（4）板块破碎，角隅断裂、沉陷、缺角等病害板，必须用破碎机（液压镐）凿除。

6. 铺筑隔离层

在旧混凝土顶面宜铺筑一层隔离层。

（1）铺筑前应先清除旧面板表面杂物，冲刷尘污，使板面洁净无异物。

（2）用清缝机清除水泥混凝土面板接缝杂物，用灌缝机灌入接缝材料。

7. 计算加铺层厚度

水泥混凝土加铺层厚度应通过计算确定，且不小于 18 cm。

水泥混凝土加铺层半幅施工时模板应采用钢模板，中模以角钢为宜，必须支立稳固，其平面位置与高度应符合设计要求。

混凝土配合比设计，混合料搅拌、运输、摊铺、振捣、整平、接缝设置、表面修整、养护、锯缝、填缝等工艺应符合公路水泥混凝土路面有关施工规范规定。

加铺层时，新、旧混凝土面板应尽可能对缝；模板拆除时，必须做好锯缝位置的标记。

8. 钢纤维加铺层

钢纤维混凝土加铺层适用于路面标高受到限制的路段。

钢纤维混凝土加铺层与普通混凝土加铺层的形式相同，也分为接合式、直接式、分离式。钢纤维混凝土加铺层除纤维混凝土施工工艺外，与普通混凝土加铺层的施工前准备工作、对旧面板的处理、立模等基本相同。

钢纤维用量按占混凝土的体积百分率计，钢纤维体积率为1.27%。钢纤维混凝土拌和物的配合比及混合料搅拌、摊铺、振捣、整平养护等，均应符合公路水泥混凝土路面有关施工规范的规定。

接合式或直接式加铺层的接缝应与原路面相对应。分离式加铺层可不受老路面限制，横向纵缝间距可为15m，纵、横向施工缝及胀缝的设置与普通混凝土路面相同，全幅摊铺的路面可不设纵缝，拆模时必须做好锯缝标记。

进行钢纤维混凝土配合比设计时，首先应计算配制强度，确定钢纤维体积率及水灰比、单位用水量、单位水泥用量及含砂率，应采用绝对体积法计算粗细集料的用量，最后计算钢纤维用量。

使用插入式振捣器对钢纤维进行振捣时，有可能会使钢纤维向振动着的振动棒聚集，产生集束效应，为确保钢纤维的二维分布，宜使用平板振捣器振捣成型。为保证边角混凝土密实，振捣棒可沿路线纵向斜向拖动。

钢纤维混凝土宜采用真空吸水工艺机械抹平，阻止纤维外露。采用刻槽机刻槽工艺可避免压纹或拉毛产生的平整度差和纤维外露的现象。

9. 连续配筋混凝土加铺层

连续配筋混凝土加铺层适用于高速公路。

（1）连续配筋混凝土加铺层的厚度设计方法与普通混凝土路面相同，其所用材料应符合有关施工技术规范的要求。

（2）纵向、横向钢筋应采用螺纹钢筋。纵向钢筋配筋率由计算确定，一般控制在0.5%~0.7%。横向钢筋用量可取纵向钢筋用量的1/5~1/8。

（3）钢筋布置应符合下列要求。

1）纵向钢筋间距不小于10 cm且不大于25 cm。

2）横向钢筋间距不大于80 cm。

3）纵向钢筋焊接长度不小于50cm，或不小于钢筋直径的30倍，焊接位置相互错开，不应在一个断面上重叠。

4）纵向钢筋应设在面板厚度的1/2处，横向钢筋位于纵向钢筋之下，横向钢筋下设梯形混凝土支撑垫块。

5）边缘钢筋至板边的距离一般为 10~15 cm。

（4）纵向钢筋的焊接应采用闪光对焊或电弧焊，焊接的接头形式、焊接工艺和质量验收应符合现行有关施工技术规范的要求。

（5）连续配筋混凝土加铺层的施工必须连续作业，搅拌与运输各个环节应严格控制水量，运输宜采用自卸汽车。

（6）摊铺前应在基层表面洒水，摊铺顺序应严格安排，前后各道工序应紧密衔接，避免高温施工。一般宜采用摊铺机，如采用人工摊铺时应注意防止扰动钢筋的正确位置。每段施工中不得有接缝，若摊铺因故中断，则需设置平缝形式的施工缝，纵向钢筋仍应保持连续，并穿过接缝增设拉杆。

（7）端部处理。在与其他路面或桥梁、涵洞等构造物连接处，必须进行端部处理。可根据实际情况连续设置三道胀缝或三道矩形锚固梁。

（8）接缝设置。

1）一次铺筑宽度为 4.5m 时，应增设纵向缩缝。纵缝不另设拉杆，由一侧板的横向钢筋延伸，并穿过纵缝代替拉杆。

2）施工缝可采用平缝，纵向钢筋应保持连续，穿过接缝。

3）胀缝构造与普通混凝土路面相同。

10. 直接式加铺层施工注意事项

直接式加铺层施工需清除旧面板表面积物，冲刷尘污，使板面洁净无异物。直接式加铺层厚度应通过计算确定，且不小于 14 cm。

（1）采用直接式加铺层的路段，其板面应基本完好、平整。旧混凝土面板局部裂缝处应采用钢筋网片补强，钢筋网片覆盖于裂缝之上，超过裂缝不小于 50 cm，网片距板底面 5 cm。

（2）水泥混凝土路面施工按照公路水泥混凝土路面有关施工规范规定执行。

## （二）沥青混凝土加铺层

1. 沥青混凝土加铺层一般要求

沥青混凝土加铺层要求旧混凝土路面稳定、清洁，对面板损坏部分必须进行维修。

2. 反射裂缝的防治

反射裂缝的防治可采用土工格栅、油毡、土工布、切缝填封橡胶沥青或做二灰碎石、水泥稳定粒料层。

（1）采用土工格栅施工，应符合下列规定。

1）先在混凝土面板上洒黏层沥青，沥青用量为 0.4~0.6kg/m³。

2）用 1~2 cm 沥青砂调平旧混凝土路面；宜采用玻璃纤维格栅压入沥青调平层，目前常用的玻璃纤维隔栅有带自黏胶和不带自黏胶两种。带自黏胶的可直接在平整清洁的路面上铺设，不带自黏胶的通常采用水泥钉加垫片固定。

3）玻璃纤维格栅铺设可由拖拉机或汽车改装的专用设备进行铺设，也可人工铺设。铺设前应使胶面向下，铺设应保持其平整、拉紧，不得有起皱现象，使格栅具备有效的张力，铺完一层再用干净的胶轮压路机碾压一遍。铺设玻璃纤维格栅时，要求气温大于10℃，沥青加铺层的最小厚度为4 cm。

4）采用膨胀螺丝加垫片固定格栅端部。

5）格栅纵、横向的搭接部分不小于20cm，纵向搭接应根据沥青摊铺方向将前一幅置于后一幅上。

6）格栅中部在混凝土面板纵、横缝位置及两外侧边缘用铁钉加垫片固定。

7）固定格栅时不能将钉子钉在玻璃纤维上，也不能用锤子直接敲击玻璃纤维，固定后如发现钉子断裂或铁皮松动，则需重新予以固定。

8）玻璃纤维格栅铺设、固定完成后，必须用胶轮压路机进行适度碾压稳定，使格栅与原路表面黏结牢固。

9）玻璃纤维格栅背胶易溶于水，雨天或路面潮湿时不得进行施工。因为玻璃纤维格栅有刺激性，所以施工时作业人员应戴防护手套。

10）在玻璃纤维格栅铺设过程中，若发现路面有较小的坑塘，可将铺好的格栅在对应坑塘的部分剪开，并用沥青混凝土填平，以便在铺上层沥青混合料时能保证其具有均匀的压实度。

（2）采用聚酯改性沥青油毡施工，应符合下列规定。

1）将油毡切割成50cm宽的长条带。

2）用压缩空气清除表面杂物和灰尘，在接缝内灌入接缝材料。

3）将油毡铺放在接缝处，缝两侧各25cm，薄膜面朝下，然后用喷灯烘烤油毡底面，当烘烤到薄膜熔化、毡底有光泽并发黑、有一层薄的熔融层时，再用推杆压实油毡，使油毡与底层黏结，按此方法铺好第一卷。

4）在油毡接头搭接部分，接合部搭接宽度为10cm，用汽油喷灯烘烤油毡，当油毡处于熔融状态后压实，要使上、下层油毡紧密结合在一起。

5）在沥青层摊铺前，用一层沥青砂覆盖油毡表面。

6）非施工车辆不得在油毡上行驶，若发现油毡脱皮，使用喷灯烘烤，用推杆压实。

### （三）水泥混凝土路面加宽

加宽部位的路基填筑应符合设计要求，路基顶面应与原路基顶面齐平，施工质量应符合现行路基施工技术规范的要求。

1. 土基加宽

土基加宽时应先将原边坡坡脚或边沟清淤。

（1）必须铲除边坡杂草、树根和浮土。

（2）应分层填筑压实土基。

（3）必须处理好新旧路基的衔接，在新老路基交界处，路基与基层界面上铺设一层土工格栅。

（4）加宽路基时，应同时做好路基排水系统。

2.路面基层加宽

路面基层拓宽时，新加宽的基层强度不得低于原有水泥混凝土路面的基层强度，宜采用相错搭接法。

3.混凝土路面加宽

（1）采用与原路面基层结构相同的材料铺筑路面基层。基层厚度大于20cm时，可采用相错搭接法进行。先用切割机距基层边缘30cm、沿路线纵向切割1/2的基层厚度，再用风镐凿除30cm范围内的1/2基层厚度，分层摊铺压实路面基层，新加宽的基层强度不得低于原有水泥路面的基层强度。

（2）加宽的混凝土面板的强度、厚度、路拱、横缝均宜与原混凝土面板相同。

（3）路面板加宽应按下列方法增设拉杆。

1）在面板外侧每间隔60cm，在1/2板厚处打一深30cm、直径18mm的水平孔。

2）清除孔内混凝土碎屑。

3）向孔内压入高强砂浆。

（4）水泥混凝土路面的施工，应符合公路水泥混凝土路面有关施工规范的规定。

## 四、水泥混凝土路面修补材料

修补材料的选择是保证水泥混凝土路面修补质量的关键之一。好的修补材料不仅可以使修补后的水泥混凝土路面很快恢复其使用性能，而且几乎看不到明显的修补痕迹。一般情况下，要根据水泥混凝土路面的破坏形式来选择修补材料。

### （一）路面修补材料分类

水泥混凝土路面修补的材料，按其性能可分为有机类修补材料、无机类修补材料及有机材料和无机材料的复合物。修补材料按用途可分为裂缝修补材料、板块修补材料和罩面材料。

1.有机类修补材料

有机类修补材料是以含碳有机化合物为基体通过有机合成或聚合反应加工成的链状或网状有机材料。它们的特点是在常温或高温下具有一定的塑性、弹性和机械强度，在热、光、化学添加剂等影响下发生分解、交联和老化等变化；其物理性质和机械性能随分子结构的不同而异。用于水泥混凝土路面修补的有机材料大多为合成胶粘剂，如用于裂缝灌浆修补的环氧树脂类胶粘剂、酚醛树脂类胶粘剂、聚氨酯类胶粘剂、烯类高分子胶粘剂、有机硅胶粘剂、硅烷偶联剂、橡胶类胶粘剂和沥青类胶粘剂等。

**2. 无机类修补材料**

无机类修补材料不含有机化合物，这类修补材料主要是在物理、化学作用下，从浆体变成坚固的石状体，并胶结其他物料，产生一定的机械强度，如各种水泥快硬早强修补剂等。

**3. 有机—无机复合物**

有机—无机复合物采用有机材料和无机材料进行复合而成。根据不同用途，这类材料有以有机材料为主、无机材料为辅的；也有以无机材料为主、有机材料为辅的。前者多用于水泥混凝土路面裂缝修补和边角修补；后者则多用于水泥混凝土路面整板或局部修补。从实际使用发现，采用有机—无机复合物进行水泥混凝土路面修补常能获得比单用一种材料或有机材料修补更好的效果。

## （二）裂缝修补材料

裂缝修补材料根据其功能可分为高模量补强材料和低模量密封材料。前者固化后具有较高的强度和刚度，后者则具有较大的柔性。当水泥混凝土路面由于裂缝造成强度不足时，宜选用高模量补强材料。当水泥混凝土路面仅出现贯穿裂缝，而板面强度仍能满足通车要求时，为防止雨水和空气的侵蚀，裂缝扩大而削弱路基，可选用低模量密封修补材料，将裂缝封闭。

**1. 环氧树脂类修补材料**

环氧树脂类修补材料的主要组分是环氧树脂，它是含有两个以上环氧化基团的高分子化合物。常见的环氧树脂可分为两类：一类是缩水甘油基型环氧树脂，一类是环氧化烯烃。水泥混凝土路面修补中使用的环氧树脂类材料大多属缩水甘油基型，常用的有由多元酚和多元醇制备的双酚 A 环氧树脂。

双酚 A 环氧树脂本身很稳定，即使加热到 200℃也不变化，但它的活性又是很大的，所以要在改性或碱性固化剂的作用下才固化。在双酚 A 环氧树脂分子结构中有羟基和醚键，在固化过程中，伴随着固化剂的化学作用，还能进一步生成羟基和醚键，不仅有较高的内聚力，而且和被粘物表面可以产生很强的黏附力。同时环氧树脂的收缩率比其他树脂低，因此可用它作为水泥混凝土路面的裂缝灌浆材料。

由于环氧树脂本体延伸率低、脆性大，当与老混凝土胶接时，接头承受外应力很快会造成缺陷区扩展，裂缝蔓延，从而导致胶层开裂，使胶接接头不耐疲劳。因此，必须对环氧树脂进行改性，既要充分利用环氧树脂本身强度高、黏附力强的优点，又要通过改性，降低其脆性，提高延伸率。环氧树脂改性的方法是加一些改性剂，如低分子液体改性剂、增柔剂、增韧剂等。

**2. 聚氨酯类灌浆材料**

水泥混凝土路面裂缝修补选用的另一种胶接性能很好的灌浆材料是聚氨酯胶液，由于聚氨酯具有柔性的分子链，它的耐振动性及抗疲劳性能都很好，同时，聚氨酯的耐低温性能也很好。因此，用聚氨酯配成的裂缝灌浆材料耐气候性好，在各个季节在各个地区都可使用。

聚氨酯胶液的主体材料是多异氰酸酯和聚氨酯，因而具有高度的极性和活泼性，对水泥混凝土具有极高的黏附性能。聚氨酯固化时，几乎没有任何副产物产生，因此不会产生胶接层缺陷。

聚氨酯胶液的化学结构式因聚合反应中所用的材料不同而异。可用于水泥混凝土路面裂缝修补的聚氨酯灌浆材料，是用异氰酸酯和聚氨酯与多元醇或多元胺及其他含活泼氢的化合物聚合而成的。

3.烯类裂缝修补材料

烯类裂缝修补材料主要采用烯类聚合物配制而成，通常有两大类：一类是乙烯类单体或预聚体作胶粘剂，在固化过程中发生聚合反应；另一类是以高分子聚合物本身做胶粘剂，如热熔胶、乳液胶粘剂和溶液型胶粘剂。

## （三）接缝修补材料

水泥混凝土路面的接缝包括纵向施工缝、纵向缩缝、横向施工缝、横向缩缝、横向胀缝等。接缝是水泥混凝土路面的薄弱环节，最易引起破坏，特别是胀缝，损坏率甚高。

水泥混凝土路面的接缝修补材料分为接缝板和填缝料两大类，填缝料又分为加热施工式填缝料和常温施工式填缝料。在我国的水泥混凝土路面建设中，长期以来对接缝材料不够重视，所用的接缝板和填缝料大多是沥青混合物，使用较少的聚氯乙烯焦泥，性能也不佳。

1.接缝板

用于水泥混凝土路面接缝修补的接缝板应具备如下技术性能：一是具有一定的压缩性及弹性，当混凝土板高温膨胀时不被挤出；当混凝土板低温收缩时，能与混凝土板缝壁连接，不被拖断，不产生缝隙。二是耐久性好，在混凝土路面施工时不变形且具有较高的耐腐蚀性。目前常用的接缝板有软木板、聚氨酯硬泡沫板松木板。

（1）软木板

软木板是由栓皮栎树的外皮经破碎分选后获得的纯净软木粒，用高级弹性树脂胶合制得的预制型产品。用作接缝软木板时需进行防腐处理，它具有富有弹性、传热低、透水性小、透气性低和耐磨、耐腐蚀等特点。

（2）聚氨酯硬泡沫板

它由特制的聚醚树脂与多次甲基多苯基多异氰酸酯在催化剂、稳定剂、发泡剂等的作用下，经发泡反应而制得，具有吸水性小、耐磨、耐油耐腐蚀及耐热等优点。

（3）松木板

松木板是公路部门多年来用的传统接缝材料，由于木板复原率低，树节较多，容易吸湿，易腐蚀，耐久性差，因此使用效果较差。

2.填缝料

用于水泥混凝土路面修补的填缝料应具备如下技术性能：一是与水泥混凝土板缝壁具有较好的黏结力，当混凝土板伸缩时，填缝料能与混凝土板缝壁粘接牢固，而不致从混凝土缝壁上拉脱。二是具有较高的拉伸率，填缝料必须能随混凝土板伸缩，而不致被拉断。三是具有好的温度性能，在夏季高温时，填缝料不发生流淌；在冬季低温时，填缝料不发生脆裂，且仍具有一定的延伸性。四是耐久性好，在野外恶劣的气候条件下，填缝料应能在较长时间保持良好的使用性能，即耐磨、耐晒及耐水等，不过早老化。

（1）加热施工式填缝料

1）聚氯乙烯胶泥

聚氯乙烯胶泥是以煤焦油为基料，加入聚氯乙烯树脂、增塑剂、填充料和稳定剂等配制而成。聚氯乙烯胶泥系由工厂配制好的单组分材料，外观呈黑色固溶体状。施工时加热至灌入温度（130~140℃）。为防止焦化变质，应采用间接加热法。采用填缝机进行灌缝，冷却后即可成型。

2）ZJ型填缝料

ZJ型填缝料系单组分材料，外观呈黑色糊状，相对密度1.3~1.35，成品可储存较长时间，施工时加热至130℃，在此温度下至少保持15min并不断搅拌，此时流动性较好，借助漏斗类工具即可填料，冷却后便可成型。但加热温度不得超过160℃，否则材料呈蜂窝状（树脂碳化）而失败。

3）橡胶沥青

公路部门多年使用的橡胶沥青填缝料系由石油沥青掺加废橡胶粉等配制而成。如丁苯橡胶沥青系由工厂采用预混式方法生产的单组分材料，外观呈黑色固体状，施工加热温度以170~180℃为宜。

（2）常温施工式填缝料

1）聚氨酯焦油类

此类填缝料为双组分材料。甲组分是以多异氰酸酯和多羟基化合物反应制得的聚氨酯。乙组分主要由煤焦油及填充料等组成。两个组分均是具有较好流动状态的黏稠液体，易于搅拌均匀混合，固化后形成橡胶状弹性体，具有耐磨、耐油、耐腐蚀及耐热等优点。

2）聚氨酯类

该类材料主要由甲组分(多异氰酸酯)、乙组分(多羟基化合物)组成，不含煤焦油成分。

### （四）板块修补材料

水泥混凝土路面板块修补问题，长期以来未能得到很好解决，其根本问题之一是修补材料的性能不理想。用于水泥混凝土路面板块修补的材料必须符合下列技术要求：

1.迅速硬化路面

修补与普通混凝土路面施工不同，需要进行修补的水泥混凝土路面都是正在使用的道路，不允许长时间封闭交通甚至封闭交通。因此，修补材料必须具有迅速硬化的性能，使修补路面短时间内达到通车的强度要求。

**2.收缩小**

对于水泥混凝土路面修补，新老混凝土的结合部位是薄弱环节。收缩产生收缩应力，使新老混凝土拉开。因此，要控制修补材料的收缩率，尽可能选用无收缩或收缩率很低的修补材料。

**3.具有一定的黏性**

为提高新老混凝土的结合力，要求修补材料本身具有一定的黏性。

**4.后期性能稳定，强度发展与老混凝土基本同步**

修补材料的后期强度发展速度应与老混凝土基本一致，不允许强度降低，也不要强度发展过快，致使新老混凝土力学性能差异太大，影响路面的整体性能。

**5.耐磨性高，耐久性好**

修补材料的耐磨性不应低于老混凝土的耐磨性能。新修补混凝土应具有抗冻、耐腐蚀、抗渗等耐久性能。

**6.施工和易性好**

修补混凝土的凝结时间应满足施工要求。对于需水量大、硬化过快的修补材料，应通过试验，以保证新修补的水泥混凝土的施工和易性。

### （五）罩面材料

对于出现严重裸石的水泥混凝土路面，可采用罩面的方法进行修补。罩面修补材料的主要要求是：一是与老混凝土黏结力强；二是材料抗折抗压强度满足行车要求；三是材料耐磨性高；四是材料耐蚀，不易老化。

**1.聚合物乳液细石混凝土**

聚合物乳液细石混凝土由部分高分子聚合物乳液胶粘剂、高效的合早强剂和石子粒径为 5~20mm 的碎石混凝土组成。

**2.钢纤维水泥砂浆**

用钢纤维配成钢纤维增强水泥砂浆或钢纤维增强细石混凝土，对损坏的水泥混凝土路面进行罩面修补，具有较好的应用效果。

用于水混凝土路面罩面修补的钢纤维水泥砂浆，钢纤维体积率以 1%~2% 为宜，钢纤维的长径比可略高于用于钢纤维增强混凝土的长径比，限制在 70~100，水泥与砂的质量比可视具体情况而定，一般为 1:1.2~1:2.0，水灰比控制在 0.40~0.46。

**3.沥青混凝土**

沥青混凝土级配可参照普通沥青混凝土级配的要求确定。

沥青混凝土罩面的最大问题是老混凝土缺陷的反射与混凝土间的黏结。老混凝土缺陷的反射至今尚无好的解决方法。对于裂缝较多的破碎水泥混凝土板面，尽可能不采用沥青混凝土。

# 第三节　桥涵构造物养护与维修

## 一、桥梁检查、评定与检验

熟悉桥梁检查的分类，掌握经常性检查、定期检查，熟悉特殊检查；掌握桥面铺装、伸缩缝装置、桥面排水设施，熟悉栏杆、扶手及人行道的检查。掌握桥面附属设备、桥梁上部结构、基本构件缺陷的检查方法，熟悉梁式桥横向联系的检查方法；掌握拱桥、支座及桥梁墩台与基础的检查方法，熟悉桥梁技术状况的评定和分类方法，桥梁技术状况评定流程及评定方法和标准，桥梁检验的准备工作，桥梁结构检算、桥梁静、动载试验。

桥梁的检查与检验是桥梁养护工作的两个重要环节，也是桥梁养护的基础性工作。对桥梁进行检验与检查，目的在于系统地掌握桥梁的技术状况，较早地发现桥梁的缺陷和异常，进而提出合理的养护措施。

### （一）桥梁检查

1.桥梁检查的分类

桥梁检查分为经常检查、定期检查和特殊检查。

（1）经常检查

经常检查也叫一般检查，主要对桥面设施和桥台附属构造的技术状况进行日常巡视检查，及时发现缺损，进行小修保养工作。

（2）定期检查

定期检查也叫详细检查，桥梁的定期检查是桥梁养护管理系统中，采集结构技术状况动态数据的工作，为评定桥梁使用功能、制订养护计划提供基本数据。

按规定周期，由实践经验丰富的专职桥梁养护工程师参与，对桥梁主体结构及其附属构造物的技术状况进行全面检查，主要检查各部件的功能是否完善有效、构造是否合理耐用，发现问题需及时进行大修、中修，以改善或限制交通的桥梁缺损状况。同时，还需检查小修保养状况。定期检查以目测为主，辅以必要的测量仪器，以及望远镜、照相机、探查工具和现场器材等设备，必须接近或进入各部件以仔细检查其功能材料的缺损状况，并在现场完成以下工作。

（3）特殊检查

桥梁特殊检查根据桥梁破损状况和性质，采用适当的仪器设备，以及现场勘探、试验等特殊手段和科学分析方法，查明桥梁病害原因、破损程度和承载能力，确定桥梁的技术状态，以便采取相应的加固、改善措施。

桥梁特殊检查分为应急检查和专门检验。

应急检查：桥梁遭受洪水、流冰、漂流物、船舶撞击及滑坡、地震、风灾和超重车辆通过之后，应立即对结构做详细检查，查明破损状况，采取应急措施，尽快恢复交通。应急检查通常由地（市）级公路管理机构的专职桥梁养护工程师主持。

专门检验：对于定期检查中难以判明损坏原因及程度的桥梁、要求提高载重等级的桥梁以及技术状况为四类的桥梁，要求针对病害进行专门的现场试验检测，验算与分析等鉴定工作，以便采取有效的养护措施。

专门检查通常由省级公路管理机构的总工程师或被授权的专职桥梁养护主管工程师主持，委托公路桥梁检测中心或具有这种能力的科研设计单位、工程咨询单位，签订特殊检查合同后实施。

实施特殊检查前，应充分收集资料，包括计算书、竣工图、材料试验报告、施工记录、历次桥梁定期检查和特殊检查报告以及历次维修资料等，原资料不全或有疑问时，可现场测绘构造物尺寸，测试构件材料组成及性能，勘察水文地质情况等。

特殊检查之后，应提交检查报告。检查报告包括以下内容：概述检查的一般情况，包括桥梁的基本情况，检查的组织、时间、背景和工作过程等；当前桥梁技术状况的描述，包括现场调查、试验与检测项目及方法、检测数据与分析结果和桥梁技术状况评价等；详细阐述检查部位的损坏原因及程度，并提出结构构件和总体的修理、加固或改造的建议方案。

2. 桥面检查

（1）桥面铺装的检查

桥面铺装的检查首先是调查桥面铺装的类型，然后检查铺装层存在的主要缺陷。

（2）伸缩缝装置的检查

伸缩缝装置的缺陷首先有可能导致跳车，影响行车舒适，引起司机心里不快，从而造成交通事故。

伸缩缝装置的检查主要是通过目测，必要时用直尺测量破坏的范围，并在记录中详细描述缺陷的形式。

对 U 形伸缩缝，主要检查伸缩缝是否堵死，缝内的沥青是否挤出或冷缩，锌铁皮是否拉脱。对钢制梳形板式伸缩缝，主要检查钢板是否被破坏，伸缩缝间隙是否被石块等杂物卡死，连接螺栓是否损坏。对目前使用较多的橡胶伸缩缝，则主要检查橡胶件的剥离、损坏或老化状况，锚固螺栓是否失效，伸缩缝是否有下陷或凸起等缺陷。

（3）桥面排水设施的检查

桥面排水设施的检查主要是检查桥面泄水管槽有无破损、堵塞及桥下是否漏水。桥面排水设施的缺陷在降雨、化雪时最易观察，因此最好在此时检查，也可在雨后进行。

桥面排水设施的缺陷往往导致桥面积水，桥面摩擦因数降低，引起车辆打滑。同时，积水通过桥面铺装裂缝或伸缩缝缺陷侵入桥梁主要承重结构，进而影响这些承重结构的耐久性。

（4）栏杆、扶手及人行道的检查

栏杆、扶手及人行道的检查主要是检查人行道、缘石、栏杆混凝土有无剥落、裂缝、露筋，扶手、立柱是否松动、脱裂、缺件等。

（5）桥面附属设备的检查

如果桥梁上设有标志牌、照明设备或过桥管线，则应检查标志牌是否醒目、齐备，照明设施是否满足使用要求，过桥管线是否有漏水、漏油、漏气等现象，通信电缆及电线绝缘性能是否安全可靠。

3.桥梁上部结构的检查

桥梁上部结构是桥梁的主要承重结构，由梁、板、拱肋等基本构件组成。

（1）桥梁基本构件缺陷的检查

桥梁基本构件的缺陷一般出现于施工或使用过程中。对钢筋混凝土桥梁上部结构的基本构件，主要检查构件表面是否存在以下现象。

检查裂缝的方法为：在裂缝的起点及终点用红油漆或红粉笔与裂缝垂直画线，同时也可在裂缝附近沿裂缝延伸方向划细线，以标明裂缝的形态和发展长度；在标注的裂缝上，选择目测裂缝宽度较大的位置用刻度放大镜量测裂缝的宽度；量出主要裂缝宽度后，将裂缝的位置、走向、长度、分布情况及特征用坐标法绘制裂缝展开图。

（2）梁式桥横向联系的检查

基本构件的横向联系是保证桥梁上部结构整体的重要组成部分。对横向联系的检查，一般包括联系本身状况的检查以及与基本构件连接状况的检查。

对有横隔板的梁式桥，主要检查横隔板的损伤裂缝及连接钢板的锈蚀情况；对无横隔板梁式桥，则主要检查桥道板的开裂状况。

（3）桥梁拱桥的检查

拱上立柱（或立墙）上下端、盖梁和横系梁应检查混凝土有无开裂、剥落、露筋和锈蚀，下承式拱桥的吊杆上下锚固区的混凝土有无开裂、渗水，吊杆锚头附近有无锈蚀或断裂现象。

双曲拱桥应注意检查拱肋间横向连接拉杆是否松动或断裂，拱波与拱肋接合处是否脱裂，拱波之间砂浆是否松散脱落，拱坡顶是否开裂、渗水等。

圬工拱桥的检查应包括下列内容：主拱圈有无变形，灰缝是否松散脱落、渗水，砌块有无断裂、脱落；实腹拱的侧墙与主拱圈间有无脱裂，侧墙角有无变形，拱上填土有无沉陷或开裂；空腹拱的小拱是否变形、错位，立墙或主柱有无倾斜、开裂；砌体表面是否长苔藓，砌缝有否滋生草木。

（4）桥梁支座的检查

桥梁支座主要检查其功能是否完好，组件是否完整、清洁，有无断裂、错位和脱空现象。另外，由于支座变形或其他因素的影响，支座上、下的结构也可能出现异常，因此应尽可能同时进行检查。

（5）桥梁墩台与基础的检查

墩台的变位（包括沉降、位移和倾斜）检查，通常先用目测并结合桥梁上部结构检查进行初步判断。墩台的水平位移可用铟钢线尺丈量或由小三角测量确定跨径，与竣工时的跨径进行比较即可得出水平位移值。

## （二）桥梁技术状况的评定

### 1.评定分类

桥梁评定分为一般评定和适应性评定。

桥梁一般评定是依据桥梁定期检查资料，通过对桥梁各部件技术状况的综合评定，确定桥梁技术状况等级，提出各类桥梁的维护措施。

桥梁适应性评定是依据桥梁定期及特殊检查资料，结合试验与结构受力分析，评定桥梁的实际承载力、同行能力、抗洪能力，并提出桥梁维护方案、改造方案。

### 2.桥梁技术状况评定流程

从实际使用来看，构件的评定最为复杂。新的评定标准越来越多地用到量化指标，造成查表工作量越来越大，评定的细则越来越多，计算工作量也更大，建议采用电算程序进行计算。

### 3.评定方法

根据缺损程度（大小、多少或轻重）、缺损时结构使用功能的影响程度（无、小、大）和缺损发展变化状况（趋向稳定、发展缓慢、发展较快）三个方面，以累加评分方法对各部件缺损状况做出等级评定。

重要部件（如墩台与基础、上部承重构件、支座）以其中缺损最严重的构件评分，其他部件根据多数构件缺损状况评分。

全桥总体技术状况的等级评定应采用考虑桥梁各部件加权系数的综合评定方法，也可以重要部件最差的缺损状况评定，或对照桥梁技术状况评定标准进行评定。各部件加权系数可参见要求，也可根据当地的环境条件和养护要求，采用专家评估法确定。

### 4.维护措施

对一般评定划定的各类桥梁，分别采取不同的养护措施：一类桥梁进行正常保养；二类桥梁需要进行小修；三类桥梁需进行中修，酌情进行交通管制；四类桥梁需进行大修或改造，并及时进行交通管制，如限载、限速通过，当缺损较严重时应关闭交通；五类桥梁需进行改建或重建，及时关闭交通。

对适应性不能满足的桥梁，应采取提高承载力，加宽、加长基础防护等改造措施；若整个路段有多座桥梁的适应性不能满足，应结合路线改造进行方案比较和决策。

## （三）桥梁检验

桥梁专门检验是对桥梁结构及部件的材料质量和工作性能方面所存在的缺损状况进行详细检测、试验、判断和评价的过程。检验的项目主要有以下两方面：1.结构材料缺损状况诊断，包括材料损坏程度检测、材料物理和化学性能测试及缺损原因的分析判断；2.结构整体性能、功能状况鉴定，包括结构承载能力（强度、刚度和稳定性等）鉴定、桥梁抗洪能力的鉴定。

结构材料缺损状况的检测宜根据缺损的类型、位置和检测的要求，选择表面测量、无破损检测技术和局部试样等有效、可靠的方法。试样宜在有代表性构件的次要部件获取，检测与评定要依照相应的试验标准进行。采用没有标准依据的检测技术，应事先通过模拟试验，制订适用的检测细则，保证检测结果具有一定的可靠性。

1.桥梁检验的准备工作

检验前应尽量收集有关资料，并做好现场核对工作。

2.桥梁静、动载试验

静力荷载试验按设计荷载或被控制的车辆荷载，并计及冲击系数的结构件应作为最大试验荷载，同时测量结构控制截面和约束部位的位移、应变（或应力）和裂缝等结构力学性能参数。将实测数据与计算值或规范值进行比较，当各项实测参数均小于或等于规定值时，一般可认为结构承载能力满足使用荷载的要求。

动力荷载试验通常采用一辆重车按可能的最高车速，分为四种以上车速进行往返行车试验，以及在跨中或 L/4 处进行跳车或制动试验，同时测量结构动力响应（位移、速度或加速度等参数的时间历程曲线），处理分析结构自振特性（振型、频率和阻尼系数）和受迫振动性能（位移峰值、冲击系数与临界车速等），评定结构动力性能是否满足行车和行人安全舒适的要求。承载力试验结果不满足要求的桥梁，在加固改善之前，应采取限载、限速或封闭交通的措施，并可继续监测结构变化状况。

桥梁定期检查、特殊检查、养护对策和维修、加固或改造的设计、施工、竣工验收等有关技术文件，均应按统一格式完整地归入桥梁养护技术档案。

# 二、涵洞的维护与加固

熟悉涵洞的养护要求，掌握涵洞检查内容、涵洞日常养护、涵洞雨季养护的原则；熟悉涵洞水毁的主要原因、涵洞雨季养护注意要点，掌握预防涵洞水毁的主要工作内容；熟悉涵洞汛期养护、涵洞水毁抢修、涵洞水毁恢复的方法，掌握涵洞的维护措施。

涵洞是公路上数量很多、形式多样且分布很广的一种构造物，是保证公路畅通无阻的环节之一，因此必须认真做好涵洞的养护工作。

## （一）涵洞养护的要求与检查内容

1.涵洞养护的要求

确保涵洞行车安全、排水顺畅和排放适当，保持涵洞结构及填土完好，保证涵洞表面清洁、不漏水。

2.涵洞检查内容

涵洞应定期进行检查。在洪水和冰雪季节前，应对有缺陷和损坏的涵洞进行实地检查。主要检查下列内容。

（1）涵洞的位置是否恰当，孔径是否足够，洞内有无淤塞、冲刷。

（2）涵洞有无开裂或其他破损，填土有无沉陷，涵底、涵墙有无漏水，八字翼墙是否完整。

（3）进水口是否堵塞，沉砂井有无淤积，洞口铺砌有无冲刷、脱落。

（4）涵洞内有无积水、积雪，洞身是否冻裂。

（5）现有涵洞设备是否能满足需要，是否需新建涵洞。

## （二）涵洞日常养护

涵洞日常养护的主要任务与要求如下。

1.及时清除洞口和洞内的淤积杂物和积雪，并将其抛弃到路基边以外的适当地点。

2.洞口和洞底铺砌发生变形、沉陷、破损和漏水时，均需及时修理，并整理上下游沟槽，使水流的坡度保持。

3.涵洞出水口的跌水、急流槽与洞口接合处发生裂缝时，应采用干燥麻絮浸透沥青填实，构件也应根据损坏程度及时修理或更换。

4.木涵上的螺栓、铁件如有松动、锈蚀、失落、损坏时，应当及时拧紧、更换或补充齐全。木构件也应根据损坏的程度及时修理或更换。

5.倒虹吸管易破裂、漏水，要认真检查，若虹吸管顶面出现湿斑，应及时停止使用，挖开修理，更换软化的路基填土和破裂的管节。接头处必须填塞紧密。

6.管涵的接头处和四铰涵管铰点的接缝处发生填缝料脱落时，应在采用干燥麻絮浸透沥青后填实，不得采用灰浆抹缝的办法修理。

7.砖、石涵洞的表面发生局部风化、轻微裂缝时，一般可用水泥浆或环氧树脂封闭。灰缝脱落时，应及时修补。

8.涵洞上下游的路基护坡、引水沟，泄水槽、窨井和沉淀井发生变形或沉陷时，一般因设计和施工不良造成，必须认真修复。

9.砖石拱涵的洞顶漏水，应挖开填土，用高标号水泥砂浆修理损失部分，再衬铺胶泥防水层 10~15cm，或用油毡防水层（两层毡三层油），应认真重做，以防止渗漏。

10.在开挖修理时，必须开设便道或采取半幅施工，设立标志、护栏，保障施工和行车安全。

## （三）涵洞雨季养护

在一年四季中，涵洞均有可能不同程度地遭受暴雨、洪水、风沙和冰雪等自然灾害，的影响尤以雨季最为严重。因此，不同的季节养护应以雨季为重点。

1. 涵洞雨季养护的原则

涵洞雨季养护必须遵循"预防为主"的原则。因此，每年的汛前检查十分重要，必须认真做好涵洞的水毁预防。在检查中发现水毁隐患时，应采取适当的工程技术措施，及时防治，并应注意提高其抗御能力，以减少水害。尤其是一些偏小的涵洞孔，应验算其在设计洪水条件下是否具有充分的抗洪能力，做出评定并提出处治办法。陡坡涵洞的上下游必须增设防护设施时，应采取适当的山坡排水工程技术措施。涵洞的孔径大多按无压力式计算，对于无压力式涵洞，可根据洞内顶点至最高流水面净高，做出抗洪能力的评定。

2. 涵洞水毁的主要原因

防治涵洞水毁要做到有的放矢。涵洞水毁的主要原因大致归纳如下。

（1）抗御洪水能力极差的危险涵洞。

（2）进水口或洞孔淤积严重，甚至堵塞。

（3）洞口、洞底铺砌层破损，易被洪水冲刷破坏，造成基础冲空。

（4）进水口或洞孔被漂浮物堵塞。

（5）遭受大型漂浮物、流冰或波浪冲击。

（6）涵洞位置不当，其主要原因有二：一是设计、施工；二是后来沟床的不利演变，致使水流不顺畅，洪水冲击翼墙和周围路堤，进而造成水毁破坏。

（7）傍河路线上的涵洞，因河道的不利演变而造成的水毁破坏。

3. 涵洞雨季养护注意要点

（1）山区公路，因沟床坡度陡，水流流速大，洞口、洞底铺砌层和跌水槽、急流槽易受洪水或漂流的大块石冲击而遭受破坏。

（2）平原区公路，洞口、洞孔和上下游沟槽被泥沙杂物淤积，造成水毁。

（3）傍河路段的下游洞口易遭受大河洪水冲击破坏。

4. 预防涵洞水毁的主要工作

在洪水来临之前，必须认真做好水毁预防工作，以保证涵洞具有良好的技术状况和抗洪能力。

为此，在洪水来临之前必须做好以下工作。

（1）清除洞口和洞孔淤积杂物。

（2）整修沟床，使水道平整、顺畅，并注意清除涵洞上游有可能漂流的大块石，以免洪水冲击涵洞或堵塞洞孔。

（3）认真完成遗留病害的处治和拟建水毁预防工程。

（4）涵洞位置不当的，一般可改建上游沟槽，并用水泥砂浆砌片或混凝土预制加固沟底和沟壁，使水流顺适，保证涵洞不漏水。

（5）山区涵洞必须增设上游或下游陡坡排水设施时，应力争在洪水来临前修建。

（6）孔径偏小的涵洞，应按汛前检查时验算的结果，根据地形、地质情况进行设计，采取一侧或两侧加孔，或扩大孔径（尽可能利用一侧涵台）的措施。施工时要开设便道，或采取半幅施工方式，并设临时标志、护栏，保证交通安全和施工安全。

5. 涵洞汛期养护

大雨或洪水期间，除组织昼夜巡视外，还必须有加强养护重点地段。

（1）洪水期间，有些沟谷往往有大量草木等漂浮物或漂流的大块石，在有些高寒地区会有流冰冲击或堵塞涵洞。傍河路线，因为河道的不利演变，洪水波浪和漂浮物也会冲击涵洞。所以，在大雨或洪水期间应主要做好下列工作。

1）在涵洞上游及时打捞清除漂浮物。

2）洞口发生堵塞现象时，必须立即排除。

3）洞口及其周围路堤被洪水破坏时，应立即用草袋、麻袋、编织袋装土石防护，以免水毁扩大。

4）当涵洞发生局部和全部水毁，危及行车安全或阻车时，必须立即在其两端竖立危险警告标志或停止通车标志，以保证行车安全。

（2）每次雨后或洪水以后，都要立即进行检查、维修，以减免水害。检查、维修内容有以下几项。

1）清除沟槽、洞口和洞沟淤积杂物，尤其是要清除涵洞上游沟床可能漂流的大块石。

2）进出水口或洞身、洞底的水毁破损处，均需及时修补，以防扩大。

3）洞口、洞底已冲刷成深坑或基础冲空时，应及时加固。一般可用拌成半干湿的混凝土装入麻袋或草袋（约 2/3），将冲空部位堆置密实，然后灌注混凝土。若冲空部位无水流或积水时，可用片石混凝土（或混凝土）填实。

4）傍河路线因河道的不利演变，危及涵洞安全或造成水毁时，应立即用装土、石草袋（麻袋或各种编织袋）或石笼防护，待雨季后再按设计增设防护工程，修复水毁涵洞。

6. 涵洞水毁抢修

涵洞的局部或全部遭受水毁破坏，危及行车安全或阻车时，必须立即组织抢修，并尽量缩短阻车时间。根据"先抢通，后恢复"的原则，一般应采取以下抢修措施。

（1）开设便道或搭设便涵，以维持雨季交通。

（2）无法在雨季抢修恢复水毁破坏的部位时，必须根据具体情况立即采取临时性的防护措施，如抛石、装土、石草袋（麻袋或各种编织袋）和石笼防护等，以免水毁继续扩大。

（3）在降雨量较少的地区，且地质情况较好的小涵洞，也可在雨季抢修恢复，并应采取雨季施工的必要措施，免遭水毁。

7. 涵洞水毁恢复

涵洞遭受局部或全部水毁破坏后，进行恢复时应有充分的科学依据。因此，必须认真调查，分析发生水毁的原因，精心设计、精心施工，修一处，保一处，并提升其抗洪能力，逐步减少涵洞水毁。

### （四）涵洞的维护措施

#### 1. 疏通清理

当涵洞进出口或洞身中淤积有泥沙或杂物、积雪时，应及时进行清理，疏通孔道，以保持流水畅通。洞底铺砌层、洞口上下游路基护坡引水沟、泄水槽窨井（检查井）和沉砂井等处如发生淤积变形、塌陷，致使排水受阻，应及时清理，疏通所有排水设施，并对破损部分加以修理。

#### 2. 堵漏和修理

涵底、涵墙及出水口的跌水设施与洞口接合处开裂、管涵的接头处及四铰涵管铰点接缝处出现裂缝或填料脱落而发生露缝、浆砌砖石涵洞洞（底）顶漏水、管涵的管节由于基础沉落发生严重错裂等破损现象时，应根据其具体情况，及时进行堵漏和修理。可以采用下述措施：疏整水道，使洞口铺砌与上下游水槽坡道平齐顺适；保持洞中底面平顺和一定纵坡，使水流不发生漩涡，并用水泥砂浆勾缝、铺底；衬砌胶泥防水层等。

#### 3. 加固

对于一些破损，必须采取加固措施。木涵洞上的螺栓铁件如有遗失、损坏、松动、锈蚀，应分别拧紧或补充更新；有的部件损坏严重时应予以更换；砖石、混凝土及钢筋混凝土端墙和翼墙如有离开路堤向外倾斜或鼓肚现象，应视情况采取开挖填土更换，或加固基础等措施；管节因基础被压沉而发生严重错裂，则可采取挖开填土加固基础并重做砂垫层的措施；砖石拱涵的加固，一般可采取拱圈上加拱的方法；对涵洞出水口处冲刷严重者，可采取浆砌块石铺底，并加水泥砂浆勾缝，铺砌末端设置混凝土或浆砌块石抑水墙，或在出口加做缓流的消力槛、消力池等设施或做三级挑坎（栏）处理。

对涵洞开挖修理加固时，应采取边施工、边维持通车方式，并应设立标志、护栏以确保安全。

## 三、调治构造物的维护与加固

熟悉调治构造物的养护方法，熟悉调治构造物的维修与加固方法。

调治构造物包括导流堤、梨形堤、丁坝、顺坝和格坝等。调治构造物的作用是引导水流均匀、顺畅地通过桥孔，防止和减少桥位附近河床和河岸的不利变迁，保证桥梁墩台基础，河堤以及引道的稳定和安全。

### （一）调治构造物的养护

对需要增建或改建调治构造物的桥梁，应查明每年河床与调治构造物的变化，并做记录，其内容如下。

1. 桥位处河床状态。包括河槽对桥梁的相对位置、宽度、弯曲状况，河滩宽度、土质、有无沙洲、支流、水塘和冲刷坑以及植物覆盖和航行情况。

2. 各种水位标高。包括历史洪水位、常水位、枯水位、流冰高水位，流冰低水位以及观测的日期；桥墩上有无常设的水位尺，是否鲜明完好，其零点标高与国家水准点的标高是否相同；桥台上游侧面有无当年的最高水位标记。

3. 洪水通过形态。包括流速、主流方向及流量，有无涡流、斜流、流速不均匀、沉积不规则，水流是否偏离正常通道以及有无漂浮物等。

4. 结冰及流冰状况。结冰时间、封冰范围、解冰时冰层厚度及冰色变化，冰层初期移动时间、流冰开始和持续时间以及流冰密度、冰块尺寸。

5. 调治构造物工作状况。是否能正常发挥调治功能，着重检查桥下有无冲刷、淤积继续发生。另外，经常巡视并及时清除调治构造物上的漂浮物、杂草和荆棘等；各调治构造物边坡受到洪水冲刷与波浪或流冰冲击、坡脚发生局部破坏时，应及时抛压片石防护；因河道改变而增做护岸工程容易受洪水冲刷，要注意坡面有无变化、基础是否牢固，发现问题及时处理。

### （二）调治构造物的维修与加固

1. 根据需要，将临时性的竹木、铁丝、石笼的调治构造物，有计划地改成浆砌块片石或混凝土永久性结构。

2. 如调治构造物的边坡不足以抗御流水冲刷或流冰冲击时，应进行加固。加固方法、形式与引道护坡相同，淹没式的需加固至坝顶；非淹没式的加固高度，应高于设计洪水位至少 50 m。

3. 通过一定时期的观察，发现调治构造物的位置不当，或个数、长度不足，不能发挥正常作用时，应在洪水退后进行改建。

4. 砌石调治构造物由于遭受漂浮物的撞击，基础冲空，发生损坏或砌缝开裂时，应立即进行修理。

5. 当河道变迁、流向不顺或因桥梁上下游河道弯曲形成斜流或涡流危及桥梁墩台、桥头引道时，应根据不同情况增建调治构造物，具体情况如下。

（1）导流堤。变迁性河流河滩不太宽时，可修建不漫水的封闭式导流堤，从桥孔一直延伸到基岸，封闭变迁区。与桥梁衔接部分应做成曲线，而与边岸衔接的上游段可做成直线。

（2）梨形堤。当河滩很宽、变迁很大时，为节省造价，可修筑短的梨形堤，并加固引道路堤。

（3）丁坝。河床演变比较剧烈时，可在桥头引道的一侧或河岸边设置丁坝将水流挑离桥头引道和河岸，改变水流方向，使泥沙在丁坝后淤积。成群布置丁坝，其位置、方向、坝长等应符合导治线，其几何尺寸及与水流交角按有关设计确定。

（4）顺坝、格坝与丁坝的联合布置。由于上游第一个丁坝易遭冲刷损坏，可改为顺坝，组成联合布置。应注意短丁坝群头部的连线必须吻合导治线的一条平滑曲线，曲线两端需与河岸平顺连接，使水流不致突然改变方向。

（5）导流堤与丁坝的联合布置。当引道路堤伸入河滩较长、桥梁与河道正交时，为防止滩流对路堤的冲刷，可在河滩引道上设置导流堤加丁坝群的联合布置。注意丁坝头部的连线应为一直线，使各丁坝充分发挥其挑流能力。

## 四、桥涵构造物的预防性养护

熟悉水毁防治的内容，掌握洪水期的抢险与维修及冰害防治、冻害防治措施，掌握泥石流防治措施。

由于桥梁所处的环境位置，承受自然灾害是不可避免的。自然灾害的出现是随机的，一般说来，破坏性越严重的灾害出现的频率越小。基于经济技术条件，桥梁设计时是依据道路等级、结构物的规模及重要性，针对一定频率的灾害来设防的。超过设防限度，就会造成损害，因此要有应对超过设计安全度以外灾害的应急预案。灾害事件发生，轻则损伤桥梁结构，影响其安全性和耐久性；重则造成桥梁毁坏、交通中断，使生命、财产造成重大损失。因此，在桥梁养护管理中对防灾、减灾应做到高度重视，常备不懈。实践证明，加强防护、消除隐患以及准备充分的灾害应对措施可以大大减少灾害的危害程度。对桥梁防灾减灾方面应按"预防为主，防治结合，保证安全"的方针，积极防治，做到治早、治小、治轻以致根除隐患，应通过社会效益、技术经济的综合比较来确定治理措施。

重要的大、中桥梁及易遭受灾害的桥梁，宜事先储备必要的材料和设备，制订应急预案。一旦发生灾害，应及时组织抢修，抢修时应以尽快恢复交通为第一位，确保安全通行。确定抢修方案时，要考虑其在后期恢复工程中能够被充分利用。

### （一）水毁防治

抗洪能力评定是一项重要的基础工作，是实行科学管理的要求。一般每3~6年应进行一次评定，公路管理机构视辖区的具体情况做出规定。山区公路桥梁，因洪水造成破坏的概率较大，故建议每年评定一次。

根据桥长及孔径大小、桥孔位置、桥下净空、基础埋深、墩台冰害等情况，将公路桥梁的抗洪能力划分为强、可、弱、差四个等级。现场检查与测量后，按公路桥梁原有的技术等级进行检算评定。

汛期的水文观测，尤其是行洪过程的水文观测，对于掌握洪水动态、判断对桥梁的影响十分重要。一般观测，只记录当年最高洪水位；对处于不良状态的河床，或因养护管理的特殊需要，可增加流速、流量、流向等观测项目，还可观测河床断面冲刷情况。水位观测一般采用水尺测读，水尺可设置在桥台、桥墩或调治构造物上。未设置水尺的，可用水准仪巡回测量洪水线高程，流速和流向观测可采用浮标法。

防洪能力的评定及水文观测都是为了指导桥梁的养护、维护与加固。评定为弱或差等的，已经不能满足正常使用的要求，应进行维修加固。水毁预防包括汛期前的技术检查与采取预防工程措施，如清淤、加固维修、增设防漂浮物碰撞的设施及调治构造物等，以及做好抢修的各种准备。

公路桥梁直接毁于人为破坏河道的更是时有发生。因此，应加强检查桥位上、下游有无挖砂取石和人为破坏河道危及桥梁安全的行为。增设和调整各种调治构造物，也应该引起重视。引起河势变化的因素较多，一般来说，修建桥梁、设置调治构造物都会引起河道水文条件的变化，有的变化可能与原设计的目的不符。因此，调治构造物的设置往往不能一劳永逸。在桥梁的使用过程中，应结合抗洪能力评定工作勤加检查，并采取相应的工程措施。

针对以上情况，水毁预防措施有以下几点。

1.每年汛期前，应对公路桥梁进行一次预防水毁的技术检查。其主要内容如下：（1）桥梁墩台、调治构造物、引道、护坡、挡墙结构是否完好，基础是否冲空或损坏；（2）桥下有无杂草、树枝、石块等杂物淤塞河道，桥位上下游有无堆积物、漂浮物；（3）桥梁上游河道是否稳定，水流有无变化，桥梁下游是否发生冲刷；（4）有无挖砂取石对桥梁上下游河道造成破坏的情况；（5）调查桥梁上游附近有无水库及其设计标准，是否存在病害隐患。

2.为防止或减轻洪水对桥梁的危害，在雨季和洪水来临之前进行下列水毁预防工作：（1）做好河道清淤工作；（2）修理、加固、改善或增设各类调治构造物及基础防护构造物；（3）采取适当措施，防止漂浮物大量进入桥孔；（4）做好抢险物资和设备的准备。

3.在漂浮物较多的河流，为避免漂浮物撞击桥墩，可在桥墩前一定距离处设置防撞设施。其形式可根据水流缓急、水位高低、漂浮物多少、流量大小等选择，一般可采用单桩、群桩或三角形护墩等。

4.公路管理机构的雨天、汛期巡查和值班制度必须坚持，汛期应组织人员对所辖路线上的桥梁进行昼夜巡查，防洪指挥部门应实行全天 24 小时值班制度。小的水毁及时进行处理排除；发生严重毁坏，危及行车安全时，应立即在桥梁两侧设立警告标志或禁止通行标志，或由专人负责指挥车辆，防止车辆在断桥处发生跌陷失事等二次事故，并及时组织抢修，及时向上级报告。

### （二）洪水期的抢险与维修

抢险的主要工作有：防止因漂浮物在桥墩处聚集阻水，加大对桥梁的冲击力；基础冲刷的紧急防护，用抛填块石、沉沙袋、柴排等防止冲刷继续扩大；引流分洪等。

洪水期间的抢险，应针对不同情况采取下列措施。

1.监视漂浮物在桥下的通过情况，必要时用竹竿、钩杆等引导其顺利通过桥孔。对堵塞在桥下的漂浮物，应随时移开或捞起。

2.洪水时，如桥梁墩台、引道、护坡、锥坡发生冲刷，危及构造物安全时，应采取抛石、沉沙袋或柴排等紧急措施进行抢护。但抛填不能过多，以免减少泄水面积而增大冲刷。抛填块石时，可设置临时木溜槽，以控制抛填位置。

3.遇特大洪水，若采用抢险措施仍不能保障安全的重要桥梁，在紧急情况下，经上级主管部门批准，可用炸药炸开桥头引道宣泄洪水，以保护主桥安全度汛。由于洪灾的情况不同，抢修工作应相机处治，果断指挥。当发生桥梁毁坏、交通中断等严重灾情时，应安排车辆绕行，并组织抢修便桥、便道，尽快恢复交通，可报请当地人民政府支持抢修工作。在抢修便道、便桥时，应遵循下列原则。

（1）便道、便桥应选择在被毁桥梁附近较窄的河段上，两岸地形较高、工程量较小处，且不会影响恢复原桥或新建桥梁的施工。

（2）便道、便桥应就地取材、施工方便，有利于快速建成。

（3）在宽滩性河流上修筑便道、便桥时，可采用漫水式，必要时应对便道上、下游边坡做防冲处理。

（4）便桥可采用较小跨径及较短桥长，能满足宣泄水流的最低要求即可，可采用钢梁桥或木桥，宜用简单的结构形式。无论何种便桥，必须满足承载力和稳定的要求。

（5）漫水便道、便桥应设置鲜明的警示水位标志，限速、限载标志、行车道宽度标志。

（6）便道、便桥宽度可根据通行要求确定，一般不小于 4.5 m。

（7）便道、便桥附近应备有应急的抢修物资，以随时修复损毁的便道、便桥，保证交通顺畅。出现需要中止交通的情况，应按规定逐级上报，同时向有关部门通报情况，通过新闻媒体或互联网，向社会发布信息。绕行便桥、便道的标志应在需要绕行的路段路口前方设立，避免给道路使用者造成返行的麻烦。

### （三）冰害防治

防治冰害的方法主要有两种：一种是针对水源不大的情况的防治，即通过工程措施截流或防冻疏流，一般用于中、小桥；另一种是防治解冻时冰凌对桥墩的撞击，实行爆破的方法，一般用于大江、大河的大型桥梁。

针对冰害的具体情况，预防措施如下。

1. 应根据以往的治理情况，结合现场调查，对桥梁冰害进行分析研究，以制订预防和抢修措施。

2. 对河流水源不大、入冬后河面结冰，且冰面上升造成桥孔被堵或在路上形成冰坝的情况，可选择下列方法进行防护。

（1）桥梁上游如有大片低洼地，可用土坝截流。

（2）河床纵坡不大的河流，可于入冬初在桥位下游修筑土坝，使桥梁上、下游约 50m 范围形成水池。水面结冰坚实后，在水池上游开挖人字形冰沟，同时在下游河床最深处挖开土坝，放尽池内存水，保持上下游进、出水口不被堵塞，使水从冰层下流走。

（3）在桥位上下游各 30~50m 的水道中部顺流开挖冰沟，用树枝、柴草覆盖，再加铺土或雪保温，并经常检查、维修，使冰沟不被冻塞，解冻开始时将其拆除。

3. 防止流冰对桥墩、台、桩的危害，可采取下列防护方法。

（1）解冻前，对桥梁上游 5km 河道中的冰层及其厚度进行调查、勘探。为防止流冰威胁桥梁安全，应备足抢护材料、工具和照明设备。在流冰期，由专职小组进行检查、观测和抢护，并提前在桥边设置悬梯，在墩台和破冰体之间搭设跳板以利于抢护工作进行。

（2）解冻临近时，在桥位下游用人工或爆破方法开挖冰池。开挖长度为河面宽的 1~2 倍，宽度为河面宽的 1/3~1/4，并不小于最大桥跨。当河面宽度小于 30m 时，开挖长度宜增加到河面宽的 5 倍，冰池下游应开凿 0.5 m 宽的横向冰沟。当冰块很厚且有强流冰发生时，可在桥台、墩、桩、破冰体周围及桥位下游 20~25 m 处，开挖纵横冰沟。应经常检查冰池、冰沟，若有冻结应反复捣开。危急时刻，可在下游用撬棍、长杆、钩杆等工具，将凿开的冰块逐一送入冰层下流走。

（3）流冰临近时，应清除上游冰层。冰层厚度在 30 cm 以下的，可用人工撬拨；大于 30 cm 的，宜用炸药炸碎；对于较大的流体冰，应在上游用炸药炸碎。

### （四）冻害防治

对于含水的岩土，当温度降至负温时，所含水将从液态转变为固态的冰，此时因体积膨胀而产生冻胀力，水还产生胶结力（冻结力）等。伴随着土中水的冻结和融化，会发生一系列冻土现象（冻胀丘、冰锥、冰湖、融冰滑塌、冰胀与融沉等），以及冻结过程水分迁移、冰的析出。这些冻土现象，构成了对工程建筑物稳定性和安全性的威胁，一般称之为冻害。

对多年冻土地区的桥梁结构，冻土融化除使地基土承载力、抗剪强度等发生急剧下降外，水分的挤渗排出还会产生融化沉降变形（简称"融沉"），尤其是不均匀的融沉会造成结构的破坏。防治融沉主要采用保护覆盖法，即尽量不破坏基础周围的地表覆盖层，尤其对草皮和泥炭层更应注意，以减少热量散失。对已发生轻微融沉的桥梁，应在融化前采用隔热保束措施，用隔热性好的材料或土壤换填覆盖，保证地基土处于冻结状态。

对季节性冻土地区的桥梁结构，由于土的冻胀作用可使地基产生不均匀冻胀变形、基桩冻拔；对支挡结构物（桥台前、侧墙，挡土墙等）会在墙背产生远大于土压力的水平冻胀力，使桥台产生破坏（如八字墙外倾、前墙与侧墙开裂），使轻型桥台台身断裂等。

冻胀防治的主要措施如下：

1. 基侧换土。将基础侧面的冻胀土挖除，换填纯净的粗颗粒不冻胀土，换土厚度不小于 2.0m 或 2 倍桩径。若换填土下是不透水黏土层时，由于冻结时未冻水无通路挤渗排出而降低防冻胀效果，这时可加深换填深度或采用盲沟加深排水。

2. 改善基础侧面光滑程度。将原粗糙的基础侧面，改建成表面光滑的侧面，并用工业凡士林、沥青渣油或渣油表面活性剂（活性剂可用铬盐和憎水性脂肪胺）等涂抹基础侧面，也可在侧面铺油毛毡，以减少冻结力。

3. 分离式套管法。用于桩基础的防冻，套管可采用钢或钢筋混凝土制作，为防止套管因土冻胀而被不断拔出，可在套管底部焊板或加翼缘，套管与桩之间填充砂石与渣油（或腊）的混合料。

### （五）泥石流防治

泥石流是山区公路中危害桥涵构造物的主要灾害之一。泥石流的成因较复杂，涉及气象、地形、地质等方面。按照物质组成和运动特性，泥石流可分为下列三种。

1. 黏性泥石流。固体物质含量达 40%~60%，最高可达 80%，含有大量黏土和粉土并夹有石块，水和固态物质凝聚为黏稠的整体，以相同的速度做整体运动，大石块或黏土浆包裹的泥球漂浮于表面而不下沉。流经弯道时有超高和裁弯取直作用，破坏力极大。

2. 稀性泥石流。固体物质含量在 10%~40%，黏土和粉土物质含量少，水和固体物质不能形成整体，水浆构成的泥浆速度远大于石块速度，石块在床面以滚动的方式运动，并有一定的分选性。

3. 泥流。固体物质为粉砂，平均粒径小于 1 mm，含量为 60% 以上，其中粒径小于 1 mm 的粉砂占 90% 以上。

# 第四节　公路隧道养护与维修

## 一、隧道的维护

隧道维护工作包括：洞身、洞门、路面和两端路堑、防护设施、排水系统、洞口减光设施以及通风、照明、标志、标线、监控、消防、防冻、消声等设施的检查、保养、维修和加固。

隧道常见的病害有：衬砌和围岩上产生裂缝、渗漏水及结冰、挂冰；端墙、侧墙、八字墙、翼墙、门洞等结构物倾斜、位移、鼓凸；衬砌表面风化、腐蚀、剥落；拱圈、侧墙变形及拱面松动、脱落；无衬砌隧道出现危石或大量碎落石；土隧道干裂、土块脱落，隧道山体失稳滑动，排水系统淤塞积水以及应有照明、通风设备未设或效果较差等。

1. 有衬砌隧道的维护

有衬砌隧道的常见病害及其维护主要有下列几种。

（1）衬砌变形、开裂、渗漏水，应根据综合分析后查得的主要原因，采取针对性治理措施。由于衬砌背面存在空隙造成的，可在衬背压注水泥砂浆，使衬砌受力均匀，有效地利用衬砌强度。由于衬砌厚度不足、年久、变质、腐蚀剥落严重或裂缝区域较大而影响到衬砌强度时，可在衬砌外露面喷射水泥混凝土，其厚度一般为 8~15cm，必要时可加配锚杆及钢筋网。对于已稳定的裂缝可采用压注环氧水泥砂浆或水泥砂浆的方法加固。

（2）衬砌表面腐蚀、剥落及灰缝脱落，可先清除表面已松动部分，分段或全面加喷一层水泥砂浆或水泥混凝土保护层，一般层厚为 3~6 cm。

（3）端墙、侧墙、翼墙位移或开裂，应根据综合分析后查得的主要原因，采取针对性的治理措施。

（4）路面拱起、沉陷、错台、开裂，应根据综合分析后查得的主要原因，采取针对性的治理措施。

2.无衬砌隧道的维护

（1）无衬砌隧道的围岩在长期使用过程中，由于岩石松动，或受风化、行车振动等影响，围岩发生破碎或产生危石、渗漏水等病害，应及时处治，以保证行车和人身安全。

（2）处治围岩破碎和危石应本着"少清除、多稳固"的原则，可采取下列措施。

1）发现危石如能清除者应及时清除。对因清除会牵动周围大片岩石时，则可喷浆或压浆稳固。

2）对不宜清除的小面积碎裂，可抹水泥砂浆稳固。

3）碎裂范围较大时，根据病害程度及范围，可采用喷射混凝土、锚喷混凝土或挂网锚喷混凝土稳固。

4）对不能清除又无法压浆稳固的个别危石，应及时用混凝土或浆砌块石垛墙作为临时支撑，以确保安全，然后根据垛墙侵占隧道净空的具体情况及隧道所在的公路性质和交通量大小，研究永久性治理措施。

（3）隧道内的孔洞、溶洞或裂缝均应封闭，封闭前将松动的岩石清除。对内小外大的孔洞，可在孔洞外石壁上埋设牵钉、挂钢筋网、喷射或浇注水泥混凝土封闭；对内大外小的孔洞，用素混凝土封闭；有水的孔洞应预埋泄水孔接引水管，将水从边沟排出。

3.水下隧道的维护

（1）水下隧道的日常检查工作内容除应符合相应规定外，根据水下隧道的特点，应对下列各部做重点检查。

1）伸缩缝、施工缝和裂缝的渗水、漏水状况。

2）洞内铁件有无锈蚀，木件有无腐朽。

3）机电设备和照明电路的运行状况。

4）各种排水设备的运行状况。

（2）水下隧道必须定期进行渗漏水检查。一般应每季度检查 1 次，并做好检查记录。当隧道内的渗漏水明显时，应定期测量渗漏水的数量（$m^3/d$）。一般每月测量 1 次，并做好记录。

（3）水下隧道渗漏水的处治，可参照有关规定，并根据水下隧道的特点，采取相应措施。

## 二、隧道的防护与排水

公路隧道病害的类型主要有水害、冻害、衬砌裂损、衬砌侵蚀等，其中最常见的病害形式是水害。隧道水害不仅会增加隧道内湿度，造成电路短路等事故，危及运输安全，而且会引发其他病害。隧道由于渗漏水、积水，将会造成衬砌开裂或使原有裂缝发展扩大，加重衬砌裂损。当地下水有侵蚀性时，会使衬砌混凝土产生侵蚀，并随着渗漏水的不断发展，混凝土受侵蚀危害日益严重。在寒冷地区，水是影响隧道围岩冻胀和导致衬砌开裂的重要因素。

隧道水害的成因是修建隧道破坏了山体原始的水系统平衡，隧道成为所穿越山体附近地下水集聚的通道。在工程勘测设计中对其工程地质及水文地质情况了解得不够仔细，对衬砌周围地下水源、水量、流向及水质勘察不全是形成水害的主要原因。另外，缺乏反映防水材料性能的室内实验数据和对结构抗渗、抗腐蚀的具体要求以及施工和监理中存在的问题也是形成水害的原因。

隧道治水的具体措施就是防、排、堵、截相结合，刚柔相济，因地制宜，综合治理，使之既能自成体系又能互相配合，形成一个完整的隧道防治水体系。水害的防治方法主要有以下几种。

1. 完善或者补充地表和地下截水。

2. 在垭口和地质不利的地方采取截留和引排使水远离隧道。

3. 贯通隧道内的原有排水系统。

4. 衬砌背面注浆。

5. 在渗漏水的衬砌设置排水设施，包括引水管、泄水管和引水渡槽。

6. 在衬砌内贴防水层。

7. 在施工缝和变形缝处用止水带、遇水膨胀橡胶等密封防水材料进行封堵。

8. 对严重漏水的隧道应采取套拱加固。

## 三、隧道附属设施的维护

公路隧道的附属设施包括：通风设备、照明、监控、消防、防冻、消声设施等。这些设备、设施应定时保养、检修、更换，以保证正常使用。

1. 通风设施的维护

通风设施的设备完好率不应低于98%，通风设施经分解性检修后应使其通风能力满足下列要求。

（1）隧道 CO 允许浓度应按表 7-1 取值，当为人车混合通行隧道时应按表 7-2 取值。

（2）隧道烟雾允许浓度应按表 7-3 取值。

**表 7-1　公路隧道 CO 允许浓度 δ 取值**

| 隧道长度 /m | ≤ 1000 | ≥ 3000 |
| --- | --- | --- |
| δ / (×10-6) | 250 | 200 |

注：隧道长度为 1 000~3 000 时，可按插入法取值。

**表 7-2 公路隧道（人车混行）CO 允许浓度 δ 取值**

| 隧道长度 /m | ≤ 1000 | ≥ 2000 |
| --- | --- | --- |
| δ / (×10-6) | 150 | 100 |

注：隧道长度为 1 000~2 000 m 时，可按插入法取值。

表7-3　公路隧道烟雾允许浓度 K 取值

| 计算行车速度 V/（km/h） | 100 | 80 | 60 | 40 | 10 |
|---|---|---|---|---|---|
| 烟雾设计浓度 K/m-1 | 0.0065 | 0.007 | 0.0075 | 0.009 | 0.0095 |

当实测的隧道内 CO 浓度和烟尘浓度低于规定的容许浓度时，可不设机械通风设备，采用自然通风。当实测的隧道内 CO 浓度和烟尘浓度高于规定的容许浓度时，应从安全、适用、经济等因素综合考虑，加设机械通风设备。

通风设备应按下列要求进行检修。

（1）利用竖井、边窗通风者，应随时检查并清除井内杂物，保护井口及窗下不得灌进雨雪，影响通风。

（2）对各式通风机、管道、机电、动力设备等，应每月检修一次运转情况，每年全面检修一次。

2. 照明设施的维护

洞外附近地段应尽量保持低亮度，可在洞口设置遮阳栅、减光格栅，或种植常青的大冠树木和铺植草坪，或在洞外路面采用反射系数低的路面材料等。

为提高隧道内亮度并诱导视线，可在隧道内路面的标线，或在路缘石和侧墙高 1.2m 以下部分刷白色反光材料，或在路面采用反射系数高的路面材料等。

为降低隧道内的烟尘浓度，提高照明效果，应加强隧道内路面、侧墙、顶棚和照明器具等的清扫（洁）工作。

隧道中设置的照明器应防震、防水、防尘，并定期检查，有损坏时应及时进行维修和添补。

3. 监控与消防设施的维护

监控设备主要包括：量测监视隧道中车辆运行环境的烟尘浓度测定仪、CO 浓度测定仪、交通量测定装置、监视电视，以及照明、通风、配电设备等自动控制设备和监视控制这些设备运转情况的监控设备。

高速公路、一级公路的长隧道和特长隧道可根据需要设置监控设备，一般公路的长隧道和特长隧道可根据具体情况，适时检测烟尘浓度、CO 浓度及交通量。

高速公路、一级公路的长隧道和特长隧道，可根据需要设置紧急电话、报警装置、排烟设备、消防给水管网及消防器材库等。长度在 500 m 以上的高速公路、一级公路隧道，宜单独设置存放专用消防器材的洞室，并做明显标志；对于存放的消防器材，应定期补充、更换。一般公路的长隧道和特长隧道可根据具体情况，简化设置，但必须在适宜位置设置消防器材库。消防相关设备应定期检查，保持完好状态。

隧道内不准存放汽油、煤油、香蕉水等易燃物品，严禁明火作业与取暖，隧道内的紧急停车带、行车（人）横洞、避车洞及错车道不准堆放杂物。

隧道内发生火灾时，应用紧急电话、报警装置或其他方法迅速向洞外发出信号，阻止车辆驶入，同时将隧道内的车辆引出洞外，以便灭火活动顺利开展。

4. 防冻与消声设施的维护

高寒冰冻区的隧道，应注意洞口构造物的抗冻保温。防冻层损坏时，可用同样的轻质膨胀珍珠岩混凝土或浮石混凝土修补；无防冻层的，可在大修、改善时加筑。

隧道内的渗漏水应顺利排入边沟，不使路面积水冻结。对于局部易冻结路段的路面，应抓住时机适时撒布防冻药剂或拌砂药剂。

隧道内的消声设施如有损坏，应及时按原样修复。

# 第八章　公路养护管理与内容

## 第一节　公路养护管理系统与简介

随着公路交通基础设施建设的飞速发展，公路养护工作的逐步深入，以往的公路养护工程管理方法和模式已很难适应现代养护管理要求，对养护管理科学化、规范化的要求越来越高。交通运输部也明确将公路养护成套技术、综合信息服务、智能化养护运营管理作为后一个五年规划中技术创新的重点。另外，信息技术的发展为养护管理科学化提供了技术手段和保证，如何将实际的养护工作与先进的计算机信息技术结合起来，使公路管养过程系统化、规范化和科学化，是交通系统养护工作者共同的迫切愿望。

路面管理系统是考虑工程费、养护维修费、利益等总成本来设计路面的系统，是通过应用系统分析和运筹学的方法，使路面管理过程系统化。它为管理部门的决策人提供方法，帮助他们找到费用与效果合理搭配的最佳方案，以提供和维持具有足够水平的路面。路面管理系统的作用是改善所做出的决定的效果，扩大它的应用范围，为决定的效果提供反馈。

路面管理系统主要适用范围为现有路面的养护管理。根据可能获得最大社会经济效益的原则和现有路网路面状况的实际信息，进行路况主客观相结合的技术评价。研究路况变化的趋势研究道路使用者费用和路况的相互关系，采用系统的方法进行路面养护处治辅助决策。

1. 路面管理系统的发展

对我国路面管理系统的发展、推广和应用做出较大贡献的应属 CPMS，它是一个复杂的路面决策支持系统，包含道路信息数据管理、路网评价、路况性能分析养护资金需求分析及资金优化分配等较多功能，其各种模型的建立多数基于回归分析技术。

2. 路面管路系统的构成

（1）数据采集系统。通常情况下，需要采集的数据包括平整度、路面损坏程度、结构承载力和抗滑能力四个方面，它们是道路养护和改建计划编制的依据。

（2）数据库管理系统。数据库管理系统由路网参照系统、数据文件和数据管理三部分组成。

（3）项目级养护管理系统。项目级养护管理的主要功能是对各个路段进行评估，确定是否需要进行养护处治，确定处治方案，进行资金需求分析。在养护资金约束条件下，按优先排序模型进行资金合理分配，制订年度计划，以确定合理的大、中修和日常养护费用水平。

（4）网级养护管理系统。利用项目级管理的较详细数据，对全路网或局部路网进行中、长期投资方案与路况水平的分析。根据争取达到最大社会经济效益的原则，分析各路段是否需要处治和最佳处治年份。

# 第二节　公路养护的技术管理

公路养护技术管理是道路管理的重要组成部分，它是道路管理部门合理组织设计、施工、养护的主要方法，也是为了不断提高养护、管理道路的技术水平，积极采用先进的新技术、新工艺、新材料、新设备，努力提高道路养护工程的质量和劳动生产率，全面降低原材料消耗和生产成本，确保各级道路养护工程任务高速、安全、低耗地完成。

1. 技术管理的主要内容

（1）依靠科技进步，开发先进的检测、监控技术和仪器设备，逐步推广应用路面、桥梁综合评价管理系统，实行病害监控、处治、决策科学化；做好路况、交通情况调查和有关数据信息的采集、分析、处理、应用，及时为养护生产技术工作提供经济合理、技术可靠、工艺先进的实施方案。

（2）认真做好养护工程的检查验收、检验试验工作，注意养护、工程技术资料的收集、整理和归档工作以及技术档案的管理工作。

（3）大力推广应用新技术、新材料、新工艺、新设备，引进技术，消化研究、吸收和创新；开发应用测试技术和计算机；结合生产实际开发软科学的研究，为技术配套和决策提供科学依据。

2. 路况登记的内容与依据

路况登记的内容：

（1）路况平面略图。

（2）公路基本资料。

（3）路况示意图。

（4）构造物卡片：桥梁、隧道、涵洞、挡土墙、绿化等。

路况登记的依据：

（1）公路现状调查资料。

（2）设计文件。

（3）施工记录、检测、检验资料。

（4）竣工文件、技术总结。

（5）水毁修复、大修、改造资料。

3. 科技档案与技术档案管理

科技档案与技术档案管理是养护部门生产管理的重要环节。加强公路科技档案的管理，必须遵照集中、统一管理的原则，建立、健全科技档案，使之达到完整、准确、系统的科技文件材料归档。

档案管理工作是经济建设和科学技术管理工作的重要部分。科学技术档案是一种巨大的信息资源，充分开发和利用科技档案资源，为领导决策及时提供依据，为高速公路的建养管理提供优质服务，为提高经济、社会效益及时解决纠纷提供凭证都具有重要意义。因此，加强高速公路技术档案管理，按照集中统一管理科技档案的基本准则，按档案管理的具体要求，建立、健全科技档案，是高速公路养护管理工作的一个重要环节。

要建立、健全科技文件的形成、积累、整理、归档制度，做到每一项科研、工程等活动都有完整、准确、系统的科技文件材料归档保存。

（1）成立技术档案室，配备专人负责管理。

（2）建立健全各项规章制度。

1）档案室管理制度。

2）科技档案查阅制度。

3）科技档案归档制度。

（3）科技档案部门应将接收到的档案，按专业系统的科技档案分类、大纲进行分类、编目、登记、整理，编制必要的检索工具和参考资料。

（4）重要的技术档案资料应当复制副本，分别保存，以保证科技档案在非常情况下的安全和利用。

（5）借阅、复制和销毁科技档案要有一定的批准手续，防止失密。

（6）定期检查技术档案的保管状况，包括防盗、防火、防晒、防虫、防尘等设施，对破坏或变质的档案，要及时修补和复制。

（7）为提高科技档案工作管理水平，争创"一流"，将有计划、有步骤地实现科技档案资料的计算机管理，压缩复制技术以及其他现代化保管技术的应用，逐步实现科技档案管理现代化。各单位应设专门的技术档案，有专人负责管理，建立、健全相应的各项档案管理规章制度。

4. 档案资料主要有如下项目

（1）辖区路面的路况、桥梁及其他构造物登记表。

（2）每年专项和大、中修及水毁工程竣工资料与验收报告等资料。

（3）路面病害、桥梁和其他构造物病害的调查处理卡片报表及其他记载资料。

1）日常检查、巡查、定期检查的记录及报告。

2）新工艺、新材料、新技术等科研项目的归档资料。

3）计划、统计报表、总结及来往文件（涉及技术管理工作）。

# 第三节　公路养护施工区安全管理

公路养护施工安全直接关系着公路的安全畅通，不仅涉及施工管理者和操作者的安全，而且涉及行驶车辆和周边环境的安全。为加强公路养护施工安全管理，保障公路事业科学、协调发展，促进和谐社会建设，特制订相关措施确保安全施工。

1. 养护施工安全合同管理

养护工程的安全责任必须纳入承包合同内容，公路段部与养护道班签订安全合同，需明确安全管理要求，落实安全责任。养护道班对施工设计应当兼顾安全措施。凡是拒不执行安全规定的，要限期整改，实施处罚。公路段部应对养护道班的安全情况予以监督。

2. 施工前期安全准备

养护道班要对养护施工作业人员进行安全知识和安全技能培训。养护工程开工前，公路段部在召开技术和安全交底会议时，应对养护道班的安全工作明确具体要求，对进场施工的安全准备情况进行核查。养护道班要制订施工项目的安全管理岗位职责、制度和操作规程，配备施工安全必需的设施、设备。

3. 施工现场安全管理

养护道班施工作业人员必须穿戴安全标志服，路面施工点要按规范规定合理布置，需要部分封闭车道时应保证过渡区长度最小。施工现场要按规定摆设安全标志，倾倒的标志应及时扶正，破损的标志要随时修复。施工作业点应当采取隔离措施，防止洒落物干扰行车；现场要有专人指挥，控制并尽量减少施工与交通的相互影响，必要时请路政部门维持现场交通秩序。需要过夜的施工现场，必须安放反光标志，并适当设置警示闪光标志。加强巡查，及时发现并清除路面影响行车的抛洒废弃物件。路面施工需要进行交通分流、管制等措施时，必须事前与路政、交警部门密切协调配合。养护施工工程要尽快完成，严格执行质量和时效规定，并且认真清理施工现场，及时开放交通。凡是来不及安排处治并且直接影响交通安全的情况要采取紧急预案处理，对路面坑洞要采取临时填补措施。

4. 养护设备安全管理

养护道班的所有养护设备运行时需严格执行安全规定。操作人员必须具备相应资格、资质证书，应掌握基本知识，熟悉操作技能，养护道班要定期对机械设备操作人员进行安全检查考核。养护施工作业车辆不准带病出车，不准随意掉头和逆向行驶，夜间行车必须保持高度警觉，严禁疲劳和违规驾驶。

5. 突发紧急情况处置

养护道班应针对安全事故、交通运输事故、公共设施和设备事故等突发紧急情况分别制订处置预案措施，提前做好各项准备工作，提高处置突发紧急情况的能力，最大限度地预防和减少突发情况造成的损害。

6.养护安全信息管理

公路段部和养护道班必须坚持路况巡查制度和紧急情况报告制度。及时掌握所辖路段的路况和养护施工信息，凡是可能影响交通安全的施工作业情况，都应当及时将信息汇集至上级部门，突发紧急情况必须及时上报，将收集的养护信息认真予以记录。

# 第九章　公路工程项目施工管理

## 第一节　公路工程进度管理

### 一、公路工程进度计划编制

#### （一）公路工程进度计划编制的依据步骤及内容

1.公路工程进度计划编制的依据。公路工程进度计划编制的依据主要包括规定的开工竣工日期、里程碑事件或阶段目标；工程的设计文件和图纸；施工总体部署和主要工程的施工方案、施工顺序；各种有关水文、地质、气象和其他技术经济资料；各类定额数据；劳动力、材料、机械供应情况。

2.公路工程进度计划的主要形式。

（1）横道图:公路工程的进度横道图是以时间为横坐标，以用工程分解结构 WBS（work break-down structure）方法划分的各分部（项）工程或工作内容为纵坐标，按一定的先后施工顺序，用带时间比例的水平横线表示对应工作内容持续时间的进度计划图表。为便于计算资源需求，公路工程中常常在横道图的对应分项的横线下方表示当月计划应完成的累计工程量或工作量百分数，横线上方表示当月实际完成的累计工程量或工作量百分数。

（2）工程管理曲线:工程管理曲线线形像"S"，故将工程管理曲线称为"S"曲线。"S"曲线是以时间为横轴，以累计完成的工程费用的百分数为纵轴的图表化曲线。一般在图上标注有一条计划曲线和实际支付曲线，实际支付线高于计划线则实际进度快于计划，否则慢。曲线本身的斜率也反映进度推进的快慢。

（3）斜率图:斜率图是以时间（月份）为横轴，以累计完成的工程量的百分数为纵轴，将各个分项工程的施工进度相应地用不同斜率的图表化曲（折）线表示。斜率图主要是公路工程投标文件中施工组织设计的附表，以反映公路工程的施工进度。

（4）网络图：网络图计划是在网络图上加注工作的时间参数而编制成的进度计划。采用网络图表达施工计划，工序之间的逻辑关系明确，可以反映出关键工序和关键路线。同时网络图计划能用计算机计算和输出图表，更便于对计划进度进行调整优化。但网络图不便于计算各项资源需求。

3.公路工程进度计划编制的步骤及内容如下:(1)研究招投标文件和施工图纸、施工条件及相关资料。(2)用 WBS 方法将工程分解为各个施工细目并计算实际工程量。(3)确定合理的施工顺序。(4)计算各个施工过程的实际劳动量。(5)确定各施工过程的工种人数、机械规格与数量以及班制选择并确定持续时间。(6)编制公路施工进度计划图(横道图、斜率图、网络图等)。(7)检查与调整公路施工进度计划以及评价。(8)施工进度资源保障计划。

## (二)公路施工过程组织方法和特点

公路施工过程基本组织方法有顺序作业法(也称为依次作业法)、平行作业法、流水作业法。这三种基本组织方法可以单独运用也可综合运用,从而出现了平行顺序法、平行流水法、立体交叉平行流水法。

1.顺序作业法(依次作业法)。顺序作业法的主要特点有:(1)没有充分利用工作面进行施工,(总)工期较长。(2)每天投入施工的劳动力、材料和机具的种类比较少,有利于资源供应的组织工作。(3)施工现场的组织、管理比较简单。(4)不强调分工协作,若由一个作业队完成全部施工任务,不能实现专业化生产,不利于提高劳动生产率;若按工艺专业化原则成立专业作业队(班组),各专业队不能连续作业,劳动力和材料的使用可能不均衡。

2.平行作业法。平行作业法的主要特点有:(1)充分利用工作面进行施工,(总)工期较短。(2)每天同时投入施工的劳动力、材料和机具数量较大,影响资源供应的组织工作。(3)如果各工作面之间需共用某种资源时施工现场的组织管理比较复杂、协调工作量大。(4)不强调分工协作,此点与顺序作业法相同。这种方法的实质是用增加资源的方法来达到缩短(总)工期的目的,一般适用于需要突击性施工时施工作业的组织。

3.流水作业法。流水作业法的主要特点有:(1)必须按工艺专业化原则成立专业作业队(班组),实现了专业化生产,有利于提高劳动生产率,保证工程质量。(2)专业化作业队能够连续作业,相邻作业队的施工时间能最大限度地搭接。(3)尽可能地利用了工作面进行施工,工期比较短。(4)每天投入的资源量较为均衡,有利于资源供应的组织工作。(5)需要较强的组织管理能力。

# 二、公路工程进度控制

## (一)进度计划的审批

1.进度计划的提交。

(1)总体性进度计划:在中标通知书发出后合同规定的时间内,承包人应向监理工程师书面提交以下文件:一份详细和格式符合要求的工程总体进度计划及必要的各项关键工程的进度计划;一份有关全部支付的现金流估算;一份有关施工方案和施工方法的总说明(可通过施工组织设计提出)。

（2）阶段性进度计划：在将要开工以前或在开工以后合理的时间内，承包人应向监理工程师提交以下文件：年、月（季）度进度计划及现金流估算和分项（或分部）工程的进度计划。

2.进度计划的审查要点。

施工单位编写完进度计划后，应组织有关人员进行审查，审查要点如下：

（1）工期和时间安排的合理性：1）施工总工期的安排应符合合同工期。2）各施工阶段或单位工程（包括分部分项工程）的施工顺序和时间安排与材料和设备的进场计划应相协调。3）易受冰冻、低温、炎热、雨期等气候影响的工程应安排在适宜的时间，并应采取有效的预防和保护措施。4）对动员、清场、假日及天气影响的时间，应有充分的考虑并留有余地。

（2）施工准备的可靠性：1）所需主要材料和设备的运送日期已有保证。2）主要骨干人员及施工队伍的进场日期已经落实。3)施工测量、材料检查及标准试验的工作已经安排。4）驻地建设、进场道路及供电供水等已经解决或已有可靠的解决方案。

（3）计划目标与施工能力的适应性：1）各阶段或单位工程计划完成的工程量及投资额应与设备和人力实际状况相适应。2）各项施工方案和施工方法应与施工经验和技术水平相适应。3）关键线路上的施工力量安排应与非关键线路上的施工力量安排相适应。

## （二）进度计划的检查

项目部每天按单位工程、分项工程或工点对实际进度进行记录，并予以检查，以作为掌握工程进度和进行决策的依据，并及时向监理和建设单位汇报。

## （三）工程施工延误的处理

处理延误事件，首先可采用进度检查方法，判断其延误是否造成误期影响，工期将拖延多少，对于无误期影响的延误事件一般无须处理，但对延误较大虽然还未造成误期影响的这些准关键工作（已接近关键工作的工作）要极为关注。其次应通过现场记录和有关文件或资料分析这些延误事件的原因或责任。由于延误原因或责任有两类，与之相对应的也有两种不同处理方式。

1.施工单位自身原因或责任的延误引起误期影响的处理。施工单位自身原因的延误引起工期拖延，没有超过一定比例时，施工单位一般可通过加强内部管理来自身消化。达到或超过一定比例，施工单位提出和采取的加快工程进度的措施必须经过监理工程师批准。

2.非承包人原因或责任的延误引起误期影响的延期申请条件。其处理方式有:（1）由于非承包人的责任，工程不能按原定工期完工。（2）可获延期的情况发生后，承包人在合同规定期限内向监理工程师提交工程延期的意向通知书。（3）承包人承诺继续按合同规定向监理工程师提交有关造成工期拖延的详细资料，并根据监理工程师需求随时提交有关证明。（4）可获延期的事件终止后，承包人在合同规定的期限内，向监理工程师提交正式的延期申请报告。

### （四）进度计划的调整

如果发现工程现场的组织安排、施工顺序和人力、设备与进度计划上的方案有较大不一致时，应对原工程进度计划及现金流动计划予以调整，调整后的工程进度计划应符合工程现场实际，并应保证满足合同工期的要求。进度计划的调整，根据调整的原因分为两种：一种是延期后应按新合同工期调整计划；另一种是延误了工期却又无权获得延期，因此需要调整计划使后续计划的工作内容改变或缩短时间以符合合同工期。前一种相当于给定的工期内以原来计划为参考重新编制符合新合同工期的计划；后一种是在原计划的基础上压缩工期，使计划的计算工期符合合同工期。压缩工期就是网络计划优化中的工期优化，就是压缩关键线路，所以调整计划就是调整关键线路。

1.压缩工期的两种主要途径与方法。

（1）改变原计划中关键工作之间的逻辑关系：可将顺序施工关系改为平行施工关系或将顺序施工关系改为搭接施工关系。

（2）压缩关键工作的持续时间：通过网络图直接进行压缩工期很方便，在压缩时首先要考虑的是，要选择哪个关键工作进行压缩并且应压缩多少才合适。

2.压缩关键工作持续时间的措施。

（1）组织措施：1）增加工作面，组织更多的施工队伍。2）增加每天的施工时间（多班制或加班）。3）增加关键工作的资源投入（劳力、设备等）。

（2）技术措施：1）改进施工工艺和技术，缩短工艺技术间歇时间（如混凝土的早强剂等）。2）采用更先进的施工方法以缩短施工过程的时间（如现浇方案改为预制装配）。3）采用先进的施工机械。

（3）经济措施或行政措施：1）用物质刺激和精神刺激的方法提高效率。2）对所采取的技术措施给予相应经济补偿。

（4）其他配套条件：1）改善外部配套条件。2）改善劳动条件。3）实施强有力的调度等。

3.调整计划压缩工期的步骤。

（1）用进度检查的方法计算出工期拖延量，以确定压缩天数。

（2）简化网络图，去掉已执行的部分，以进度检查日期作为新起始节点起算时间，并将尚需目的实际数据代入正施工的工作的持续时间，保留原计划后续部分。

（3）以简化的网络图及代入的尚需日为基础的网络图计算各工作最早开始时间。

（4）以计算工期值反向计算各工作最迟结束时间。

（5）计算各工作的总时差和自由时差，以便于计算线路的长短；线路与关键线路长度之差称为该线路的时差，其数值在双代号网络图中等于该线路上各工作的所有自由时差和。

（6）借助自由时差来比较线路长短的方法：多次压缩关键工作的持续时间，保证做到关键工作每压缩一定值，工期也随之缩短一定值，一直压缩到合同工期为止。

# 第二节 公路工程安全管理

## 一、公路工程安全管理范围及要求

### （一）公路工程安全管理范围

1. 依据公路工程的专业特点的管理。依据公路工程的专业特点，安全管理分为路基工程的安全管理、路面工程的安全管理、桥梁工程的安全管理、隧道工程的安全管理、水上工程的安全管理、陆地工程的安全管理、高空工程的安全管理、爆破工程的安全管理、电气作业的安全管理。

2. 依据施工安全隐患和事故征兆的特点的管理。

（1）安全隐患的类别：1）按安全隐患可能引发的事故种类划分有：用电事故安全隐患；火灾事故安全隐患；爆炸事故安全隐患；坍塌事故安全隐患；施工机械和设备倾翻、倾倒事故安全隐患；施工机械和施工设施局部损坏（折断垮塌等）事故安全隐患；自升（滑升、提升爬升、倒升）式整体施工装置（模板、脚手架、工作台等）坠落和失控事故安全隐患；窒息和中毒事故安全隐患（包括危险或不良施工场所与作业环境、毒气和有毒物品的存在等）；高处作业和交叉作业伤害事故的安全隐患；安全防护设施、防护品的配置与使用不到位的安全隐患；违章指挥和违章作业事故安全隐患；预防灾害措施不到位事故的安全隐患。2）按安全隐患涉及的安全工作方面划分有：安全作业环境和条件缺陷隐患；安全施工措施缺陷隐患；安全工作制度缺陷隐患；安全岗位责任不落实隐患；现场安全监控管理工作不到位隐患。

（2）施工安全事故的征兆：1）按征兆出现的顺序划分，可分为早期、中期和晚期三类。2）按征兆所示的事故划分，一般都有某种征兆提前出现的事故有基坑（槽）坍方（塌）、脚手架和多层转运平台倾倒、脚手架局部垮架、脚手架垂直坍塌、支撑架垮架和倒塌、机械设备倾翻、自升式施工设施的坠落、火灾等。

### （二）公路工程安全隐患排查与治理

安全生产事故隐患（简称事故隐患），是施工单位违反安全生产法律、法规、规章、标准、规程和安全生产管理制度的规定或者因其他因素在生产经营活动中存在可能导致事故发生的物的危险状态、人的不安全行为和管理上的缺陷。

事故隐患分为一般事故隐患和重大事故隐患。一般事故隐患，是指危害和整改难度较小，发现后能够立即整改排除的隐患。重大事故隐患，是指危害和整改难度较大，应当全部或者局部停产停业，并经过一定时间整改治理方能排除的隐患或者因外部因素影响致使施工单位自身难以排除的隐患。

1. 安全隐患排查。

（1）对施工单位的要求：1）施工单位应当建立健全事故隐患排查治理制度。生产经营单位主要负责人对本单位事故隐患排查治理工作全面负责。2）施工单位应当建立健全事故隐患排查治理和建档监控等制度，逐级建立并落实从主要负责人到每个从业人员的隐患排查治理和监控责任制。3）施工单位应当保证事故隐患排查治理所需的资金，建立资金使用专项制度。4）施工单位应当定期组织安全生产管理人员、工程技术人员和其他相关人员排查本单位的事故隐患。对排查出的事故隐患，应当按照事故隐患的等级进行登记，建立事故隐患信息档案，并按照职责分工实施监控治理。5）施工单位应当建立事故隐患报告和举报奖励制度，鼓励、发动职工发现和排除事故隐患，鼓励社会公众举报。对发现、排除和举报事故隐患的有功人员，应当给予物质奖励和表彰。6）总包单位应当与分包单位签订安全生产管理协议，并在协议中明确各方对事故隐患排查、治理和防控的管理职责。总包单位对分包单位的事故隐患排查治理负有统一协调和监督管理的职责。

（2）对人的不安全行为的排查：在公路工程施工中存在的不安全行为，是指在施工作业中存在的违章指挥、违章作业以及其他可能引发和招致发生安全事故的行为。不安全行为可以分为以下四类：1）违章指挥。2）违章作业。3）其他主动性不安全行为。4）其他被动性不安全行为。

（3）对事故的起因物、致害物和伤害方式的排查：直接引发生产安全事故的物体（品），称为"起因物"；在生产安全事故中直接招致（造成）伤害发生的物体（品），称为"致害物"；致害物作用于被伤害者（人和物）的方式，称为"伤害方式"。在某一特定的生产安全事故中，起因物可能是唯一的或者为多个。当有多个起因物存在时，按其作用情况会有主次和前后之分、组合和单独作用之分。在某一特定的伤害事故中，致害物也可能是一个或多个。在同一安全事故中，起因物和致害物可能是不同的物体（品）或同一物体（品）。

起因物和致害物的存在构成了不安全状态和安全（事故）隐患，不及时发现并消除时，就有可能引起或发展为事故。而一旦发生安全事故，对起因物和致害物的分析确定工作，又是判定事故性质和确定事故责任的重要依据。

2. 重大事故隐患的报告与治理。

（1）重大事故隐患报告的内容：1）隐患的现状及其产生原因。2）隐患的危害程度和整改难易程度分析。3）隐患的治理方案。

（2）重大事故隐患治理方案包括以下内容：1）治理的目标和任务。2）采取的方法和措施。3）经费和物资的落实。4）负责治理的机构和人员。5）治理的时限和要求。6）安全措施和应急预案。

（3）施工单位在事故隐患治理过程中，应当采取相应的安全防范措施，防止事故发生：事故隐患排除前或者排除过程中无法保证安全的，应当从危险区域内撤出作业人员，并疏散可能危及的其他人员，设置警戒标志，暂时停产停业或者停止使用；对暂时难以停产或者停止使用的相关生产储存装置、设施、设备，应当加强维护和保养，防止事故发生。

（4）地方人民政府或者安全监管监察部门及有关部门挂牌督办并责令全部或者局部停产停业治理的重大事故隐患：治理工作结束后，有条件的施工单位应当组织本单位的技术人员和专家对重大事故隐患的治理情况进行评估；也可委托具备相应资质的安全评价机构对重大事故隐患的治理情况进行评估。

（5）经治理后符合安全生产条件的：施工单位应向有关部门提出恢复生产的书面申请，经有关部门审查同意后，方可恢复生产经营。申请报告应当包括治理方案的内容项目和安全评价机构出具的评价报告等。

（6）施工单位的安全部门应当建立事故隐患排查治理监督检查制度：定期组织对各项目事故隐患排查治理情况开展监督检查，加强对重点项目事故隐患排查治理情况的监督检查。对检查过程中发现的重大事故隐患，应当下达整改指令书，并建立信息管理台账。

## （三）危险性较大工程的专项施工方案编制

1.危险性较大工程的范围

（1）应当编制专项施工方案，并附安全验算结果的工程：1）不良地质条件下有潜在危险性的土方，石方开挖。2）滑坡和高边坡处理。3）桩基础、挡墙基础、深水基础及围堰工程。4）桥梁工程中的梁、拱、柱等构件施工等。5）隧道工程中的不良地质隧道、高瓦斯隧道、水底海底隧道等。6）水上工程中的打桩船作业、施工船作业、外海孤岛作业、边通航边施工作业等。7）水下工程中的水下焊接、混凝土浇筑、爆破工程等。8）爆破工程。9）大型临时工程中的大型支架、模板、便桥的架设与拆除，桥梁、码头的加固与拆除。（10）其他危险性较大的工程。

（2）必要时还应当组织专家进行论证、审查：1）建设单位项目或技术负责人。2）监理单位项目总监理工程师、相关专业监理人员及安全监理人员。3）施工单位技术负责人及其安全管理机构负责人。4）施工单位项目负责人、项目技术负责人及专项施工方案编制人员。5）专家组成员。

勘察、设计单位技术负责人及相关专业技术人员应当参加专家论证审查会。实行施工总承包的，施工总承包单位及相关专业承包单位技术负责人及相关人员应当参加专家论证审查会。

2.专项施工方案编制的内容

（1）工程概况：危险性较大的工程概况、施工平面布置、施工要求和技术保证条件。

（2）编制依据：相关法律、法规、规范性文件、标准、规范及图纸、施工组织设计等。

（3）施工计划：包括施工进度计划、材料与设备计划。

（4）施工工艺技术：技术参数、工艺流程施工方法等。

（5）施工安全保证措施：组织保障、技术措施、应急预案等。

（6）劳动力计划：专职安全生产管理人员、特种作业人员等。

（7）计算书及附图。

## 二、公路工程安全技术要点

### （一）公路工程高处作业安全技术要点

1.高处作业的脚踏板应用坚实的钢拉板或木板铺满，不得留有空隙或探头板，脚踏板上的油污、泥沙等应及时清除，防止滑倒。

2.在有坠落可能的部位作业时，必须把安全带挂在牢固的结构上，安全带应高挂低用，不可随意缠在腰上，安全带长度不应超过 3 m。

3.高处作业应按规定挂设安全网（立网和平网），安全网内不许有杂物堆积，破损的安全网应该及时予以更换。

4.作业平台的承重必须满足施工荷载的要求，不得多人集中在作业平台的某一部位进行作业，以防发生突然断裂坠落伤人。

5.高处作业操作平台的临边应设置防护栏杆，防护栏杆的高度不应低于 1~2 m，水平横档的间距不应大于 0.35 m，强度要满足安全要求。

6.高处操作平台必须设置供作业人员上下的安全通道和扶梯，平台严禁超载，平台架体应保持稳固。

7.操作平台的临边外侧下方是交通通道时，敞口立面必须设置安全立网做全封闭处理，并设置限宽、限高、限速的安全标示牌和防撞设施。

8.在高处进行预应力张拉作业前，必须搭置可靠的张拉工作平台，若在雨天作业，还应架设防雨棚，张拉钢筋的两端要设置安全挡板，并在张拉作业平台上设置明显的安全标志和操作规程，禁止非操作人员在张拉作业时进入张拉施工区。

9.高处作业所用的物料、机具，均应合理分散、堆放平稳，不可放置在临边或升降机口附近，也不许妨碍作业人员通行和装卸。高处作业拆除下的模板及剩余物料应及时清理运走，不得随意乱置，严禁向下丢弃物料，传递物件时，不得抛掷。

10.高处作业场所必须设置完备可靠的安全防护设施和安全警示标识牌，任何人不得擅自移位、拆除和损毁，确因施工需要暂时移位和拆除的，要报经项目负责人审批后方可拆移。工作完成后要即行复原，发现破损，应及时更新。

11.高处作业的挂篮、支架托架、模板及操作平台等应由专业技术人员进行专项设计，其设计图纸、设计计算书、操作规程、技术交底等须上报主管部门审核，批准后实施，经验收合格后方可投入使用。

12.高处作业临时配电线路按规范架（敷）设整齐；架空线必须采用绝缘导线，不得采用塑胶软线；高空作业现场按要求使用标准化配电箱，箱内应安装漏电保护器，下班切断电源，锁好电闸箱并有可靠的防雨设施。

13.桥梁主塔（墩）塔身高于 30m 时，应在其顶端装设防撞信号灯，主塔还应采取防雷措施，设置可靠的防雷电装置。遇雷雨天气时，作业人员应立即撤离危险区域，任何人员不得接触防雷装置。

14.作业人员在上下交叉作业时，不得在同一垂直面上。下层作业人员应处于上层作业人员和物体可能坠落的范围之外。当不能满足要求时，上下之间应设置隔离防护层。

15.在高处进行电焊作业时，作业点下方及火星所及范围内，必须彻底清除易燃、易爆物品，作业现场要备置消防器材，严禁电焊人员将焊条头随手乱扔。

16.高处进行模板安装和拆除作业时，要按设计所确定的顺序进行，作业面及操作平台下方不得有人员逗留、走动和歇息。

17.进行高处拆除作业时，必须对拆除作业人员进行专业安全培训，作业前，要进行层层安全技术交底，并做好交底签认记录。

### （二）公路工程水上作业安全技术要点

1.水上作业施工前，应了解江、河海域铺设的各种电缆、光缆、管道的走向，按规定采取有效措施予以保护，防止电缆、光缆及水下管道遭到损坏。

2.项目要制订水上作业各分项工程安全实施方案和细则，对参加水上施工作业人员必须进行水上作业的安全知识教育和专项技术培训，并做好安全交底工作。

3.水上施工必须在作业人员必经的栈桥、浮箱、交通船、水上工作平台临时码头上配备安全防护装置和救生设施。

4.进行水上夜间施工时，要有充足的灯光照明，尽量避免单人操作，特别是电焊作业时，最少安排两人相互监护。

5.作业人员进入水上作业时，必须穿好救生衣，戴好安全帽，乘坐交通船上下班时，必须等船停稳后，从指定的通道上下船。严禁从船上往下跳跃，以防止拥挤推拉、碰撞、摔伤或滑落水中。

6.在浮箱上作业时，要注意来往船只航行时引起的涌浪造成浮箱颠簸，致作业人员摔伤或被移位物体碰撞、打击，造成伤害。

7.水上进行吊装、混凝土浇筑、振桩等各项作业时，必须严格按照施工工艺和程序，要有专人指挥。由于天气变化或其他原因造成停工停产时，应对有可能造成倾倒滑动移位的设施和构造物采取临时加固措施。

# 第三节　公路工程质量管理

为了加强公路工程质量管理，确保工程质量符合现行规范的要求，必须加强基础工作、施工质量控制和检验把关。工程实践充分证明，确保公路工程建设质量，应从建立质量管理体系、加强材料检测基础工作、加强施工过程质量的控制三方面入手。

# 一、公路工程质量的概念

公路工程质量管理是公路工程施工企业管理水平与技术水平高低的综合反映，是施工企业从开始施工准备工作到工程竣工验收交付使用的全过程中，为保证和提高工程质量所进行的各项质量管理工作。其目的在于以最低的工程成本和最快的施工速度生产出优质的公路工程产品。

## （一）工程质量的基本概念

### 1. 工程质量的概念

工程质量的概念有广义和狭义之分。广义的工程质量是指工程项目的质量，它包括工程实体质量和工作质量两部分。工程实体质量又包括分项工程质量、分部工程质量和单位工程质量。工作质量又包括社会工作质量和生产过程质量两个方面。狭义的工程质量是指工程产品质量，即工程实体质量或工程质量。其定义是："反映实体满足明确和隐含需要能力的特性的总和。"

质量的主体是"实体""实体"可以是产品或服务，也可以是活动或过程、组织体系和人，以及以上各项的任意组合。"明确需要"是指在标准、规范、图纸、技术要求和其他文件中已经做出的明确规定的需要；"隐含需要"是指那些被人们公认的、不言而喻的、不必再进行明确的需要，如公路工程的路面应满足最起码的车辆行驶功能，即属于"隐含需要"。

"特性"是指实体特有的性质，它仅反映了实体满足需要的能力。对于硬件和流程性材料类产品的实体特性，可归纳为性能性、可信性、安全性、适应性、经济性和时间性六个方面；对于服务实体类，其特性主要包括功能性、经济性、安全性、时间性、舒适性和文明性六个方面。

### 2. 工程实体的质量

工程实体质量在施工过程中表现为工序质量，其是指施工人员在某一工作面上，借助某些工具或施工机械，对一个或若干个劳动对象所完成的一切活动的综合。工序质量包括这些活动条件的质量和活动质量的效果。

工程实体的质量是由参与建设各方完成的工作质量和工序质量所决定的。构成施工过程的基本单位是工序，虽然工程实体的复杂程度不同，生产过程也各不一样，但完成任何一个工程产品都有一个共同特点，即都必须通过一道一道工序加工出来，而每道工序质量的好坏，最终都直接或间接地影响工程实体（产品）的质量，所以工序质量是形成工程实体质量最基本的环节。

### 3. 工作质量的概念

工作质量是指参与工程项目建设的各方，为了保证工程产品质量所做的组织管理工作和各项工作的水平及完善程度。公路工程的质量是规划、勘测、设计、施工等各项工作的综合反映，而不是单纯靠质量检验检查出来的。要保证公路工程的质量，就要要求参与公路工程的各方有关人员，对影响工程质量的所有因素进行控制，通过提高工作质量来保证和提高工程质量。

4. 质量控制

质量控制是指为达到质量要求所采取的作业技术和活动。质量要求需要转化为可用定性或定量的规范来表示的质量特性，以便于质量控制的执行和检查。质量控制贯穿于质量形式的全过程、各环节，要排除这些环节的技术、活动偏离规范的现象，使其恢复正常，达到控制的目的。

质量控制的内容是采取的作业技术和活动。这些活动包括：确定控制对象；规定控制标准；制定具体的控制方法；明确所采用的检验方法；实际进行检验；说明实际与标准之间有差异的原因；为解决差异而采取的行动。

## （二）公路工程质量的内容

1. 工程质量

工程质量是指工程适合一定用途，满足使用者要求所具备的自然属性，亦称为质量特征或使用性。公路工程质量主要包括工程性能、寿命、可靠性、安全性和经济性五个方面。

（1）工程性能

工程性能是指产品或工程满足使用要求所具备的各种功能，具体表现为力学性能、结构性能、使用性能和外观性能等方面。

（2）工程寿命

工程寿命是指工程在规定的使用条件下，能正常发挥其规定功能的总工作时间，也就是工程的设计或服役年限。一般来说，对工程使用功能能稳定在设计指标以内的延续时间都有一定的限制。

（3）工程的可靠性

工程的可靠性是指工程在规定的时间内和规定的使用条件下，完成规定功能能力的大小和程度。对于公路工程企业承建的工程，不仅要求在竣工验收时要达到规定的标准，而且在一定的时间内要保持应有的使用功能，如路基的稳定性、路面的平整度等。

（4）工程的安全性

工程的安全性是指工程在使用过程中的安全程度。任何公路工程都要考虑是否会造成对使用或操作人员的伤害事故，是否会产生公害、污染环境的可能性。如公路工程中所用的沥青材料，对人的身体健康是否有危害；各类桥梁、路面在规范规定的荷载下，是否满足强度、刚度和稳定性的要求。

（5）工程的经济性

工程的经济性是指工程寿命周期内费用的大小。公路工程的经济性要求，一是工程造价要低，二是维修费用要少。

以上工程质量的特性，有些可以通过仪器设备的测定直接量化评定，如某种材料的力学性能。但多数很难进行量化评定，只能进行定性分析，即需要通过某些检测手段，确定必要的技术参数来间接反映其质量特性。把反映工程质量特性的技术参数明确规定下来，通过有关部门形成技术文件，作为工程质量施工和验收的规范，这就是通常所说的质量标准。符合质量标准的就是合格品，反之就是不合格品。

工程质量是具有相对性的，也就是质量标准并不是一成不变的。随着科学技术的发展和进步，生产条件和环境的改善，生产和生活水平的提高，质量标准也将会不断修改和提高。另外，工程的质量等级不同，用户的需求层次不同，对工程质量的要求也不同。施工单位的施工质量，既要满足施工验收规范和质量评定标准的要求，又要满足建设单位、设计单位提出的合理要求。

2. 工作质量

工作质量是公路工程施工企业的经营管理工作、技术工作、组织工作和后勤工作等达到和提高工程质量的保证程度。工作质量可以概括为生产过程质量和社会工作质量两个方面。生产过程质量，主要指思想政治工作质量、管理工作质量、技术工作质量、后勤工作质量、服务工作质量等，最终还要反映在工序质量上，而工序质量要受到人、设备、工艺、材料和环境五个因素的影响。社会工作质量，主要是指社会调查、质量回访、市场预测、维修服务等方面的工作质量。

工作质量和工程质量是两个不同的概念，两者既有一定的区别又有紧密的联系。工程质量的保证和基础就是工作质量，而工程质量又是企业各方面工作质量的综合反映。工作质量不像工程质量那样直观、明显、具体，但它体现在整个施工企业的一切生产技术和经营活动中，并且通过工作效率、工作成果、工程质量和经济效益表现了出来。所以，要保证和提高工程质量，不能孤立地、单纯地抓工程质量，而必须从提高工作质量入手，把工作质量作为质量管理的主要内容和工作重点。

在实际工程施工中，人们往往只重视工程质量，看不到在工程质量背后掩盖了大量的工作质量问题。仔细分析出现的各种工程质量事故，都不难得出是由于多方面工作质量欠佳而造成的结论。所以，要保证和提高工程质量，就必须狠抓每项工作质量的提高。

3. 人的素质

人的素质主要表现在思想政治素质、文化技术素质、业务管理素质和身体素质等几个方面。人是直接参与工程建设的组织者、指挥者和操作者，人的素质的高低，不仅关系工程质量的好坏，而且关系企业的生死存亡和发展。

## （三）影响公路工程质量的主要原因

1. 设计方案粗糙

设计是工程建设的灵魂，是工程质量的龙头，工程质量首先取决于设计质量。公路建设项目的前期工作很复杂，从规划、可行性研究、项目评估、设计文件、项目实施周期较长。设计阶段把关不严、方案粗糙，将会导致以后的施工中出现质量、安全隐患，还会因此影响工程的进度，造成不必要的损失。

设计阶段把关不严，设计方案粗糙，甚至存在重大缺陷，如与现场地物、地貌相矛盾，与结构物自身的使用功能相矛盾。待到施工过程中发现问题时再重新修改设计，由于时间的仓促，势必使施工质量下降，留下质量隐患，甚至出现安全隐患。

工程实践证明，不懂工程施工的人永远搞不好设计。设计主管人员必须具备丰富的施工经验和较高的业务技能，很多设计方案的实际可操作性不强，甚至与实际严重脱节，就是设计人员闭门造车造成的。

2. 缺乏建设管理经验

由于我国条块分割的行政管理体制和资金来源的不同，公路工程建设项目的项目管理模式各异，项目管理水平也有很大的差别，建设市场离规范化管理有一定距离。总体是重点大型项目、世行贷款项目、领导重视的项目较好，中小型项目、地方筹资项目欠规范。

公路建设市场管理体制至今还没有完全理顺，管理工作不规范是影响公路建设质量的一个主要原因。在公路建设项目的管理方面，项目法人责任制、招投标制、监理制和合同管理制没有完全推行开。从而导致在建设过程中，责任不明确，互相推诿，出现人人都在管，最终谁都没具体对质量负责的现象。

3. 施工队伍公路施工经验、水平不能满足要求

有的施工队伍公路施工经历较少。一无能满足施工需要的机械设备，二无足够、合格的技术管理人员，这对施工质量管理来说仍然是一个难题，没有经验就容易出问题。对施工前期的组织准备、技术准备、物资准备、现场准备不到位，在施工作业组织、施工进度计划、施工调度、现场管理、技术资料管理等方面的管理工作中没有能力或力不从心，致使工程管理处于混乱状态，工程质量无法保证。

4. 质量管理体系不完善

（1）监理队伍制约机制尚不完善。政府交通主管部门对监理市场主要是宏观管理，多是对监理单位和人员的资质进行管理，对监理单位的行为、监理工作运行情况、监理工作成效等的动态管理缺乏有效手段，在法规、行政、经济等方面，对监理单位的制约机制尚不完善。

（2）政府监督网络，一些建设单位、施工单位的领导和管理人员，对工程质量监督重要性的认识不足，致使质量监督工作开展有一定难度。

（3）质量管理各方的质量检测设备、手段不完善。大部分设计、监理、施工、材料供应、监督单位的检测设备、检测手段、技术力量还不能满足质量检测工作的需要，有的与实际要求相差很大，直接影响了质量管理工作的深度和力度。

### （四）公路工程质量控制的主要措施

1. 加强源头控制

首先，对公路工程质量的控制要从工程设计方面入手，工程施工设计方案必须符合设计规范要求和工程现场的实际情况。

其次，工程设计方案除了要确保结构的稳定性之外，还必须具有可实施性，也就是说要综合工程所在地的地质情况、施工条件、气候特点以及人文环境等方面的实际情况，因地制宜，综合考虑，使设计方案具有可行性、安全性和效益性。

最后，在工程施工过程中，设计单位应做好后续的服务跟踪工作。在公路工程建设过程中，在设计阶段不可能面面俱到，很多问题只有在施工过程中才能发现，如地质变化、自然灾害等。对于在施工过程中发生的设计变更，设计单位必须遵循"质量至上、安全第一"的原则，不能为了追求进度、节约成本而降低设计要求。

2. 加强过程控制

公路工程的质量控制，主要体现在施工过程中，设计、施工、监理、业主、监督各单位应各负其责，相应履行工程设计、施工控制、质量监管、监督审查的职能。从施工方面来说，控制工程质量的具体措施如下。

（1）建立健全质量保证体系。建立健全质量保证体系是进行公路工程质量控制的先决条件，科学合理的质量保证体系，既能保证质量控制有序、高效运行，也能为质量控制提供决策保证。没有切实可行的质量保证体系，质量控制就成了无源之水、无本之木。

（2）制定和完善质量控制措施。质量控制措施是对质量保证体系的完善和细化，是质量保证体系得以有效运行的保障。

实施质量控制首先要建立、健全质量自检措施。自检措施应从检测程序、检测设备、检测手段、技术力量等方面着手，层层把关、环环紧扣。尤其是要注重项目的控制性工程和隐蔽工程的自检，检测不合格的一律不得进行下一道工序的施工。实施质量控制在具体实施过程中，首先要注重对主要原材料的检测控制。要从入围厂家的选择、进场材料的试验检测、加工安装的工序监控等方面着手，严格把关，杜绝不合格材料进入施工工序，在施工过程中及施工完成后发现材料质量问题的，必须严格按照设计图纸及技术规范的要求采取返工或其他能够满足设计规范要求的补救措施。

其次要注重对施工工序的过程控制。纵然原材料合格，施工方案可行，保障措施完备，但是如果施工工序不当，往往会使前面的努力付诸东流。施工工序除了按照一般的施工原理、技术措施、工艺流程进行之外，还必须遵循项目的专项施工组织设计对工序的相关要求。

另外，还要根据公路工程所在地的地理、气候特征等具体情况，制订冬季、雨季及特殊气候情况下的施工技术方案。

（3）制定、执行质量奖惩措施。控制公路工程的质量，除了采取科学合理的施工组织措施和质量控制方案之外，还要发挥施工技术人员的主观能动性，实行质量奖惩不是目的，而是质量创优的手段，通过奖惩措施的制定和执行，能够树立和提高施工技术人员的质量意识，同时也起到了一定的鞭策和警示作用。

（4）加强与设计、材料供应、建设监理、业主、质量监督各单位的信息沟通和协调，严格执行监理、业主、监督各单位关于质量控制方面的文件、工作指令。

3.加强跟踪控制

对于已完工的公路工程，在质量缺陷责任期内，如果存在路基沉陷、桥头跳车、路面早期破坏、边坡失稳等质量问题，必须适时对其进行跟踪测控，做到早发现、早解决。

通过以上所述可知，在公路工程建设整个过程中，质量是工程的生命、措施是管理的保证、管理是质量的灵魂。

## 二、质量体系的建立与运行

工程质量保证体系是企业以保证和提高工程质量为目标，运用系统的概念和方法，把企业各部门、各环节的质量管理职能组织起来，形成一个有明确任务、职责、权限、互相协调、互相促进、互相监督的有机整体，使质量管理制度化、标准化，从而建造用户满意的工程。

### （一）公路施工企业质量体系的特点

公路施工企业质量体系的建立应体现以下特点。

1.系统性。公路施工企业的质量体系应根据公路产品质量的产生，形成和实现的运行规律，把影响质量的所有环节全部控制起来，以实现企业的质量方针和质量目标。

2.预防性。建立质量体系要突出以预防为主的要求。开展每项质量活动之前都要制订好计划，规定好程序，使质量活动处于受控状态，把质量缺陷消灭在形成过程中。

3.经济性。质量体系的建立与运行既要满足用户的需要，也要考虑企业的利益，要圆满解决企业与用户双方的风险、费用和利益，使质量体系的效果最优化。

4.实用性。建立质量体系必须结合公路施工企业、工程对象、施工工艺特点等情况，选择适当的要素，使质量体系具有可操作性，保持实用性和有效性；同时，企业应根据科技与生产的发展、环境条件的变化，及时调整和完善质量体系要素，使之适应企业经营的需要和满足用户的要求。

### （二）质量保证体系的基本内容

公路工程施工企业质量保证体系，主要包括施工准备阶段的质量管理、工程施工过程的质量管理和工程使用过程的质量管理三个基本组成部分。

1.施工准备阶段的质量管理

公路工程施工准备阶段是进行质量管理的重要基础，这一阶段的质量管理工作主要有以下几项。

（1）图纸的审查设计。图纸是工程施工的依据，因此，要保证工程施工的质量，首先就要研究和熟悉图纸，了解设计意图。同时，通过熟悉和审查图纸，也可以发现设计中可能存在的差错和不便施工或难以保证施工质量之处，并使这些得到必要的改正。

（2）施工组织设计编制。施工组织设计是用来指导施工项目全过程各项活动的技术、经济和组织的综合性文件，是施工技术与施工项目管理有机结合的产物，它是保证工程施工活动有序、高效、科学合理地进行的重要措施和先决条件。

（3）材料和预制构件、半成品等的检验。施工单位必须建立和健全试验机构，充实试验人员，认真做好原材料、半成品、预制构件和设备的检验工作。凡是没有合格证明、材料或设备性能不清的，一定严格按照规定进行检验，未经检验的设备不得进行安装，不合格的材料、半成品、预制构件不得使用。

（4）施工机械设备的检修。为确保工程施工质量、施工安全和生产效率，施工单位必须搞好施工机械设备检修工作，经常保持施工机械设备的完好和精度。

2. 工程施工过程的质量管理

公路工程施工过程是控制质量的主要阶段，这一阶段的质量管理工作主要有以下几项。

（1）在工程正式开工前和施工过程中，工程技术人员要做好施工的技术交底，监督按照设计图纸和规范、规程进行施工。

（2）进行施工质量检查和验收，保证和提高工程质量，必须坚持质量检查与验收制度，加强对施工过程各环节的质量检查。对于已完工的分部分项工程，特别是隐蔽工程进行验收，不合格的工程绝不允许通过，该返工的必须返工，不留任何质量隐患。上道工序不合格，下道工序就不得进行。对于质量容易波动、常见的质量通病，或对工程质量影响比较大的关键工序，检测手段或检验技术比较复杂，单靠自检、互检不能保证质量的工序和最后交工前的检查更要注意质量检验。

质量检验要实行专职检验与群众检验相结合的方式，以专职检验为主。但是公路工程建设十分复杂，每一道工序都要依靠专职检查人员也是不可能的，施工质量的好坏归根到底还是取决于参加施工的工人。因此，除加强专职检验外，还要发动施工人员参加自检、互检和工序交接检查验收，这对于保证工程质量是非常重要的。

（3）进行质量分析

检查验收是事后质量控制，即发现问题时事故已经发生，浪费已经造成。所以质量管理工作必须首先高度重视事前和事中质量控制，防患于未然，方能发挥更大的作用。通过对质量检验可以获得大量反映质量问题的数据，采用质量管理统计方法对这些数据进行分析，就能找出造成质量缺陷的种种原因，并采取有针对性的预防措施，尽可能把质量问题消除于出现之前，使不合格产品和因返工或修理的工料费用降到最低程度。

（4）实现文明施工

文明施工是指保持施工场地整洁、卫生，施工组织科学，施工程序合理的一种施工活动。文明施工的基本条件包括有整套的施工组织设计（或施工方案），有严格的成品保护措施和制度，大小临时设施和各种材料、构件、半成品按平面布置堆放整齐，施工场地平整，道路畅通，排水设施得当，水电线路整齐，机具设备状况良好、使用合理，施工作业符合消防和安全要求。

### 3. 工程使用过程的质量管理

公路工程交工投产使用的过程是考验工程实际质量的过程。它是施工企业质量管理的归宿点，又是施工企业质量管理的出发点。因此，企业施工质量管理，必须从现场施工过程延伸到一定期限的使用过程，工程使用过程的质量管理是整个工程质量管理的重要组成部分。对于施工企业而言，产品使用阶段的质量管理主要包括以下两个方面。

（1）及时进行回访。对于已完工的公路工程进行回访，听取使用部门对施工质量方面的意见，从中发现工程质量存在的问题，分析产生原因，以便及时补救，并为日后改进施工质量管理积累经验。

（2）实行保修制度。对于施工原因造成的质量问题，施工企业应及时无偿进行保修。

## （三）质量保证体系运行的形式

### 1. 计划阶段

可以理解为施工质量计划阶段，明确目标并制订实现目标的行动方案。在施工质量计划阶段，现场施工管理组织应根据其任务目标和责任范围，建立施工质量控制的管理制度，对质量工作程序、技术方法、业务流程、资源配置、检验试验要求、质量记录方式、不合格处理、管理措施等内容，做出具体规定并形成相关文件。施工质量计划编成后，还需对其实现预期目标的可行性、有效性、经济合理性等进行分析论证，并按规定的程序与权限经过审批后执行。

### 2. 实施阶段

实施阶段包含两个环节，即计划行动方案的交底和按计划规定的方法与要求展开施工作业技术活动。计划交底的目的在于使具体的作业者和管理者，明确计划的意图和要求，掌握施工质量标准，从而规范作业和管理行为，正确执行计划的行动方案，步调一致地去努力实现预期的施工质量目标。

### 3. 检查阶段

检查阶段指对计划实施过程进行各种检查，包括作业者的自检、互检和专职管理者专检。各类检查也都包含两大方面：一是检查是否严格执行了计划的行动方案，实际条件是否发生了变化，没有按照计划执行的原因；二是检查计划执行的结果，即施工质量是否达到了标准的要求，对此进行评价和确认。

### 4. 处理阶段

对于质量检查所发现的施工质量问题或质量不合格，及时进行原因分析，采取必要的措施予以纠正，保持施工质量的受控状态。处置分为纠偏处置和预防处置两个步骤，前者是采取应急措施，解决当前的质量问题和缺陷；后者是信息反馈管理部门，反思问题症结或计划时的不周，为今后类似问题的质量预防提供借鉴。

质量管理活动的全部过程，就是反复地按照 PDCA 的管理循环，不停地、周而复始地运转。工程实践充分证明，这个管理循环每运转一次，工程质量就可得到提高，管理循环不停地运转，工程质量水平也就随之不断地提高。

### （四）工程质量控制管理机构

工程项目质量控制高度重视逻辑思维程序，工程技术只有通过科学的组织管理才能充分地发挥其效能。任何工程质量组织机构都包括五个必不可少的要素，即人员、职位、职责、关系和信息。

1. 质量控制机构的组织模式

组织是质量管理的一项重要职能。质量控制机构的功能是通过任务结构和权力关系的设计，来协调工程项目施工中的各个方面。一般大、中型工程项目班子，大多数采用直线制或直线职能制的模式。

项目经理部下设专职质检工程师 1 人，专职负责工程项目的质量控制管理；各施工工序设工序质检员 1 人，专职负责本工序的质量自检；工程质量的一切方面由质检工程师直接对总经理负责。对工程质量问题的处理，质检工程师有否决权。

2. 质量控制管理机构职责划分

（1）业主的职责

一项工程建设的成败关系业主的投资利益能否实现，所以业主对工程质量问题有最终决策权。工程施工每一步的质量情况都要形成文字资料，作为进行下一步工作的依据，这样便于施工企业及时听取业主的意见，从而可避免出现大量返工。

（2）监理工程师的职责

监理工程师是根据与业主签订的合同内容，代表业主监控工程质量和其他方面，是工程质量实现的主要监督者，是业主和承包商之间的桥梁。监理工程师应按照合同要求，对影响工程质量的各个因素从原材料、施工工艺及成品进行控制。任何环节出现疏忽和错误，包括施工时施工人员自身的操作失误和放松质量检查，都会给工程的质量带来严重的损害。因此，监理工程师必须对整个工程实行施工全方位、全过程的质量监理。工程质量监理与单纯的质量验收不同，它不是仅仅对最后产品的检查验收，而是对产品进行全方位、全过程的监理。每道工序从开工前便进入监理，即每道工序开工前，承包商必须提出开工申请单，向监理工程师说明材料、设备、工艺及人员的准备情况，开工申请得到监理工程师批准后才能开工。为了保证工程质量，监理工程师在履行职责中应遵循以下原则：

1）监理人员必须维护国家的荣誉和利益，维护公司的信誉，遵循"守法、诚信、公正、科学"的准则，以公正的立场、严肃的态度、严格的要求、科学的分析、求实的处理，努力搞好所承担的监理工作；

2）监理人员必须遵守国家的法律、有关条例和规定，认真学习和坚持贯彻国家和地方有关工程建设的法律、法规；

3）监理人员必须坚持原则，秉公办事，清正廉洁，自觉抵制不正之风，不索贿，不受贿，不参与一切与本工程有关的兼职、任职、合伙经营和交易；

4）监理人员必须坚守规程、规范、标准和制度，履行监理合同规定的义务和职责，工作认真、一丝不苟；

5）监理人员必须注意保守有关秘密，对建设单位、设计单位、施工单位的秘密和信息，未经对方允许不得任意公开或传播；

6）监理人员必须坚守自身职责和权限，未经上级委托，不得行使自身职责以外的职权；

7）监理人员必须谦虚谨慎、尊重事实、文明礼貌、态度诚恳、平等待人、热情服务。

（3）项目经理的职责

项目经理从职业角度，是指企业建立以项目经理责任制为核心，对项目实行质量、安全、进度、成本管理的责任保证体系和全面提高项目管理水平设立的重要管理岗位。项目经理是为项目的成功策划和执行负总责的人。项目经理是项目团队的领导者，项目经理的首要职责是在预算范围内按时、优质的领导项目小组完成全部项目工作内容，并使客户满意。为此项目经理必须在一系列的项目计划、组织和控制活动中尽到应尽的职责，从而实现项目目标：

1）根据承建工程的实际情况，制订施工方案和实施计划，确保工程项目目标的实现，并保证业主满意；

2）根据承建工程规模、类型、施工条件和质量要求等，组织精干的工程项目管理班子，明确工程质量具体管理人员，组织开展优质工程活动；

3）设置专门的工程质量管理部门，明确各自的质量管理目标，加强对全体施工人员质量意识教育，有计划地组织工程质量检查，并组织工程质量回访工作；

4）不折不扣地履行合同中规定的义务，监督合同的执行，处理合同的变更；

5）履行好企业内部的，职责，其主要包括施工准备工作、落实材料设备、监督检查各部门的工作、处理解决关键性问题等。

总之，项目经理的职责和任务就是根据承建工程的实际，带领参建的所有人员以良好的状况进行工程施工，使项目达到"优质、高速、低耗、绿色"的目标，达到业主的要求。

（4）质检工程师的职责

质检工程师是根据工程质量要求，专门从事质量检验、评定、监督的专业技术人员。质检工程师负责向工程项目班子所有人员介绍该工程项目的质量控制目标和制度，负责指导和保证质量控制目标的实施，通过质量控制来保证工程建设满足技术规范和合同规定的质量要求。质检工程师的具体职责如下：

1）根据业主和现行规范的要求，结合工程实际情况，研究施工对象的具体质量要求；

2）在研究本单位或外单位过去已建工程质量所存在问题后，根据拟建工程的具体实施情况，提出在施工中质量管理工作的重点；

3）从工程项目质量控制的角度出发，对所编制的施工组织计划或施工方案进行审查，提出"优质、高速"施工方案的建议；

4）根据业主和现行规范的质量要求，结合承建工程实际情况，编写质量管理方面的规章制度，包括内部质量方面的法规、技术标准、施工规范及实施细则；

5）根据编制的施工组织计划或施工方案及质量管理制度，组织有关部门和人员实施，并如实总结和报告质检的结果；

6）接受工程建设各方关于质量控制的申请和要求，包括向各有关部门传达必要的质量措施。如质检工程师有权停止分包商不符合质量验收标准的工作，有权决定需要进行试验分析的项目，并可亲自准备样品、监督试验工作等。

（5）中心试验室的职责

公路工程中心试验室对工程原材料、半成品、水泥混凝土的内在质量的检验数据负责，包括检测项目取样方法及频率、制作方法、试验方法及原始数据的记录、计算、报告，以及对试验结果的误差分析等。

1）设计检测和试验方案，制订试验检测实施计划。按照规定的检测试验项目、频度及时完成各项检测试验工作。

2）根据现行的检测试验标准、规范，制订每一项目检测及试验的操作规程和补充细则。对观感性、描述性的项目要设计制订有效的、标准的评价方式及表达述语。

3）调查分析出现偶然性质量缺陷的原因，如实报告调查结果，并随时采取纠正措施。

4）对检测和试验所用的仪器、量具和设备，应进行计量方面的鉴定、校准、保养及维修，保证计量设备的计量精度，以求试验结果的正确。

5）根据试验结果和规定的方法，编制检测试验工作的总结报告，作为工程质量评价的重要依据之一。

（6）企业机务部的职责

伴随着公路工程不断发展，其已经成为国民经济发展的重要支柱。其施工技术的不断提高，对机务管理人员机械设备科学化的管理水平要求日益提高。设备的优劣，都会关系其工程的施工质量、进度和安全。因此在公路工程中，可以发现机务管理对工程质量的重要性。

施工企业的机务部应对机械技术状况的完好性、附件的齐全性及工作装置调整的正确性负责，以确保工程施工中机械设备符合施工组织设计的要求。机械设备应保养良好，达到能满足施工规范的技术要求。平时，机务部应主要负责实施和监督机手的工作，机务部主管应定期向质检工程师提供有关机械完好、技术条件状况的报告。

（7）企业材料部的职责

企业材料部是确保工程所用材料、设备质量符合设计要求的重要部门，他们应对所购进的材料和设备的质量负责。主要包括以下职责：

1）所有购进的材料和设备应有出厂质量保证书、合格证及应有的化验报告，并应主动配合试验室进行抽检；

2）严格遵守物资管理及验收制度，加强对设备、材料和危险品的保管，建立各种物资供应台账，做到账、卡、物相符；

3）以审定后的设备、材料供应计划为依据，负责办理甲方供应设备材料的催运、装卸、保管、发放，自购材料的供应、运输、发放、补料等工作；

4）负责对到达现场（仓库）的设备、材料进行型号、数量、质量的核对与检查，收集项目设备、材料及机具的质保等文件；

5）负责做好到场物资的跟踪管理，以实现质量可追溯性。

（8）工程技术部的职责

工程技术部是施工企业的主要技术部门，是贯彻有关施工、质检技术标准、规范和规程的执行部门，负责指导施工和处理施工质量问题，要在技术措施和工艺措施上保证工程质量，要根据施工技术规范编制操作工艺的实施细则，其具体的职责主要包括以下方面。

1）参加图纸会审和工程进度计划的编制，负责施工组织安排和施工管理工作。

2）认真熟悉施工图纸、编制各项施工组织设计方案和施工安全、质量、技术方案，编制各单项工程进度计划及人力、物力计划和机具、用具、设备计划。

3）编制文明工地实施方案，根据本工程施工现场合理规划布局现场平面图，安排、实施、创建文明工地。

4）负责工程技术、测量工作，协助试验室报检验收工作。

5）做好技术、安全、质量交底工作，履行签认手续，并对规程、措施、交底要求执行情况经常检查，随时纠正违章作业。做好施工队伍技术指导。

6）随时掌握施工队或作业组在施工过程中的操作方法，严格施工过程的质量控制。

7）组织隐蔽工程验收，按工程质量评定验收标准验收。经常检查所管辖施工队或作业班组的施工质量，并搞好自检、互检和工序交接检，发现不合格产品要及时纠正或向项目部领导进行汇报。

8）督促施工所用材料、设备按时进场，确保工程顺利进行；严格监督、检查、验收进入施工区的材料、半成品是否合格，堆码、装卸、运输方法是否合理，防止损坏和影响工程质量。

9）按时填写各种有关施工原始记录、隐蔽工程检查记录和工程日志，做到准确无误。

（9）工程质检员的职责

工程质检员是生产第一线的质量负责人，一切施工项目和所有工序都由各质检员每天填报质量日报表，这是企业内部质量管理信息系统建立的基础工作。其主要的职责有以下方面：

1）认真贯彻执行国家、地方政府和本公司有关工程质量管理的各项规范及标准规定，对工程施工质量承担检查责任；

2）依据项目工程质量特点、质量目标、合同质量目标，制定工程质量控制的措施和方案，并组织实施；

3）督促班组搞好自检、互检工作，负责满足项目部检测器具使用要求，进行项目质量管理，参加项目工程质量评定工作；

4）负责原材料、设备进货检验，检查成品质量和使用情况，及时检查试验结果，记录重要处置情况；

5）负责工程质量信息的收集、整理、反馈工作，指导项目工程资料记录与整理，负责收集工程资料；

6）负责监督不合格产品的整改及复查工作，负责就质量问题与监理、业主等进行沟通。

## 三、公路工程的质量控制

施工质量控制是通过采取有效措施确保施工合同商定的质量要求和标准，避免发生质量问题。施工质量控制应当做到施工过程与技术要求相一致、与现行技术规范相一致、与设计质量要求相一致，符合施工合同要求和验收标准，同时还应满足施工进度和投资计划的要求。工程质量是在修建的过程中形成的，因此，施工质量控制必须贯穿于施工全过程和每个环节。

### （一）施工质量控制的原则

工程施工是使工程设计意图最终实现并形成工程实体的阶段，是最终形成工程产品质量和工程使用价值的重要阶段。在进行公路工程项目施工质量控制的过程中，应遵循以下原则。

1. 质量第一的原则

"百年大计、质量第一"，是所有施工企业或建筑工程推行质量管理的思想基础。公路工程质量的好坏，不仅关系国民经济的发展及人民生命财产的安全，而且直接关系施工企业的信誉、经济效益及生存和发展。因此，牢固树立"质量第一"的观点是工程质量管理的核心。

2. 用户至上的原则

"用户至上"是施工企业或公路工程推行质量管理的精髓。国内外多数施工企业把用户摆在至高无上的地位，把用户称为"上帝"，把企业同用户的关系比作鱼水关系。

现代企业质量管理中"用户至上"的观点是广义的，它包括两个含义：一是直接或间接使用公路工程的单位或个人；二是施工企业内部，在施工过程中上一道工序应对下一道工序负责，下一道工序则为上一道工序的用户。

3. 预防为主的原则

工程质量是设计、制造出来的，而不是检验出来的。检验只能发现工程质量是否符合质量标准，但不能保证工程质量。在工程施工过程中，每个工序，每个分部、分项工程的质量，都会随时受到许多因素的影响，只要有一个因素发生变化，质量就会产生波动，出现不同程度的质量问题。

质量管理强调将事后检验把关变成对各工序的控制，从管质量结果变为管质量因素，防检结合，防患于未然。也就是在施工全过程中，将影响质量的因素控制起来，发现质量波动就分析原因、制定对策，这就是"预防为主"的观点。

4. 全面管理的原则

质量管理中推广的所谓全面管理，就是突出一个"全"字，即实行对全过程的管理、全企业的管理和全员的管理。

全过程的管理，就是把工程质量管理贯穿于工程的规划、设计、施工、使用的全过程，尤其在施工过程中，要贯穿于每个单位工程、分部工程、分项工程、各施工工序。全企业的管理，就是强调质量管理工作不只是质量管理部门的事情，施工企业的各个部门都要参加质量管理，都要履行自己的职能。全员的管理，就是施工企业的全体人员，包括各级领导、管理人员、技术人员、政工人员、生产工人、后勤人员等都要参与到质量管理中来，人人都关心工程质量，把提高工程质量和本职工作结合起来，使质量管理有扎实的群众基础。

5. 数据说话的原则

数据是实行科学管理的依据，没有数据或数据不准确，质量就无从谈起。全面质量管理强调"一切用数据说话"，因为它以数理统计的方法为基本手段，而数据是应用数理统计方法的基础，这是其区别于传统管理方法重要的一点。它是依靠实际的数据资料，运用数理统计的方法做出正确的判断，并采取有力措施，进行质量管理。

6. 不断提高的原则

重视实践，坚持按照计划、实施、检查、处理的循环过程办事，经过一个循环后，对事物内在的客观规律就会有进一步的认识，从而制订出新的质量管理计划与措施，使质量管理工作及工程质量不断得到提高。

7. 尊重事实的原则

贯彻科学、公正、守法的职业规范，是搞好工程质量管理的根本。在质量控制实施过程中，应尊重客观事实，科学、客观、公正、不持己见，遵纪守法，坚持原则，严格要求增加。

## （二）施工质量控制的主要内容

工程施工是根据建设工程设计文件的要求，对建设工程进行新建、扩建、改建的活动。这个阶段既是形成工程实体的阶段，又是形成最终质量的重要阶段。因此，工程施工阶段的质量控制是工程项目控制的重点，也是监理工程师工作的重要内容。

工程质量控制是决定工程建设成败的关键之一，而工程质量很大程度上又决定于施工阶段的质量控制。根据工程质量形成的时间，施工的质量控制又可分事前质量控制、事中质量控制和事后质量控制。

1. 事前质量控制的内容

质量的事前控制是指施工前监理工程师针对影响工程质量的诸因素及环节，制订措施和计划，从组织、技术等方面为工程的顺利实施做好准备工作。切实做好质量事前控制工作能够把质量问题消灭在萌芽状态，实现防患于未然。因此，质量事前控制是事中控制乃至整个质量控制工作的基础，是实现质量控制目标的重要保障。事前控制的主要内容包括以下方面。

（1）审查施工承包单位的技术资质和参加承包项目的人员资质及施工质量控制管理系统机构。对于施工承包单位的技术资质审查可在施工招标中进行，其审查的主要内容是审查施工单位是否具有完成所承包工程项目的能力，并确保施工质量和施工进度的技术能力和管理水平。对参加施工的人员资格和组织机构审查可以在施工前进行。这里所指的施工人员应包括三方面的成员，即参加施工的技术人员、管理人员和质检人员。

（2）建立监理工程师的质量控制系统。监理工程师协助施工单位订立施工现场质量管理制度、现场会议制度、质量统计报表制度和质量事故处理制度；协助施工承包单位完善质量保证体系，完善或改进计量校验和质量检测试验的方法及手段。

（3）对工程项目建设所需的原材料、半成品混合料、预制构件等进行质量检查与控制。凡是进场的原材料均应有产品合格证或产品技术说明书；凡重要的原材料应先提交样品，经检验认可后方能进行采购，经抽样检测合格后才能使用。

（4）审查施工单位提交的施工方案和施工组织设计，并从工程项目整体角度对其实行协调控制，以保证工程质量具有可靠的技术措施。

（5）审核施工单位提交的有关施工控制参数及施工配合比，对于重要的公路工程，应进行复核试验。另外，对工程项目中采用的新材料、新工艺、新技术均应审核其技术鉴定书，凡未经试验鉴定或无技术鉴定书者，一律不能在工程项目中使用。

（6）为确保工程的位置和高程准确，应检查施工现场的测量标桩、结构物的定位放线及高程控制水准点。对于重要的结构桩位及高程应组织复核。

（7）组织参加工程建设的有关单位和人员，进行施工组织设计技术交底和施工图纸会审，为顺利施工打下良好的基础。

（8）对工程质量有重大影响的施工机械和施工设备，应审核施工单位提供的技术性能参数，凡不能保证工程项目施工质量要求的机械设备，不允许在工程中使用。

（9）审查工地检测试验室的仪器设备和试验检测人员的配备及试验室的工作环境，是否能满足所承包工程的质量要求。

（10）进行开工报告审核，把好工程项目质量的第一关。对现场各项施工准备进行检查，并认为具备开工条件后，才能批准并发布开工令。如果因为某种原因而停工的工程，无监理工程师的复工令工程不得复工。

2.事中质量控制的内容

事中质量控制也称为作业活动过程质量控制，其是指质量活动主体的自我控制和他人监控的控制方式。其中自我控制是首位的，即作业者在作业过程中对自己质量活动行为的约束和技术能力的发挥，以完成预定质量目标的作业任务；他人监控是指作业者的质量活动过程和结果，接受来自企业内部管理者和来自企业外部有关方面的检查检验，如工程监理机构、政府质量监督部门等的监控。事中质量控制的目标是确保工序质量合格，杜绝质量事故发生。事中质量控制的内容主要包括以下方面。

（1）完善施工过程工序质量控制，把影响工序质量的因素都纳入监控状态，并及时审核施工单位提交的质量检测试验资料和控制管理图表。

（2）严格工序之间的交接检查，主要工序应按有关质量验收规定经过监理人员检查验收，否则不得进入下道工序。如路基工程中，对于填方地段的路基，未经压实度检查，不得填筑另一层次土料。又如在路面工程铺筑前，如果路基工程未经验收，则不能铺筑路面基层；而路面基层未经验收，则不能进行路面面层铺筑。

（3）对于重要工程部位或重要施工环节，在有必要时，监理工程师应亲自组织抽查验收或随时进行复查，对于重要工程所用材料或预制构件，可自己组织检测或直接参与试验检测。

（4）根据工程的实际情况，对于设计和施工单位提出的设计变更方案及变更施工图进行审核。

（5）监理工程师可定期或不定期组织现场质量会议，及时分析并通报工程质量、施工进度及有关工程动态，同时不断协调与有关单位之间的关系等。

（6）监理工程师按工程项目合同条款中的有关规定，行使工程质量监控权、工程数量认可权、工程计量支付权，使整个工程项目始终在监理工程师的监控之中。

3.事后质量控制的内容

事后质量控制也称为事后质量把关，以使不合格的工序或产品不流入后道工序、不流入市场。事后质量控制的任务就对质量活动结果进行评价、认定，对工序质量偏差进行纠正，对不合格产品进行整改和处理。事后质量控制的内容主要包括以下方面。

（1）组织有关人员按照承包合同文件中规定的有关质量验收评定标准和办法，对所完成的单位工程或单项工程进行检查验收。

（2）审核施工单位提交的质量检验评定报告及其他有关技术资料文件，审核施工单位提交的工程竣工图表。

（3）组织人员整理工程项目的有关质量技术资料文件，并按照有关规定进行编目、汇总、装订和建档。

公路工程施工阶段的质量监控实质是监理工程师组织各施工单位，按照工程项目合同及设计文件中所规定的质量目标实施的过程，监理工程师在整个工程实施过程中处于中心地位。为此，应通过建立完善的工程项目质量监控体系来履行工作职责。

### （三）施工质量控制的基本方法

公路工程施工质量控制的目的，在于使实施的结果符合预期的质量目标值。如何对工程施工质量进行有效控制是工程质量控制中的重点和值得研究的问题。

公路工程项目建设本身是一个动态系统，因而它具有一般动态系统的主要特征，不但有预期的相对稳定性（项目目标、投资、进度、质量），而且系统内部又存在经常可变性

（工程变更、材料人员、机具变化）；从外部环境到系统内部有信息转移性，而所传递的信息则是系统内部调节进程的依据，并具有可以调节、纠正行为的能力，能保持系统的动态平衡。

公路工程项目施工质量控制的方法主要是通过审核有关技术文件、报表和直接进行动态跟踪检查这两个基本环节，运用质量控制系统在工程项目施工过程中进行连续的评价、验收和纠偏。

1. 审核技术文件报表

公路工程项目施工质量控制的审核技术文件报表的具体内容包括以下几方面：

（1）审核进入施工现场的各施工单位和施工人员的技术资质证明文件，确保有可靠的技术人员和施工管理人员符合要求，以保证工程施工质量；

（2）审核施工单位提交的施工方案和施工组织设计，确保有符合拟建工程的可靠技术措施，从而保证施工顺利进行和工程施工质量符合设计要求；

（3）审核施工单位提交的有关原材料、半成品和预制构件的质量检验报告，审核施工单位提交的有关施工控制标准及施工配合比；

（4）审核施工单位提交的开工报告，经审核和实际考察后确认符合开工条件时，向施工单位下达开工指令；

（5）审核施工单位提交的有关工程施工中的工序质量动态的统计资料和管理图表；

（6）审核在工程施工过程中的设计变更、修改图纸和有关技术证书；

（7）审核拟建工程有关新材料、新技术、新工艺的技术鉴定书；

（8）审核施工单位提交的施工中的工序交接检查、分项工程质量检查报告；

（9）审核施工单位提交的有关工程质量事故处理报告，并对处理报告做出评价和结论；

（10）审核并签署施工现场有关技术、质量、计量、进度等的统计报表。

2. 施工质量跟踪检查

施工质量跟踪检查是指施工过程中设置的各个施工质量控制点，并且指定专人所进行的相关施工质量跟踪检查。监理工程师或其代表进行施工质量跟踪检查的具体方法通常有目测检查、量测检查和试验检查三种。在进行施工质量跟踪检查中发现有关工程质量问题应及时加以纠正，并指令施工单位采取相应的技术措施。施工质量跟踪检查的具体工作内容如下。

（1）开工前检查。开工前检查的目的是评价施工单位是否具备开工条件，在开工后能否在保证工程质量的前提下，连续、顺利地进行施工。

（2）工序交接检查。对工程的主要工序或工程质量有重大影响的工序应进行工序交接检查，检查的目的是层层把关施工质量，尽力消除某个工序施工隐患。

（3）隐蔽工程完工检查。对重要的或影响工程质量的主要工序实施隐蔽工程检查，是为了避免被下道工序所掩盖，而无法进行复查的部位发生重大差错，保证工程质量满足设计要求。隐蔽工程检查工作应在本工序已完成且班组自检合格后、下道工序施工前进行。

（4）分项、分部工程完工检查。分项、分部工程的检查是单位工程验收的前提。从分项、分部工程开始，对做好单位工程质量检查与验收，保证工程质量十分重要。分项、分部工程完成后，首先由质检员、质检工程师逐级进行自检。自检合格后，由项目部质检工程师陪同监理工程师进行检查，检查结果填入验收表格，由双方签字后方可进行下一工序的施工。

（5）随班日常定期检查。随班日常定期检查是监理工程师获取第一线真实质量资料的一种手段，通过这种检查方法可以及时发现施工质量问题，并对操作人员进行技术指导。

（6）停工后复工前检查。因处理质量问题或某种原因停工后需复工时，必须经检查检测认可后方能复工，这是确保工程质量的一项重要技术措施。

（7）不定期的随机检查。公路工程不定期的随机检查主要是指：

1）随机检查、检测进场的建筑材料、建筑构配件和设备的质量；

2）随机检查、检测施工的检验批、分项工程的质量状况和验收程序；

3）随机检查、检测及涉及结构安全和使用功能的重要部位或关键工序；

4）随机检查、检测施工现场计量装置等标定情况。

### （四）工程施工工序的质量控制

1. 工序质量控制的目的和作用

工序质量控制是指为把工序质量的波动限制在规定的界限内所进行的活动。工序质量控制是工程施工过程控制的核心，它是利用各种方法和统计工具判断和消除系统因素所造成的质量波动，以保证工序质量的波动限制在要求的界限内，使工序处于受控状态，能稳定地生产合格的产品。

（1）工序质量控制的目的

影响工程产品质量的原因有两个方面，即偶然性因素和异常性因素。当工序仅在偶然性因素的作用下，其工程产品的性能特征数据（计量值数据）分布基本是算术平均值及标准差固定不变下的正态分布，工序处于这样的状态称为稳定状态。当工序既有偶然性因素又有和异常性因素作用影响时，则算术平均值及标准差将发生不规律的变化，工序处于这样的状态称为异常状态，并应采取必要的措施不断地消除，使工序处于管理状态，确保工程产品质量。

（2）工序质量控制的作用

工程项目的施工过程，是由一系列相互关联、相互制约的工序所构成的，工序质量是工程质量控制的基础，它直接影响工程项目的整体质量。要控制工程项目施工过程的质量，首先必须控制工序的质量。工序质量包含两方面的内容：一是工序活动条件的质量；二是工序活动效果的质量。工序质量的控制，就是对工序活动条件的质量控制和工序活动效果的质量控制，据此来达到整个施工过程的质量控制。具体地讲，工序质量控制具有如下作用：工序质量控制能有效地控制施工生产过程，及时发现施工中的质量异常现象和原因，并便于采取有效的技术措施，防止不合格项目的发生，确保工程施工质量；有助于施工企业各项管理工作的改进和提高。通过质量控制活动中的工序条件质量的分析和解决，促进施工企业与施工生产活动有关的业务部门和管理人员的协同工作，促进和改进本部门或本岗位的工作，提高工作质量，以保证工序条件质量的改善。

2. 工序质量控制的原理和方法

（1）工序质量控制的原理

工序质量控制的原理是采用数理统计方法，通过对工序一部分子样检验的数据，进行统计、分析，来判断整道工序的质量是否稳定，若不稳定，产生异常情况须及时采取对策和措施予以改善，从而实现对工序质量的控制。

（2）工序质量控制的方法

1）实测采用必要的检测工具和手段，对抽出的工序子样进行质量检验。

2）分析对检验所得的数据通过直方图法、排列图法或管理图法等进行分析了解这些数据所遵循的规律。

3）判断根据数据分布规律分析的结果，如数据是否符合正态分布曲线、是否在上下控制线之间、是否在公差质量标准规定的范围内、是否属正常状态或异常状态、是偶然性因素引起的质量变异、还是系统性因素引起的质量变异等，对整个工序的质量予以判断，从而确定该道工序是否达到质量标准。若出现异常情况即可寻找原因，采取对策和措施加以预防，这样便可达到了控制工序质量的目的。

3. 工序质量控制的主要内容

工程工序质量包含两方面的内容：一是工序活动条件的质量；二是工序活动效果的质量。从工序质量控制的角度来看，这两者是互为关联的：一方面要控制工序活动条件的质量，即每道工序投入的人力、材料、机械、方法和环境等的质量是否符合要求；另一方面又要控制工序活动效果的质量，即每道工序施工完成的工程产品是否达到了相关质量标准。工序质量控制，就是对工序活动条件的质量控制、工序活动效果的质量控制，据此来达到整个施工过程的质量控制。在进行工序质量控制时，应着重于以下四方面的工作。

（1）严格遵守工艺规程施工工艺和操作规程，是进行施工操作的依据和法规，是确保工序质量的前提，任何人都必须严格执行，不得违反。

（2）主动控制工序活动条件的质量工序活动条件包括的内容较多，主要是指影响质量的五大因素，即施工操作者、材料、施工机械设备、施工方法和施工环境等。只要将这些因素切实有效地控制起来，使它们处于被控制状态，确保工序投入品的质量，避免系统性因素变异发生，就能保证每道工序质量正常、稳定。

（3）及时检验工序活动效果的质量，工序活动效果是评价工序质量是否符合标准的尺度。为此，必须加强质量检验工作，对质量状况进行综合统计与分析，及时掌握质量动态。一旦发现质量问题，随即研究处理，自始至终使工序活动效果的质量，满足规范和标准的要求。

（4）设置工序质量控制点。控制点是指为了保证工序质量而需要进行控制的重点或关键部位或薄弱环节，以便在一定时期内、一定条件下进行强化管理，使工序处于良好的控制状态。

4. 工序质量控制点的设置方法

在某一个工序中对产品质量起关键性作用的地方，可作为关键质量控制点重点控制。工序质量控制点的主要作用，就是要使工序按规定的质量要求和均匀的操作而正常运转，从而获得满足质量要求的最多产品和最大经济效益。为了保证产品在施工过程中的质量稳定，除了应对一般工序进行控制和验证，使其处于受控状态外，还应对关键的工序设置质量控制点，系统地开展工序控制活动。

质量控制点设置的原则，是根据工程的重要程度，即质量特性值对整个工程质量的影响程度来确定。为此，在设置质量控制点时，首先要对施工的工程对象进行全面分析、比较，以明确质量控制点，然后进一步分析所设置的质量控制点在施工中可能出现的质量问题，或造成质量隐患的原因，针对隐患的原因，相应地提出对策措施予以预防。由此可见，设置质量控制点是对工程质量进行预控的有力措施。质量控制点的涉及面较广，根据工程特点，视其重要性、复杂性、精确性、质量标准和要求，可能是结构复杂的某一工程项目，可能是技术要求高、施工难度大的某一结构构件或分部、分项工程，也可能是影响质量关键的某一环节中的某一工序或若干工序。

总之，无论是操作、材料、机械设备、施工顺序、技术参数、自然条件、工程环境等，均可作为质量控制点来进行设置，主要是视其对质量特征影响的大小及危害程度而定。工程质量控制点的种类有：以工序为对象来设置工序质量控制点；以管理工作为对象来设置工序质量控制点。工序质量控制点的设置是保证施工过程质量的有力措施，也是进行工程质量控制的重要手段。

5. 施工现场质量检查控制

公路工程施工现场质量检查是对其工程质量最直接的控制，其控制的方法主要有测量、试验、观察、分析、监督和总结等。

# 第四节　公路工程技术管理

## 一、技术管理的基础工作

在工程项目实现质量、工期、成本、安全等预定目标的进程中，为充分发挥技术管理的保证作用，必须做好各项基础工作。施工技术管理的基础工作是指为实现施工企业技术管理、实现技术管理的任务，创造技术管理的客观有利条件而应事先做好的一系列最基本的工作。其主要内容有以下几个方面。

## （一）建立技术管理组织系统及管理制度

1.组织系统

（1）企业组织系统

企业设总工程师和技术管理部门，对各工程项目的技术管理工作实行集中统一领导、通过各项管理活动，对各工程项目在施工全过程中的技术要求，包括现代化施工水平、施工技术难点等进行预测、预控，对施工技术力量进行综合协调平衡。充分发挥企业整体的技术优势，对高难度的技术问题组织攻关，以保证各项目的施工活动正常有效地进行。

（2）项目组织结构

项目经理部设项目总工程师和负责项目施工全过程技术管理职能的机构，针对具体工程项目的技术需要开展工作。该机构的职能人员来自企业技术管理部门，在业务上受企业技术管理部门的指导。参与项目施工的作业层施工队的项目技术负责人和单位工程技术负责人，在业务上受该项目的施工技术管理机构领导。项目总工程师、施工队项目技术负责人和单位，工程技术负责人，在项目施工期间应保持相对稳定。

2.管理制度

公路工程施工具有分散、多变和内容繁杂等特点，难于进行连续的规律性强的技术管理。然而，建立健全严格的技术管理制度，把整个企业的技术管理工作科学地组织起来，使技术活动无论在室内或作业现场，都有明确的目标、具体的内容和严格的检查制度，从而增强技术活动的可操作性和可检验性，保证管理工作有章可循，这对于有条不紊地、有目的地开展技术工作，建立正常的生产技术秩序都有很重要的意义。

管理制度的内容，决定于施工管理体制和管理水平，难于形成统一的标准或规定。一般认为，在施工过程中通常开展的技术活动，主要应建立以下几种管理制度。

（1）图纸会审制度

1）概述

图纸会审是一项极其严肃和重要的技术工作，认真做好图纸会审，对于减少施工图纸中的差错，保证和提高工程质量有重要作用。搞好图纸会审工作，首先要求参加会审的人员应熟悉图纸。各专业技术人员在领到施工图纸后首先必须认真地全面了解图纸，搞清设计图纸及技术标准的规定要求，还要熟悉工艺流程和结构特点等重要环节。

2）图纸会审的步骤

①初审。初审指在熟悉图纸的基础上，在某专业内部组织有关人员对本专业施工图的所有细节进行审查。

②内部会审。内部会审是指施工企业内部各专业工种之间对施工图纸的会同审查，其任务是对各专业、各工种间相关的交接部分，如设计高程，尺寸，施工程序配合、交接等有无矛盾；施工中协作配合作业等事宜做好仔细会审。

③综合会审。综合会审是指在内部会审的基础上，由土建施工单位与各分包施工单位共同对施工图进行全面审查。图纸综合会审工作，一般由建设单位负责组织，设计单位进行技术交底，施工单位参加。

3）图纸会审记录

图纸经过会审后，会审组织者应将会审中提出的有关设计问题，需及时解决的建议做好详细的记录。图纸会审记录上应填写单位工程名称、设计单位、建设单位和主持单位及参加审核人员名单等。对会审提出的问题，凡是设计单位变更修改的，应在会审记录"解决意见"栏内填写清楚，尽快地请设计部门发"设计变更通知单"，施工时按"设计变更通知单"执行。

（2）施工日记和施工记录制度

施工日记是在整个施工阶段，对施工活动（包括施工组织管理和施工技术）和施工现场情况变化的综合性记录。从开始施工时，就应以单位工程技术负责人为主，全体技术人员参与，按单位工程分别记录，直至工程竣工。施工日记应逐日记录，不允许中断，必须保证其完整。在工程竣工验收时，施工日记是为质量评定的一项重要依据。施工日记在工程竣工后，由承包单位列入技术档案保存。施工日记的主要内容如下。

1）日期、气候。

2）工程部位、施工队组。

3）施工活动记载。施工活动记载主要包括以下内容。

①主要分部、分项工程施工的起止日期。

②施工中的特殊情况（停电、停水、停工等）记录。

③质量、安全、设备事故（或未遂事故）发生的原因，处理意见和处理方法的记录。

④设计单位在现场解决问题的记录，若设计变更应由设计单位出具变更设计联系单。

⑤改变施工方法，或在紧急情况下采取的特殊措施和施工方法的记录。

⑥进行技术交底、技术复核和隐蔽工程验收等的摘要记载。

⑦有关领导或部门对该项工程所做的指示、决定或建议。

⑧其他活动，如混凝土、砂浆试块编号、日期等。

施工记录是按工程施工技术、规范及验收规范中规定填写的各种记录，是检验施工操作和工程质量是否符合设计要求的原始数据，其中有些记录（如隐蔽工程、地质钻孔资料等），须经有关各方签证后方可生效。作为技术资料，在工程完工时，应交建设单位列入工程技术档案保存。

（3）技术交底制度

技术交底是为了使参与施工任务的全体职工明确所担负工程任务的特点、技术要求、施工工艺等，做到心中有数，以利于有计划、有组织、又快又好地完成任务。技术交底工作原则上应在正式施工前做好。

工程施工前必须进行技术交底，交底记录作为施工管理的原始技术资料。交底内容包括：合同有关条款、设计图、设计文件规定的技术标准。施工技术规范和质量要求、施工进度和总工期，使用的施工方法和材质要求等。

（4）材料、构（配）件检验制度

材料、构配件质量的优劣，很大程度上决定了公路工程产品质量的好坏。正确合理地使用材料、构配件是确保工程质量、降低成本、减少原材料的关键，因此，应重视材料、构配件的试验检验工作。

凡用于施工的原料、材料、构配件等物资，必须由供应部门提供合格证明文件。对于那些没有合格证明文件或虽有证明文件，但技术领导或质量管理单位认为有必要时，在使用前应按规定程序进行抽查、复验、证明合格后，才能使用。

为了做好材料、构配件的检验工作，施工企业及各个项目经理部都应根据需要，建立和健全实验、试验机构，配备试验人员，充实仪器设备，严格按照国家有关的试验操作规定，对各种材料进行试验，为工程选定各种合格优质的原材料，提供各种施工配合比，作为施工的依据，凡初次使用的材料、结构件或特殊材料、代用材料，必须经过试验的鉴定，并制定操作规程，经上级领导批准后，才能正式用于施工或推广应用。

（5）安全施工制度

公路项目施工的特点是点多面广且流动面大。工种多，常年露天作业、深水和高空作业，立体交叉作业多，因此不安全因素多。安全工作要以预防为主，消除事故隐患，一定要克服麻痹思想，重视劳动保护，提高企业施工队伍的安全意识，真正做到"安全生产，人人有责"。

（6）工程验收制度

工程验收时检查评定工程质量的重要一环。在施工过程中除按有关质量标准逐项检查操作质量以外，还必须根据公路工程的施工特点，对隐蔽工程、结构工程和竣工工程进行验收。

1）隐蔽工程验收

所谓隐蔽工程是指那些在施工过程中上一工序的工作结果，被下一工序所掩盖，今后无法进行复查的工程部位。例如，湿软地基的换填层、挡土墙及涵洞的基坑和基础、钢筋混凝土工程中的钢筋等。因此，这些工程在下一工序施工前，应由作业层技术员通知工程监理人员对隐蔽工程进行检查、验收并认真办好隐蔽工程验收签证手续，做好隐蔽工程验收是保证工程质量，防止留下质量隐患的重要措施。对于公路工程，隐蔽工程项目的主要内容如下。

①软基处理素砼施工隐蔽检查。主要内容包括：原地面清表及碾压情况；按照设计图纸要求画出布桩平面图，检查布桩根数和间距是否满足图纸要求；桩长及桩径尺寸检查；碎石垫层的厚度及钢塑土工格栅搭接长度；留存现场检查的照片及音像资料，按照分部分项工程、划分编号和存档。

②地基承载力、碎石垫层、八字墙基础，主要内容包括：检查基底平面位置、尺寸大

小、基底标高；检查基底地质情况和地基承载力是否与设计资料相符；检查基底处理和排水情况是否符合公路桥涵施工技术规范要求；检查施工记录及有关试验资料等；检查碎石垫层厚度；基槽（坑）的几何尺寸和槽底标高或挖土深度应符合设计要求。经过技术处理的地基基础及验槽中存在的问题，处理后须进行复验，复验意见和结论要明确，签证应齐全，必要时应有勘察部门参加并签字。

③混凝土灌注桩钢筋笼，主要内容包括：混凝土灌注桩钢筋笼，必须在钢筋检验批质量验收合格后，提请质监部门进行隐蔽工程验收并填写隐蔽工程验收记录；放置钢筋笼前，应对原材料、钢筋连接件、钢筋笼进行检查；主筋、箍筋直径、间距和长度应符合设计和规范要求；钢筋的材质检验应符合设计要求；钢筋笼埋置位置应符合设计要求。

④钢筋混凝土工程，主要内容包括：钢筋混凝土工程钢筋必须在钢筋检验批质量验收合格，在模板合模前或浇捣混凝土前，提请有关单位进行隐蔽工程验收并填写隐蔽工程验收记录。纵向受力钢筋的品种、规格、数量、位置等必须符合设计和规范要求，钢筋的连接方式、接头位置、接头数量、接头面积百分率等必须符合设计和规范要求、箍筋、横向钢筋品种、规格、数量，间距等必须符合设计和规范要求，预埋件的规格、数量、位置等必须符合设计要求，重要构件的钢筋结点隐蔽应附简图。

2）中间验收

中间验收是在分部或单位工程施工过程中，经由监理工程师隧道工序检在认可的基础上，待该项目工程完工后，再由项目经理部总工程师及时通知监理工程师，对工程质量进行全面检查和评定。

中间验收的内容包括：感官验收，即检查工程外观质量是否符合质量标准和设计要求；各项工程技术鉴定，包括原材料试验、试块强度、隐蔽工程验收、技术复核、质量评定，必要时需进行实测或复验，中间验收合格后，须由双方共同签字留证。

3）竣工验收

工程竣工验收由建设业主、监理工程师和工程承包施工方共同组织，对所建项目进行全面的、综合的、最终的检查验收。验收的依据是承包合同和有关的通用工程质量验收管理办法及标准等，在交工过程中，若存在不合格的项目，应限期修复完工，到时再行验收，直至合格、竣工验收合格后，应评定质量等级，办理工程交接手续，存入技术档案，同时开放交通。这时，施工方应将工程使用管理权交还建设业主，但施工方仍负有一定期限的保修职责。

## （二）技术负责制

企业一般实行四级技术负责制，企业设企业总工程师，项目经理部设项目总工程师，施工队设主任工程师，单位工程设技术负责人。实行技术工作的统一领导和分级管理，推行责任制。企业总工程师是企业经理在技术管理工作和推行技术进步方面的助手，在企业经理的领导下，对企业的技术工作负全面责任。

1. 项目总工程师

项目总工程师是项目施工现场的技术总负责人，业务上受企业总工程师的直接领导，在项目经理的具体领导下，对该项目的技术工作全面负责，其主要职责如下。

（1）全面负责工程项目的技术工作和技术管理工作。

（2）贯彻执行上级提出的技术标准规范、验收规范和技术管理制度。

（3）领导编制工程项目的总体施工组织。设计、组织重大施工方案的制定和技术攻关项目的实施，审定重要的技术文件，处理重大质量事故的安全事故。

（4）领导工程竣工验收和总结工作。

2. 主任工程师

施工队主任工程师是工程队长在技术管理、推行技术进步和现代化管理等方面的助手，是施工队技术管理的负责人，对工程队的技术工作负全面责任，其主要职责如下。

（1）全面负责单位工程的技术工作和技术管理工作。

（2）主持编制和审定单位工程的施工组织设计，施工组织的方案制订工作。

（3）参加单位工程的图纸会审和技术交底。

（4）组织技术人员学习和贯彻各项技术、技术标准、技术规范、规程和各项技术管理制度。

（5）组织制定质量保证和安全技术措施，主持单位工程的质量检查，处理施工技术、施工质量和安全问题。

（6）负责单位工程的技术总结，汇总竣工资料、原始技术凭证、做到工完资料清。

（7）领导技术学习和技术练兵。

3. 单位工程技术负责人

单位工程技术负责人是施工队主任工程师在技术管理方面的助手，在施工队长的领导下，合理安排施工顺序，具体指导作业班组按施工图的设计要求组织施工，其主要责任如下。

（1）开工前参与施工预算编制、审定工作，工程竣工后参与工程结算工作。

（2）参与编制施工组织设计并贯彻执行。

（3）负责所管理工程的图纸审查，向工人进行必要的技术交底。

（4）负责技术复核，如中线、高程，坐标的测量与复核。

（5）贯彻执行各项专业技术标准，严格操作规程、施工规范及质量验收标准。

（6）负责材料试验准备工作，如原材料试验及混凝土等混合料的试配。

（7）向上级提供技术档案的全部资料并整理施工技术总结及绘制竣工图。

（8）参加质量检查活动及竣工验收工作。

4. 共性的职责

各级技术管理机构的职责和业务范围有所不同，都存在以下几方面的共性职责。

（1）各级技术管理机构都要深入实际，调查研究，总结和推广先进经验，为工程项目的顺利完工创造良好条件。

（2）向各级领导提供必要的分析资料、技术情况、技术咨询、技术建议方案和措施，便于领导决策。

（3）经常检查下属各职能部门和人员贯彻执行有关技术规范和规程的情况，发现问题，及时反映。

（4）在各自的业务范围内，负责经常性的业务工作。

### （三）技术管理的标准化体系

技术标准和技术规程是技术标准化的主要内容，是组织现代化施工的重要技术保证，是组织施工和检验、评定各种筑路材料的技术性能或等级的技术依据，也是检查和评定工程质量的标准。

技术规程是技术标准的具体化、规程化。这些技术规程包括：工艺规程，规定产品生产的步骤和方法；操作规程，主要规定工人操作方法和使用工具设备的注意事项；设备维修的检修规程，规定设备维护检修的方法和要求；安全技术规程，规定施工生产过程中应遵守的安全要求、注意事项等。

技术标准和规程标准分国家标准、部级标准和企业标准三级，后者必须依据和遵循前者的标准要求，且是对前者的具体化和补充。

标准和规程是在一定历史条件与技术经济条件下工程实践的总结。它并不是一成不变的，必然要随着生产力的发展，技术水平的提高，每隔一定时期进行必要的补充、修订和完善，以适应施工生产的技术管理需要。

贯彻执行技术标准与规程的基本要求包括：组织施工人员学习各种有关的标准与规程，要求他们熟悉和掌握这些标准与规程，加强技术监督和检查；将技术标准和规程做必要的分解和具体化。如对工程质量标准和操作规程，从原材料开始到每道工序、半成品和成品，在每一个具体工种的施工生产过程中进行分解，制定出具体的要求，以便执行者明白技术标准和规程所要达到的目标，更好地执行。

### （四）收集信息和开展科学技术研究

技术和管理作为智力型生产力要素，在生产过程中起着越来越重要的作用。因此，要高质量、高速度、高效益地完成工程项目的建设，必须依靠科学技术的进步。技术进步的内涵和内容，已由单纯对技术成果的开发与管理发展为"全面技术进步"的概念。因此，这是一项全面的、长期的和准备性的技术管理工作，要促进这项工作积极地开展，有效的办法就是建立固定的组织和制定明确的制度，有计划地开展活动，定期检查总结，使这项技术管理工作真正贯穿于整个技术活动之中。

对于科技信息，必须重视信息资源，建立信息系统，组织交流。科技信息交流的内容主要包括有关资料的收集、整理和报道等。科技信息的获取方式，可采用人工和计算机检索、参观学习等，对于生产中的关键问题，可按专题系统收集资料，组织小型研讨会。专题讲座、现场交流等。

技术文件是根据施工的必要在施工过程中产生的，是技术管理的重要手段和对象。技术和保密等工作环节，都应该建立起一套严格的管理制度，以保证技术文件的完整性、正确性和及时性。文件的内容十分丰富，主要包括各种施工图纸和说明书、各种技术标准以及施工中的记录、签证材料等有关的技术档案。技术文件的管理，应根据实际需要建立和健全专职管理机构。总公司和公司一级应建立技术档案资料室，项目经理部等基层单位应做好装订、归档、保管、借用和保密等环节，都应建立起一套严格的管理制度，以保证技术文件的完整性、正确性和及时性，以满足施工生产和科学研究的需要。

## 二、施工技术管理

### （一）施工准备阶段的技术管理

施工前的技术准备工作是为了创造有利的施工条件，以保证施工任务顺利完成。其主要工作内容及基本任务是了解和分析建设工程特点、进度要求，摸清施工的客观条件，编制施工组织设计，合理部署和全面规划施工力量。制订合理的施工方案，充分、及时地从技术、物资、人力和组织等方面为工程施工创造一切必要的条件，使施工过程连续地、均衡地、有节奏地进行，保证工程在规定期限内交付使用，同时使工程施工在保证质量的前提下，做到提高劳动生产率和降低工程成本。在施工准备的诸项工作之中，以网络计划技术为手段的施工组织设计的编制应列为中心内容。

施工组织设计既是指导一个工程项目进行施工准备和施工的基本技术经济文件，又是企业做好项目之间动态平衡的依据。根据各工程项目的施工组织设计，企业可在人力和物力、时间和空间、技术和施工组织上做出一个全面合理的安排，最大限度地满足人力、财力、物资、机械等在项目之间的合理流动，达到在动态中实现平衡的目的，项目动态管理加快了各项工作的节奏，施工组织设计的编制也适应动态管理的需要。为此，应采取以下两项措施。

1.加强施工组织设计编制的组织工作。在工程承包合同签约以后，及时组织编制，大型工程项目由企业总工程师领导，企业技术管理部门具体组织，项目经理部及参加施工作业层有关人员具体编写。中小型项目由项目总工程师组织项目经理部技术管理机构和参加施工的作业层有关人员一起编写。为了加快编制进度，由组织编制者将编写内容列出提纲，对参加编写的人员明确分工，落实责任到人，限定时间完成，再由主编汇总整理。组织讨论，修改定稿。编制过程中尽可能地将文稿录入计算机，采用专用软件处理，最后将成果送技术管理部门审核，大型工程项目的施工组织设计报企业总工程师审定，企业经理批准中小型项目由项目总工程师审定，项目经理批准。

2.管理标准化。施工组织设计的编制依据、编写格式、基本内容和编写审批程序应有统一规定，实行标准化管理，编制时尽可能地采用图表形式，为组织集体编写创造条件。

施工组织设计的编写内容包括工程概况、工程施工任务量、施工综合进度控制计划、施工资源安排。重点工程的施工方案和技术组织措施、工程质量管理和安全施工措施、施工总平面图布置、物资供应管理、预计存在的问题等。

## （二）施工过程中的技术管理

施工过程中的技术管理也即施工现场技术管理，是施工技术管理的主要内容。项目经理部为了实现质量、工期、成本、安全的预定目标，搞好现场文明施工，必须加强施工过程的技术管理，其主要内容如下。

1. 搞好图纸会审，坚持按图施工。

2. 编制并优化施工方案或施工措施，包括施工技术组织、降低成本措施、合理化建议等。

严格按照施工组织设计和施工方案的各项要求组织施工，做好技术交流，认真执行规范和规程，保证施工质量和施工安全。

3. 及时检查施工进度和计划执行情况并根据实际变化有效地调整资源使用计划，确保工程按期完成。

4. 认真做好施工记录和隐蔽工程检查记录。

5. 做好施工技术资料的积累和整理，确保与施工进度保持同步。

在项目动态管理过程中，施工节奏快，工序施工周期短，人员流动频繁。因此，各种施工记录和隐蔽工程检查记录以及一切施工技术资料的积累必须及时，与施工进度保持同步，在施工过程中，记好施工日志，按规定填写各种交工技术表格，由各有关人员签证认可，并办理质量评定验收手续。对于每个分部工程，一旦施工完毕，必须及时将施工结果的真实情况记录在案。为此，项目经理部应结合网络计划节点考核，同时考核施工技术资料的积累是否与工程进度保持同步。企业管理部门也应定期组织到各项目施工现场巡回跟踪服务，检查和督促这项工作的开展情况。

在施工过程中推行技术系统目标控制管理，对于顺利完成各项技术管理工作是非常有效的技术系统。目标管理是方针目标管理在技术系统管理中的具体应用。其要求从技术管理、质量管理、安全技术、试验检测、计量管理、技术进步等方面，将方针目标层层展开，抓住主要控制环节，制定出实施对策并明确责任单位和完成日期。其核心是用现代化的管理技术与方法实行目标预控，体现管理的先导性和规范性。其措施和方法是从基础工作入手，进行全过程与全员控制并通过层层相关的计划—执行—检查—总结循环运作，在动态中逐个实现分解的具体目标，从而在项目实施过程中保证总目标的最终实现。

## （三）竣工验收阶段的技术管理

竣工验收是工程施工的最后一个环节，是全面考核施工成果、检验施工质量的重要技术管理阶段。它开展的主要工作如下。

1. 组织试验人员进行以试通车为主的全面实验检查。

2. 按单位工程组织预验收，填报竣工报告。

3. 整理交工报告，编写技术总结。

4. 向业主及监理工程师办理竣工验收和交工技术文件归档。

竣工验收阶段时间短，工作量大。因此，在该阶段应特别重视做好交工资料的收集和整理并与工程完工尽可能地同步，保证迅速交工。

交工技术资料的整理有两项内容。一是指将平时积累的资料审查整理，检查有无错项和遗漏，使之成为一套完整齐全。先后有序、真实可靠，质量达标的竣工资料。二是指竣工图的绘制。由施工企业负责绘制的竣工图有两种情况，一种是按原图施工没有变动的，只要在原施工图上加盖"竣工图"章后，即作为竣工图归档。这种情况比较简单，工作量不大。另一种情况是在施工中仅做一般性设计变更，则要求在施工图上说明修改的部位，并附上设计变更文件，或直接在施工图上修改，再加盖"竣工图"章作为竣工图，这种情况的工作量较大。为了减少工作量，提高功效，缩短绘制时间，可采用刻有"此处有修改，见××号设计变更联络笺"和"此处有修改，见××月×日技术签证"的印章，并印在施工图的修改部位附近，再填上联络笺字号或技术签证日期，最后再加盖"竣工图"章。

为了抓紧抓好交工验收及竣工验收工作，作业层和项目经理部必须在工程竣工后一定时间（一般是1个月）内，将交工技术资料和竣工图整理装订成册，送交项目监理工程师审核，在一个月内与业主办理手续并返回技术资料一份，送交企业综合档案室存档。这一工作应视为施工进度控制网络计划延伸的最后一个节点，列入节点考核内容。

# 第五节　公路工程合同管理

## 一、公路工程的合同体系结构

### （一）公路工程项目的合同体系

公路工程（特别是大型项目）建设是一个很复杂的过程，需要涉及许多不同行业的单位，投入许多不同专业的人力以及大量的资金设备。它们之间通过合同形成了不同的经济关系，从而形成了复杂的合同体系。其中，业主和承包人依法签订的施工合同是"核心合同"，业主又处于合同体系中的"核心位置"。

### （二）承包商的主要合同关系

承包商是工程施工的具体实施者，是工程承包合同的履行者。承包商通过投标接受业主的委托，签订工程承包合同。承包商要完成承包合同中约定的责任，包括由工程量清单中所确定工程范围的施工、竣工和缺陷责任及保修，并为完成这些工程提供劳动力、施工设备、材料，有时也包括技术设计。任何承包商都不可能，也不必具备所有的专业工程的施工能力、材料和设备的生产和供应能力。因此，其必须将一些专业施工（或工作）委托出去。这样，除了与业主签订的承包合同之外，还形成了承包商复杂的合同关系。

1. 分包合同

对于一些大型工程项目的施工，承包商通常需要与其他承包商合作才能完成总承包合同责任。承包商把从业主那里承接到的工程中的某些分项工程或工作分包给另一承包商来完成，则要与其他承包商（分包人）签订分包合同。承包商在总承包合同下可能订立许多分包合同，而分包人仅完成总承包商分包给自己的工程，向总承包商负责，与业主无合同关系。总承包商仍向业主担负全部工程责任，负责工程的管理和所属各分包人工作之间的协调，以及各分包人之间合同责任界面的划分，同时承担协调失误造成损失的责任，向业主承担工程风险。

在投标书中，承包商必须附上拟定的分包人的名单和工程规模，供业主审查；未列入投标文件的专项工程，承包人不得分包。如果在工程施工中重新委托分包人，必须经过监理工程师（或业主代表）的批准。

2. 采购合同

承包商为采购和供应工程所必要的材料、设备，与材料、设备供应商所签订的材料、设备采购合同。

3. 运输合同

运输合同是承包商为解决材料、物资、设备的运输问题而与运输单位签订的合同。

4. 加工合同

加工合同是承包商将建筑构配件、特殊构件的加工任务委托给加工承揽单位而签订的合同。

5. 租赁合同

在公路工程施工中，承包商需要许多施工设备、运输设备、周转材料。当有些设备、周转材料在现场使用率较低，或自己购置需要大量资金投入而自己又不具备这个经济实力时，可以采用租赁方式，与租赁单位签订租赁合同。

6. 劳务采购（或分包）合同

劳务采购（或分包）合同即由劳务供应商（或劳务分包人）向工程施工提供劳务，承包人与劳务供应商（或劳务分包人）之间签订的合同。

7. 保险合同

保险合同即承包商按施工合同要求对工程进行保险，与保险公司签订保险合同。

8. 检测合同

检测合同即承包商与具有相应资质检测单位签订的合同。承包商的这些合同都与工程承包合同相关，都是为了完成承包合同而签订的。

## 二、公路工程施工合同的履行与管理方法

### （一）施工合同的履行

1. 业主的合同履行

（1）严格按照施工合同的规定，履行业主应尽的义务。业主履行合同是承包商履行合同的基础，因为业主的很多合同义务都是为承包商施工创造先决条件，如征地拆迁、"三通一平"、原始测量数据、施工图纸等。

（2）按合同规定行使工期控制权、质量检验权、工程计量权、工程款支付权，确保工程目标的实现。

（3）按合同约定行使工程交工、竣工验收权和履行工程款支付、竣工结算义务。

2. 承包商的合同履行

（1）全面履行施工合同中的各项义务。在施工过程中，承包商必须通过投入足够的资源，建立精干高效的组织机构和完善的制度体系，采用先进、合理、经济的施工方案和技术，精心组织、科学管理，确保如期、保质、保量完成各项施工任务。

（2）通过合理的工程变更与索赔，维护自己的合法权益，实现预期经营目标和战略。

### （二）承包商的施工合同管理

1. 认真编制投标文件。投标文件是合同文件的重要组成部分，也是投标人在施工阶段能否实现经营目标的重要基础。

（1）确定投标方式，联合投标还是单独投标。

（2）确定投标策略，根据掌握的信息，充分分析论证后决定是投保险标，还是投风险标；常规价格标，还是高价标或低价标。

（3）确定报价策略，根据具体评标办法采用相应的报价策略，特别注意不平衡报价技巧的灵活、适度运用。

（4）认真做好招标文件及合同条件的审查工作，全面、实质性地响应招标文件。

2. 切实履行合同义务，有理、有利、有节地维护自身权益，由于公路工程施工合同是公路工程合同体系中的"核心合同"，对工程项目控制目标的实现至关重要。因此，承包商必须全面、适当地履行合同义务，否则不仅不能实现预期目标，还有可能导致业主的反索赔，甚至被解除合同。承包商在履行合同义务时，也要注意采用恰当的方式维护自身的权益，如提出合理的工程变更要求、理直气壮地提出正当的索赔要求等。

3. 建立完整的合同管理制度。公路工程合同的复杂性和经济性决定了合同潜在的风险较大，为了规避、化解风险，承包商必须建立完整的合同管理制度，使施工合同的谈判、签订、履行等各环节实现科学化、规范化、程序化和模块化。具体来讲，应建立和完善如下合同管理制度：

（1）合同管理相关部门的部门职责和工作岗位制度。

（2）合同管理的授权和内部会签制度。

（3）合同审查批准制度。

（4）印鉴及证书管理使用制度。

（5）合同管理绩效考核制度。

（6）合同档案管理制度。

# 结　语

公路桥梁建设的一大关键作用是公路桥梁促进了城市化和有利于我国的交通运输发展。但是，在实际的公路桥梁建设中，仍然普遍存在着各种各样的施工养护问题，造成了各种各样的问题和安全隐患，不仅直接影响了公路桥梁建设的施工质量和其使用寿命，而且直接影响了人们的安全，因此如何加强公路桥梁施工养护管理就显得十分必要和重要，公路桥梁的施工养护与其加固有利于维修。

总之，对于公路桥梁施工过程中的养护管理和质量控制工作而言，其在提高公路桥梁建设质量以及病害预防等方面起到了一定的积极作用。因此，企业要结合桥梁建设的规模，制定科学合理的措施对施工的质量进行严格的控制，在竣工以后要对公路桥梁进行良好的养护，这样才不会在后期使用过程中产生桥梁裂缝、病害等一些问题，从而有效避免安全事故的发生。这样不仅能够带动城市的经济稳定发展，还能为公路桥梁行业的稳定发展奠定良好的基础。

# 参考文献

[1] 蒋秀英 . 高速公路桥梁混凝土工程施工技术管理 [J]. 中国航务周刊 ,2021(44):54-55.

[2] 赵鹏宇 . 公路桥梁桩基施工技术研究 [J]. 交通世界 ,2021(30):62-63.

[3] 徐晓飞 . 公路桥梁施工过程中过渡段的施工技术 [J]. 交通世界 ,2021(30):84-85.

[4] 李征 , 丁杰 , 李贝贝 . 公路桥梁施工混凝土裂缝防治探讨 [J]. 居舍 ,2021(30):49-50.

[5] 吴顺 . 高速公路桥梁桥面铺装施工控制技术研究 [J].黑龙江交通科技 ,2021,44(10):105+107.

[6] 蒋明举 . 加强公路桥梁养护与维修加固的措施探究 [J].黑龙江交通科技 ,2021,44(10):121+123.

[7] 张红荣 . 公路桥梁隧道工程施工防水设施应用 [J].黑龙江交通科技 ,2021,44(10):129-130.

[8] 杨志远 . 浅析预应力技术在公路桥梁施工中的应用 [J].建筑技术开发 ,2021,48(19):96-97.

[9] 徐敏 . 公路桥梁养护与维修加固施工技术的应用 [J]. 四川建材 ,2021,47(10):151-152.

[10] 吴红璋 . 公路桥梁养护管理中存在的问题与解决措施 [J]. 四川水泥 ,2021(10):279-280.

[11] 于红周 . 公路桥梁养护决策与管理系统的研究 [J]. 江西建材 ,2021(9):314-315.

[12] 楚宁 . 跨高速公路桥梁工程的门洞支架施工技术研究 [J]. 交通世界 ,2021(27):49-50+58.

[13] 张健朋 . 主动监控模式及其在公路桥梁施工中的应用 [J]. 交通世界 ,2021(27):61-62+66.

[14] 闫向东 . 公路桥梁工程中钢筋混凝土箱形拱桥施工技术 [J]. 交通世界 ,2021(27):71-72.

[15] 张腾 . 公路桥梁施工中混凝土施工技术 [J]. 交通世界 ,2021(27):75-76.

[16] 李军 , 陈海明 , 卢林华 . 公路桥梁工程建设中的钢箱梁曲线顶推施工技术分析 [J]. 交通世界 ,2021(27):79-80.

[17] 樊海剑 . 公路桥梁高墩工艺要点分析 [J]. 交通世界 ,2021(27):81-82.

[18] 罗汉勇 . 公路桥梁隧道工程施工中灌浆法加固技术的运用研究 [J]. 中国设备工程 ,2021(18):169-170.

[19] 贾晓亮 . 公路桥梁施工中钻孔灌注桩质量控制措施探微 [J]. 冶金管理 ,2021(17):134-135.

[20] 陈玉 . 高速公路桥梁工程中的高墩施工技术及要点 [J]. 黑龙江交通科技 ,2021,44(9):90+92.

[21] 化亚波 . 公路桥梁工程中软土地基施工技术研究 [J]. 交通世界 ,2021(26):113-114.

[22] 施萍 . 公路桥梁养护管理及危桥加固改造技术探析 [J]. 交通世界 ,2021(26):131-132+134.

[23] 王伯霖 . 高墩施工技术在高速公路桥梁工程中的应用 [J]. 交通世界 ,2021(26):137-138.

[24] 张克长 , 麦高 . 智能张拉和压浆技术在公路桥梁工程中的应用研究 [J]. 交通世界 ,2021(25):31-32.

[25] 宁华军 . 我国公路桥梁工程的试验与检测技术分析 [J]. 中国住宅设施 ,2021(8):91-92.

[26] 何利平 . 公路桥梁工程中软土地基施工中的问题与解决对策研究 [J]. 甘肃科技 ,2021,37(16):133-135.

[27] 刘金辉 . 公路桥梁工程预制梁施工管理技术 [J]. 黑龙江交通科技 ,2021,44(8):238+240.

[28] 李远 . 高速公路桥梁全程标准化施工的实施及管理 [J]. 交通世界 ,2021(22):155-156.

[29] 杨宏永 . 高速公路桥梁混凝土工程施工技术管理难点分析 [J]. 工程建设与设计 ,2021(14):205-207.

[30] 常雪岭 . 公路桥梁工程建设中的预应力箱梁施工技术 [J]. 交通世界 ,2021(21):48-49.